杨洪峰◎编著

领导致辞，就看这一本

浙江工商大學出版社
ZHEJIANG GONGSHANG UNIVERSITY PRESS

图书在版编目（CIP）数据

领导致辞，就看这一本 / 杨洪峰编著 . — 杭州 : 浙江工商大学出版社 , 2018.2

ISBN 978-7-5178-2470-1

Ⅰ . ①领… Ⅱ . ①杨… Ⅲ . ①领导人员—语言艺术 Ⅳ . ① C933.2

中国版本图书馆 CIP 数据核字 (2017) 第 304657 号

领导致辞，就看这一本

杨洪峰　编著

责任编辑　谭娟娟
封面设计　回归线
责任印刷　包建辉
出版发行　浙江工商大学出版社
（杭州市教工路 198 号　邮政编码 310012）
（E-mail:zjgsupress@163.com）
（网址 :http://www.zjgsupress.com）
电　　话　0571-88904980　88831806（传真）
排　　版　程海林
印　　刷　北京晨旭印刷厂
开　　本　787mm × 1092mm　1/16
印　　张　28.25
字　　数　354 千
版 印 次　2018 年 2 月第 1 版　2018 年 2 月第 1 次印刷
书　　号　ISBN 978-7-5178-2470-1
定　　价　68.00 元

浙江工商大学出版社营销部邮购电话 0571-88904970

目录

Contents

第一篇　致　辞

第二篇　祝　酒　辞

第一篇 致　辞

第一章 佳节致辞

佳节，顾名思义，是指美好的节日。在我国，佳节主要有新年、春节、端午、中秋、国庆等。领导干部在这些节日上的致辞是一种礼仪性的致辞，致辞的核心内容是表达自己的美好祝福，另外还要根据节日的特点恰当地加上对节前工作的总结和对节后工作的展望。领导的佳节致辞要热情洋溢，富有感染力。

一、篇幅

佳节致辞应当短小精悍，字数一般在500字左右。在特殊情况下，比如在政府官员或大型企业领导需要做电视致辞的情况下，篇幅可以适当增加，但是仍应当控制在2000字以内。

二、开头

佳节致辞的开头主要包括标题、称呼和问候语三个部分。

1. 标题

标题一般由事由和文种构成。比如《××公司举办的中秋节酒会致辞》《××市委市政府新春团拜会致辞》《××集团元宵节晚会致辞》《××学校教师节慰问晚会致辞》等。

2. 称呼

称呼书写在标题下方，顶格书写。佳节致辞的称呼一般是集体性的，比如“同志们”“朋友们”等。致辞人还要注意在称呼中体现亲切性、尊重性，比如“亲爱的朋友们”“尊敬的各位领导、各位来宾”等。

3. 问候语

问候语是佳节致辞开头的主要内容，在称呼后面以单独一段的形式出现。问候语的主要内容是介绍参加活动者的身份和活动的内容、意义，并对参加活动的人员致以问候和祝福。例如“值此××佳节来临之际，公司××、××领导与公司广大员工欢聚一堂，我谨代表××向大家致以节日的问候，祝愿大家……”。

三、主体

节日致辞的主体主要涉及三方面的内容：第一，对过去工作的总结和分析；第二，向在工作中做出贡献的人表示感谢；第三，阐述公司对未来工作的展望。当然，有些致辞根据实际情况还会涉及其他内容。

致辞开篇应该使用喜庆的词句以营造欢乐、和谐的气氛，例如使用“在这普天同庆（安乐祥和、幸福团圆、美好快乐……）的时刻”等句子。致辞者宜用情绪饱满的语言表达自己快乐的心情，以增加现场人们的认同感和愉悦感。

四、结尾

结尾是佳节致辞的高潮部分。领导要用简洁有力、感情真挚的句子再一次表达对参与者的节日祝福和殷切希望（在此处运用短小的排比句可以起到很好的效果），从而带动现场的节日气氛。

第一节　新年致辞

新年即元旦及元旦后的几天。领导进行新年致辞时要注意以下几个问题：

第一，新年致辞要感情真挚。

第二，在对过去一年工作进行总结时，要突出工作取得的成绩，肯定并感谢参与者的付出与努力。

第三，对新一年的工作进行展望。

【致辞人】××公司董事长

【致辞背景】××公司举办的新年晚会

尊敬的各位领导、全体员工：

大家晚上好！

春风又一重，相聚乐无穷。值此辞旧迎新的美好时刻，我谨代表公司董事会，向努力工作在各个岗位上的员工致以最诚挚的问候！衷心祝愿大家新年快乐、事业有成、阖家欢乐、万事如意！

过去的一年是公司发展史上具有里程碑意义的一年，也是我们最值得骄傲的一年。我们齐心协力、埋头苦干，健全了公司的管理制度，提高了产品的产量、质量和业务量，使公司在同行业中的地位稳步上升。公司的每一次进步、每一份收获无不饱含着你们的汗水和智慧！在这里，我向为公司发展做出贡献的每一位员工表示衷心的感谢！

新的一年即将来临，我们在品尝胜利果实、分享喜悦的同时，还要清醒地认识到，在激烈的市场竞争中，我们的公司依然面临严峻的挑战。我们要抓住新机遇，迎接新挑战，以高度的使命感和责任感来推进公司的持续发展。

激情与汗水铸造过去，理性和坚强成就未来。在新的一年里，我们要扩大公司规模，增强公司执行力，进一步丰富公司企业文化的内涵。我们将一起见证公司事业的快速、稳步发展，一起体验奋斗拼搏的激昂岁月，一起分享成功的喜悦与激动！我衷心希望每一位员工都能够精神振奋，斗志昂扬，百尺竿头，更进一步！

范例二

【致辞人】×× 市市长

【致辞背景】新年前夕对全体市民致以新年问候

同志们、市民们、朋友们：

首先祝大家新年快乐、吉祥如意！

当午夜的钟声敲响，历史将翻开新的一页，我们将迎来新的一年，让我们一起等待这一时刻的到来！

在这辞旧迎新的时刻，我谨代表中共 ×× 市委、×× 市政府，向全市人民，向所有支持、关心和帮助我市和谐社会建设的各界朋友，向此时此刻仍然在工作岗位上尽心尽责、辛勤工作的同志们，致以最真诚的问候和最诚挚的祝福！

斗转星移再回首，辞旧迎新瞻前程。伴随着共和国不断前进的脚步，我市已经发生了翻天覆地的变化，正在焕发着勃勃生机，孕育着更加辉煌的未来。我相信我们的生活会变得更加美好！

即将过去的一年，也是我市迅速发展的一年。在这一年里，我市的旅游业、食品业等各项特色产业飞速发展，文化事业稳步前进，基础设施建设不断完善。同时，人民的物质生活水平和文化生活水平也不断提高。我们用良好的成绩为我市××年的工作画上了完美的句号。

人民永远是历史的主人翁。在过去一年的城市建设中，我市市民充分发扬主人翁精神，积极响应党在政治、经济和文化等方面的政策，并献言献策，参与到城市建设中来，为我市的发展做出了很大的贡献。作为本市市长，我为有这样的市民感到无比的骄傲和自豪。我深信，无论是现在还是将来，无论面对什么样的挑战，我市人民都能勇敢面对，过上更幸福的生活。

爆竹声中一岁除，新的一年马上就要到来。过去我们取得了辉煌的成就，新的一年，我们一定不能停下自己前进的脚步，我们要在党的领导下，继续坚持以经济建设为中心，着力加强我市的城市建设，统筹城乡发展，继续提高市民的生活水平。我们要怀着新的希望，不屈不挠地奋斗、拼搏，脚踏实地地落实城市建设规划，使我市成为我国经济建设中一颗璀璨的明珠。

范例三

【致辞人】×× 机关领导

【致辞背景】×× 机关新年联欢会

各位领导、同志们：

大家新年好！

转眼间，我们将送走硕果累累的 ×× 年，迎来满载希望的 ×× 年。值此元旦来临之际，我代表局党委（局领导班子、单位领导班子）给一年来在各自工作岗位上辛勤工作、无私奉献的广大干部职工及其家属拜年！祝大家新年快乐，万事如意！

过去的一年，我们单位成绩斐然，令人骄傲。面对严重的经济危机带来的严峻挑战，以 ×× 为首的领导班子，不畏困难，躬身实干，带领全体员工凝心聚力、奋发进取、攻坚克难。广大干部职工不断地克服困难，调整了机关内部的人员管理方案，解决了单位发展中的困难，使单位在服务大局、配合政府科学发展观政策落实的过程中发挥了应有的作用。单位分小组、分科室进行分工合作，每一位职工都在自己的岗位上做出了很多贡献，充分发扬了我单位职工“为人民服务”“艰苦奋斗”的优良作风，为我单位争取到了“和谐文明单位”的称号。

岁丰人寿，春和景明，一元复始，万象更新！同志们，机关党委希望单位全体员工围绕服务群众这个中心，努力进取，服务大局，共同创造更加美好的未来！

最后，祝大家新年快乐，阖家幸福，工作顺利！

范例评析

三篇致辞都是比较规范的新年致辞。范例一长短适中，热情洋溢，最符合佳节致辞的要求；范例二中多用短句，听起来简短有力，易于人们理解，能很好地带动现场气氛；范例三最简短，但是文采斐然，铿锵有力，简短而明晰，体现了致辞人良好的文字功底。

第二节　春节致辞

随着新的通信工具不断涌现，拜年的方式开始多样化，电话拜年、电视拜年和网络拜年屡见不鲜。春节致辞作为拜年的一种形式，致辞人要根据时间、地点和场合的不同，用不同的方式和内容来营造热烈、喜庆的气氛，表达自己辞旧迎新的喜悦，并送上对他人的美好祝福。

致辞人还要根据身份的不同使用恰当的语言。比如政府领导，他们是人民选举出来的代表，在致辞中既要展现出良好的政治理论素养，也要表现出个人魅力。再如企业领导，他们是企业的决策者、企业文化的建设者，在致辞中要表达出对企业取得成绩的肯定、对员工付出的感激、对企业文化的重视。

范例一

【致辞人】××市市委书记

【致辞背景】××市委、市政府春节团拜会

同志们、朋友们：

值此辞旧迎新、万象更新的美好时刻，我谨代表市委、市政府向奋战在全市各条战线上的干部职工、人民群众致以亲切的慰问，向驻我市的部队官兵致以诚挚的问候，向所有关心、支持和参与我市现代化建设的朋友致以最真诚的祝福！

××年是成功的一年。我们贯彻落实社会主义核心价值观，积极推进我市和谐社会的建设，取得了良好的成绩。我们统筹城乡发展，深入调整产业结构，稳步推进新农村建设；改善我市的投资环境，建成了现代化的高新技术园区。这一切的努力最终使我市经济高速发展，全年实现生产总值××亿元，比去年同比增长××%，主要经济指标增幅均居全省前列。

过去的一年，我们积极实施《××市改革发展规划纲要》，大力推进生态文明旅游城市建设，成果显著：多家知名旅游公司在我市落户，景区生态环境不断改善，旅游服务设施不断健全。这些有利条件吸引了大批国内外游客到我市旅游，大大推进了我市经济的发展。过去的一年，我市民生问题得到了很大的解决，全市劳动就业、医疗保险、住房保障、社会保障等各项民生事业都有长足发展，我市人民群众的生活质量得到了显著的提升。

回首旧日岁月，展望新岁气象。××年，我们要深入学习社会主义核心价值观，抓住机遇，坚定不移地全面贯彻落实党的十九大战略部署，促进我市和谐社会早日建成；××年，我们要利用我市区位优势，加快建设国家级高新科技园区；××年，我们要加强我市基础设施建设，积极改善生态环境，做好节能减排工作，努力向资源节约型、环境友好型城市迈进；××年，我们要继续推进我市第三产业的发展，加快产业结构优化升级，大力发展绿色生态旅游项目；××年，我们要继续解决关系人民群众切身利益的教育、就业、医疗和住房等问题，维护社会安定，努力把我市建设成为经济繁荣、社会安定、人民安居乐业的宜居城市。

同志们、朋友们，我市的未来充满希望，前景光明，让我们同心协力共建美好家园，共同谱写我市全面发展的新篇章。

最后，衷心祝愿全市人民和各界朋友春节快乐，幸福安康！

范例二

【致辞人】×× 企业董事长

【致辞背景】×× 企业举办的春节联谊晚会

同志们、朋友们：

瑞雪迎春，红梅贺喜，值此辞旧迎新之际，我谨代表公司董事会、监事会和所有股东向公司广大员工、离退休人员及关心和支持公司发展的各位领导致以最诚挚的问候和最真诚的祝福，恭祝大家新年快乐！

×× 年，全体员工在公司领导的正确指挥下，按照“稳定国内市场，开拓国外市场”的战略发展思路和“安全高质”的总体要求，团结协作、顽强拼搏、恪尽职守，最终保质、保量地完成了公司年初制订的生产经营目标。在此，我向每一位员工道一声“辛苦了”，衷心地感谢你们的付出！

新年的钟声已经敲响，我们必须认清，未来的市场形势依旧严峻。我们要继续紧抓市场，强化管理，增强企业的凝聚力，用更加饱满的热情和坚定的信心，保证公司健康、稳定、持续地发展。

新的一年，我们要紧抓市场，强化竞争意识。首先，公司的每一位员工都要强化竞争意识，通过对市场的分析，理智地做出占领市场的策略；其次，还要依法经营，透彻地研究国家的法律法规，在法律法规允许的范围内建立最符合市场规则、最有效的市场运行机制；最后，根据 ×× 年的海外市场调查结果，积极开拓新的国外市场。

新的一年，我们要进一步加强企业文化建设。我们要充分发挥党委的政治核心作用，使我公司的企业文化符合国家提倡的绿色环保、安全生产、节能减排等的要求。

新的一年，我们要继续强化经营管理，增强决策的执行力度。公司要通过加强管理来降低成本，增加公司利润；要加强物资运输、贮存等各环节的管理工作，从而节省成本；要严格控制机器设备的调配与管理；要加强对财会部门的监督与管理，严格监控公司资金的流向与用途；要加强公司管理团队的建设，加大员工培训力度。

新的一年，我们要对生产安全与产品质量严格把关。我们要树立以人为本的安全理念，推行行业标准化安全管理，保障每一位员工的生命安全；我们要优化安全与质量管理体系，禁止残次品流入市场，因为产品的质量关系到广大消费者的切身安全。

新的一年，我们昂首向前，机遇将演绎更璀璨的未来，创新将成就更夺目的伟业。让我们用坚忍不拔的意志和与时俱进的精神，认清形势，抓住机遇，创造新的辉煌！

范例评析

这两篇都是春节致辞的优秀范文。范例一是党政机关的春节致辞，范例二是企事业单位的春节致辞。两篇范文都很好地对过去的工作进行了回顾，对未来的工作进行了展望。

范例一的亮点在于文中几乎涵盖了国家近期的各项政策，这表明党政机关对国家政策进行了深入的研究，并结合本地实际情况进行了具体落实，显示了党政机关领导高度的责任感和使命感。

范例二的亮点在于使用段落式排比的方式对新一年的工作进行了展望，使整篇文章显得整齐而富有节奏感，读起来朗朗上口，具有感染力。

第三节　元宵节致辞

元宵节的到来表示春节即将结束，意味着人们要重新投入到学习、工作中去。所以在元宵节致辞中，致辞人一方面要营造欢乐的气氛，另一方面要提出新一年的学习、工作目标，鼓舞致辞对象的士气，给致辞对象以信心。当然，节日在即，致辞人的语气要尽量轻松、风趣，不要给致辞对象太大压力。

【致辞人】××公司领导

【致辞背景】××公司举办的元宵节晚会

各位领导、各位嘉宾，员工们：

大家晚上好！

为慰问过去一年中辛勤工作的每一位员工，公司特地举办这场晚会，希望大家尽情享受节日的快乐。在此，我首先向出席这次晚会的各位表示热烈的欢迎和衷心的感谢，并预祝这次晚会能够取得圆满成功！

××年是我公司最为窘困的一年，但以××总裁为核心的领导班子面对复杂严峻的生产经营形势，坚定信心、迎难而上，全面分析公司面临的困难，准确判断市场的发展形势，抓住了我公司发展的战略机遇，终于实现了生产自救并成功地进行了二次创业，带领公司走出了困境。与此同时，公司着手加强公司内部的党建工作。事实证明，我公司的基层党组织和广大党员充分发挥了先锋模范作用，把社会主义核心价值观与我公司的发展结合起来，为公司的发展提供了坚强的政治保障。经过公司全体员工一年的努力，我公司的生产经营、企业文化建设和党建工作都取得了显著进步。

新的一年，我们要立足当前，抓住机遇，上下求索，力争使公司的业绩再上一个新台阶。新的一年，我们要以饱满的热情投入工作，以务实的作风做好工作，以开放的胸襟迎接挑战，以昂扬的斗志战胜困难，让我们一起开创更加美好的未来！

最后，衷心祝愿大家在新的一年里，工作顺利，家庭和睦，生活幸福！

谢谢大家！

范例二

【致辞人】×× 市市委书记

【致辞背景】×× 市元宵节灯会

朋友们、父老乡亲们：

大家好！

正月十五的明月已经升上了夜幕，又一年的元宵节到来了。在这个美好的夜晚，市委、市政府与市文联、市文化体育局携手合作，举办了这次元宵灯会。灯会邀请了我省众多制灯高手和灯谜高手，希望可以为本次灯会增添喜乐气氛，给广大父老乡亲带来更多欢乐。希望每一位朋友都能不畏强手，踊跃猜谜，享受这欢乐的元宵佳节。

过去的一年，本市各界人民团结一心，同舟共济，共建我市美好家园，取得了不错的成绩。在社会主义核心价值观的指导下，我市物质文明建设、精神文明建设、政治文明建设皆取得了良好的成绩，人民生活水平也得到了很大提高。

展望新的一年，我们要满怀激情和信心地投入城市建设中去。

正月十五闹元宵、赏明月、吃汤圆、庆团圆。最后，我再一次向全市人民致以最真挚的祝福，希望大家在灯会上玩得开心！

谢谢大家！

范例评析

考虑到过完元宵节，人们就要投入到工作中去，元宵节致辞要鼓舞士气，提出本年度的期望，给致辞对象以希望和信心。致辞内容要具有感染力，可以在结束的时候使用“让我们一起……”之类的语句。

第四节　妇女节致辞

妇女节致辞的对象是女性，具有特殊性，因此致辞人在致辞中要体现出这种特殊性。妇女节旨在纪念女性在社会发展过程中做出的贡献，在致辞内容上，一定要体现出对女性的肯定和赞扬，同时要体现出对女性的关心和尊重。致辞主体部分可回顾过去，展望未来，并号召女性在以后的工作中再创辉煌，最后以祝福语结束致辞。

范例一

【致辞人】××县妇联领导

【致辞背景】纪念妇女节大会

各位领导、各位来宾，姐妹们：

春风和煦，万物复苏。在这百花争艳的初春时节，我们迎来了纪念全世界劳动妇女的节日——国际妇女节。在这个意义深远、值得庆贺的节日里，我谨代表县妇女联合会，向在座的各位姐妹致以最真诚的问候和最崇高的敬意！

国际妇女节是联合国为纪念广大女性争取自由和平等的斗争而设立的节日。这个节日既是为了纪念为争取女性平等和解放而牺牲的女性同胞们，也是为了激励新时代的女性，鼓励女性在推动社会进步方面发挥更大的作用。

男女平等是促进我国社会发展的一项基本国策，随着时代不断进步，各种文化理念不断被人们接受，男女平等的思想已经深入人心，近年来，我县的妇女解放事业在党和政府的关心下，蒸蒸日上，令人欣喜。回顾过去妇女解放的历史，我们无比自豪；展望未来妇女解放事业的发展前景，我们充满信心。对于致力于妇女解放事业的各界人士而言，××年是充满机遇和挑战的一年，新时代和谐、平等的社会环境，为女性创造了广阔的发展空间，使女性能够为社会创造更多的价值。广大女性一定要以社会主义核心价值观为指导，在县委、县政府的正确领导下，在市妇联的关心、指导下，准确把握时代脉搏，抓住妇女事业的发展机遇，努力开拓妇女解放工作的新局面，为建设我县和谐社会做出新的贡献。

同志们、姐妹们，让我们把忘我的热情、澎湃的激情投入我县和谐社会建设的宏图伟业中，让我们把辛勤的汗水、振奋的心情投身到建设美好明天的宏伟事业中，让我们携手共进，共创我县妇女解放事业的辉煌未来！

最后，再一次祝全县广大妇女同志节日快乐，工作顺利，家庭幸福！

范例二

【致辞人】××局领导

【致辞背景】纪念妇女节大会

各位领导、各位来宾，女同志们：

今天是一个值得我们纪念和庆祝的日子——国际妇女节。在此，我谨代表局领导及全体职工，向在座的各位女同志致以最亲切的问候，对你们为我局的发展进步做出的贡献表示衷心的感谢！

100多年前，为了纪念广大女性为争取自由和平等，为推进社会精神文明建设和社会进步所做的贡献，国际组织设立了国际妇女节。100多年来，女性的地位得到了普遍提高。男女平等早已成为我国的一项基本国策，这一举措极大地促进了我国妇女解放事业的发展。

重视和推动妇女事业的发展是社会发展的必然要求。多年来，在上级领导的关心和支持下，在县委领导班子的积极践行下，我县妇女事业发展势头强劲，进步明显。我局的妇女工作更是在县委领导的直接带领下，向着更高的水平迈进。我们不断完善对女同志的福利制度，并成立了妇女工作小组，鼓励广大女同志自强自爱，积极参加单位及社会活动，丰富业余生活，提高生活质量。××年，我局妇女工作小组获得了“县先进集体”的荣誉称号，在随后的全县女职工技能大赛上，我局女同志奋勇争先，为集体争得了荣誉。这些成绩和荣誉是对我们过去工作的肯定，也是对我们今后工作的鞭策。我们要继续深入学习上级关于妇女工作的有关精神，在县委、县政府的带领下，努力将我局的妇女工作做得更好！

女同志们，你们是我局靓丽的风景，是我局发展的坚实力量。你们的工作是努力的，你们的成绩是值得肯定的，你们为我局的发展所做出的贡献是具有重大意义的。希望在今后的工作中，你们再接再厉，为我局的进步做出新的贡献。相信我们的明天会更加美好，让我们一起努力吧！

最后，再一次祝广大女同胞节日快乐！

范例评析

两篇范例都很好地体现了妇女节的特殊性，将妇女在社会发展中的贡献作为致辞的主要内容，表明了致辞人对女性工作的肯定和赞扬。致辞语言大方、得体，又具有一定的鼓舞作用；而且，根据致辞人性别的不同，文中的“我们”“你们”使用恰当，体现了语言的准确性。

第五节　植树节致辞

近年来水土流失，土地沙漠化、盐碱化状况日益严重，国家有关部门很重视绿化工作，每年都有国家高层领导人参与植树典礼。植树节旨在传播绿色环保理念。

因此，致辞人要突出对绿色环保理念的重视，可结合国家最新提倡的环保理念，对致辞对象进行环保教育；还要根据致辞对象的不同和当地的特殊情况，斟酌致辞内容，把绿色环保、低碳生活等理念恰当地体现在致辞中。

范例一

【致辞人】×× 市市长

【致辞背景】×× 市的植树典礼

同志们、朋友们：

大地回春，万物复苏，一年一度的植树节又到了。我谨代表市委、市政府向支持和参与我市绿化事业的朋友们表示衷心的感谢！向战斗在造林绿化第一线的广大干部职工表示亲切的问候！

土地盐碱化一直是困扰我市的灾害。过去的一年，在市委、市政府的领导下，全市人民大力开展土地改造活动，通过种植耐盐的绿肥和牧草，大大改善了我市土地的盐碱化状况。此外，生物改造方法大大降低了绿化成本，加快了全市绿化进度，大大加快了我市生态文明建设的进程。

在新的一年里，我们要加大宣传力度，继续大力宣传党和国家在土地绿化和义务植树等各方面的方针政策和法律法规；大力宣传国土绿化和生态文明建设的重要性及近年来取得的成就，提高民众的绿色环保意识；大力宣传人与自然和谐发展的理念，不断提高民众对生态文明的重视程度，以促进全民自觉关心、支持和参与我市的生态文明建设。

在新的一年里，我们要继续落实分块划区绿化的政策。各单位、各部门要对自己辖区内盐碱化土地的改良情况实时监控，争取取得更好的改良效果。同时要大力推进城乡绿化和绿色通道的建设进程，力求实现“森林进城、园林下乡”的目标，争取把绿色通道建成绿化线、风景线和致富线。

同志们、朋友们，让我们行动起来，利用春季植树造林的大好时机，再次开展全民义务植树运动，人人动手，植树造林，让我市的生态文明建设迈上一个新的台阶。

谢谢大家！

范例二

【致辞人】×× 小学校长

【致辞背景】×× 小学的植树活动

同学们：

早上好！

今天是 3 月 12 日，你们知道是什么节日吗？对了，是我国的“全民植树节”。

树，既能防风固沙，也能美化环境，是我们忠实的朋友。比如大树进行光合作用，提供我们呼吸所需的氧气；它们还具有调节空气湿度、降低噪音、吸粉尘等的功能。正是因为树木对于我们如此重要，才有了这一年一度的植树节。

现在，植树造林、美化环境已成为人们的共识。然而我们也痛心地看到，有一些人为了一点个人私利，不惜破坏整个地球的生态环境，最终导致某些地区森林被大量砍伐、水土流失严重。我们对这些人的行为表示强烈的谴责！不过看看我们周围，有些同学也不能很好地爱护花草树木，任意践踏或采摘路边的花草，希望这些同学尽快改正这个不良的习惯。

我国是一个绿化面积很少的国家，然而，我国木材的砍伐量却是世界第一。因此，我们不仅要节约纸张，少用一次性筷子，更要多多植树，让青山常在，绿水长流！

同学们，让我们从身边做起，从小事做起，从一点一滴做起，做一个爱护环境的有心人。我坚信，我们的校园会更加美丽，我们的城市也会更加美丽！

谢谢大家！

范例评析

这两篇范例都是很精彩的植树节致辞。面对不同的致辞对象，致辞人能很好地运用符合听众年龄和认知水平的语言阐明植树绿化的重要性。

范例一的致辞对象是广大市民，因此致辞人侧重对他们进行政策方面的宣传和教育，从社会建设的层面来提出号召和期望。

范例二的致辞对象是小学生，在致辞中，致辞人阐明了树的重要性，使学生们对绿化有了初步的认识；接着阐明他们在生活中应该怎样来保护树木，美化身边的环境，比如可以让他们在生活中注意自己的行为，增强环保意识等。

第六节　劳动节致辞

劳动节，顾名思义，是劳动者的节日，是让劳动者在忙碌的工作之余放松一下的日子。劳动节致辞要注意以下三点：第一，对劳动者在工作中的付出加以肯定和赞扬；第二，对单位（公司）在以后的发展中给予劳动者的福利加以阐述，使劳动者对自己的权利、义务有所了解；第三，要对劳动者致以节日的祝福。致辞人要侧重对劳动者的感谢，善于使用喜庆的语言把劳动者带到愉悦的气氛中去。

范例一

【致辞人】×× 高级中学校长

【致辞背景】×× 高级中学庆祝劳动节大会

老师们、同学们：

全世界劳动人民共同的节日——劳动节又如期来临了。值此佳节，我代表学校向全校教职员工、同学及家长们致以节日的问候！向长期关心本校发展的各位领导和各界朋友致以最诚挚的问候！祝大家节日快乐、身体健康、生活美满！

劳动是光荣伟大的，它既是我们的权利，也是我们的义务。自从 1949 年新中国成立后，在我国社会建设进程中的各个时期、各个行业，都涌现出了无数的劳动模范、先进工作者和先进知识分子。劳动模范大多是工人阶级的杰出代表，先进工作者一般是爱岗敬业、艰苦奋斗、勇于创新、服务大局的典型工作者，先进知识分子一般是在精神文明建设方面做出贡献的典型人物。无论时代如何变迁，这些劳动者身上所体现出来的美德都是我们宝贵的精神财富。

多年来，我校的所有教师都尽职尽责，所有员工都恪尽职守，使学校的教学管理、师资建设、后勤工作都取得了长足的发展。在这里，我再一次向为我校的发展付出心血的每一位已退休和仍在职的员工表示衷心的感谢！是你们的辛勤劳动铸就了学校今天的辉煌，是你们呕心沥血地塑造了学校今天的良好形象，是你们的无私奉献造就了学校的今天！

每一个理想的实现，都需要人们进行艰苦的奋斗。学校美好的未来更需要全校教职工齐心协力去创造。让我们一起努力奋斗，开创更美好的明天；让我们锐意进取、爱岗敬业，为社会培养更多有用的人才；让我们不懈努力、坚持奋斗，把我校建设成为特色鲜明、成绩卓越的知名学校。

谢谢大家！

范例二

【致辞人】××公司董事长

【致辞背景】劳动节来临之际面向公司员工的致辞

员工朋友们：

和煦的春天即将过去，激情的夏日马上到来。值此五一国际劳动节来临之际，我谨代表公司向辛勤工作的每一位员工致以诚挚的问候和衷心的感谢！

××年来，公司的规模不断扩大，业绩也越来越好，这一切都离不开公司所有员工的辛勤劳动和艰苦奋斗。一分耕耘，一分收获。公司必将对每一位员工的付出给予相应的回报，公司将会继续完善经营管理制度，完善员工的福利制度，改进公司的绩效考核制度，为公司的每一位员工谋取更多的福利，使公司每一位员工的付出都能得到最多的回报！

面对无数困难，我们百折不挠只为实现自己的理想；面对艰巨的任务，我们不辞辛苦、加班加点，只盼事业蒸蒸日上！公司刚刚步入稳定发展的阶段，虽然发展前景广阔，但是同样面临着严峻的挑战，希望公司的每一位员工继续发扬艰苦奋斗的精神，不懈努力，创造更美好的未来。

最后，我再一次祝大家五一劳动节快乐！

范例评析

劳动节致辞，根据致辞对象的不同要有不同的侧重点。如范例一，致辞对象是教师和学生，侧重点就是讲劳动的意义，树立教师和学生热爱劳动的观念。范例二的致辞对象是公司员工，所以致辞人要对员工的辛勤劳动予以肯定。两篇范文在内容的侧重点上把握得很好，值得我们借鉴。需要注意的是，面向员工的致辞，鼓励、肯定要多于要求和期望，这两部分内容要详略得当。

第七节　儿童节致辞

儿童节致辞主要针对儿童而发。首先，致辞人要注意语言的通俗易懂，要符合儿童的理解和认知能力；其次，要对致辞对象在学习、生活中的进步给予赞扬，肯定他们的努力；最后，要对致辞对象提出今后学习、生活的期望，引导致辞对象对自己的学习、生活进行规划。

范例一

【致辞人】××小学校长

【致辞背景】××小学庆祝儿童节活动

尊敬的老师们、亲爱的同学们：

大家好！

莺啼鸽飞，百花灿烂。在这一年一度属于青少年的欢乐节日里，首先请允许我代表全体教职员工祝同学们节日快乐！

今天，同学们都穿上了节日的盛装，戴上了火红的红领巾，脸上洋溢着欢乐的笑容。看得出来，同学们都非常高兴。为了让同学们度过一个欢乐的节日，今天我们安排了这次演出大会，主要演员就是我们朝气蓬勃、活泼可爱的同学们。今天，我们的同学们要用动听的歌声唱出幸福和愉悦，用悠扬的琴声奏出纯真和朝气，用优美的舞姿舞出理想和追求，用质朴的语言道出勤奋和进取。尤其是即将结束小学生活的六年级的同学们，他们今天的心情比其他年级的同学更复杂。看看他们的神情，我们就可以发现，他们是兴奋的，又是忧伤的。因为他们即将离开我们的校园，结束小学阶段的学习和生活，开始一段新的求学生活。今天，他们和低年级的同学们欢聚在这里，一起度过小学中的最后一个儿童节。

我们看到每一位同学笑容灿烂，焕发着如朝阳一般的生命活力，我们很欣慰。在我们的学校里，处处都有你们钻研思考的身影。一次又一次的知识竞赛上，你们用才智和勇气展示了良好的个人魅力，为学校赢得了无数的荣誉；一次又一次的运动竞赛上，你们步伐矫健、英姿飒爽、互助拼搏，无数次刷新了学校的各项竞赛纪录，尽情展示了你们的风采和实力。科普周中，你们仔细观察、认真思考，碰到疑惑就通过各种办法来求证，总是能找到令人欣喜的答案，发表令人叹服的作品。让我们用热烈的掌声感谢每一位为学校增光添彩的同学，祝愿每一位同学今后都能前程似锦！

同学们，你们的未来是美好的，你们一定要在学习和生活中努力克服困难，不断拼搏奋进，向着自己的理想迈进。

演出即将开始，我再一次衷心祝愿同学们节日快乐，祝愿老师们童心永驻！

谢谢大家！

范例二

【致辞人】×× 实验小学校长

【致辞背景】×× 实验小学儿童节庆祝活动

亲爱的少先队员们、同学们、老师们：

大家好！

初夏的阳光已经照射在我们喜悦的脸庞上，娇艳的花儿已经竞相开放，今天，我们欢聚一堂，一同庆祝同学们期盼已久的节日——六一国际儿童节。借此佳节，我代表全校的教职员工向同学们致以节日的问候，祝你们节日快乐！

我校在上级教育主管部门和地方党委政府的领导下，在社会各界朋友和广大家长的关心下，明确办学目标，提高教学质量，使我校学生在学习能力、劳动能力、道德素质等方面都取得了很大的进步！学校组织各种学习兴趣小组，鼓励同学们开展学习竞赛，以此提高同学们的学习能力；学校还组织各种劳动活动，培养同学们良好的劳动习惯；学校经常进行各种道德方面的评比，努力培养同学们的道德素质。你们用切实的行动来锻炼自己，用无尽的知识来充实自己，你们在学校中的快速成长，我们有目共睹！我们为你们取得的进步感到由衷的自豪！

同学们，“一年之计在于春，一日之计在于晨”。你们是祖国最灿烂的花朵，你们是祖国未来的主人，你们是新世纪的社会主义建设接班人。希望你们能树立远大的理想，继承和发扬中华民族优良的文化传统和美德，成为知识海洋中不屈的探索者和创新者。希望你们积极参加学校组织的活动，练就强健的体魄，养成良好的生活习惯，成为文明社会建设过程中的先锋模范。

最后，我再一次祝同学们节日快乐！

范例评析

范例一和范例二都是小学校长在六一儿童节上的致辞，两篇致辞都很精彩，表达了他们对少年儿童的节日祝福和殷切希望。但两者的侧重点不同：范例一多用排比句，形象生动地描述了同学们的校园生活场景，使听众就像看到一幅幅生动的画面；范例二则侧重于讲述同学们通过学校的活动收获了什么，在哪些方面得到了提高，是从结果上来肯定他们的成长。

第八节　端午节致辞

端午节始于我国的春秋战国时期，有着悠久的历史。端午节致辞除了要遵循一般佳节致辞的写作技巧外，还要表现出对端午节所传承的理念的认同；同时要根据致辞场合的不同，运用合适的语言来渲染节日安康的气氛。当然，致辞结尾处要表达出致辞人的愿望和祝福。

范例一

【致辞人】××高级中学校长

【致辞背景】××高级中学庆祝端午节的活动

老师们、同学们：

大家好！

今天是五月初五，在我国流传千年的端午节又如期而至了，我谨代表学校领导班子向在座的各位老师、后勤人员和全体同学，表示衷心的祝福，祝大家身体健康、万事如意！

端午节是中华民族传承了两千多年的传统节日，是阖家团圆的节日。“端午节、门插艾、香满堂，吃粽子、洒白酒，龙舟下水喜洋洋”，这些都曾经是端午节上最热闹的活动。但是随着时代的变迁，国人对传统节日越来越不重视民族传统节日，体现了中华民族丰富的文化底蕴，存留着中华民族独特的文化记忆。每经历一次传统节日，中华民族的凝聚力和向心力都会得到一次提升！在今天这样一个经济全球化的时代，强势文化不断冲击着弱势文化，特别是你们青少年，很容易忽视传统文化的存在，而这种忽视将会导致我们民族性的弱化，甚至会使中华民族面临精神断层，后果不堪设想！

同学们，“路漫漫其修远兮，吾将上下而求索。”你们是祖国未来的主人，我希望你们能在老师们的谆谆教导下，努力学习中华民族的传统文化，自强不息，奋发向上，勇攀高峰！

最后，祝大家节日安康，万事如意！

谢谢大家！

范例二

【致辞人】××公司总经理

【致辞背景】××公司端午节庆祝活动

各位员工、各位朋友：

大家好！

今天，我们欢聚一堂，非常高兴地迎来了传统佳节——端午节。首先，请允许我代表公司向工作在各个岗位上的中层领导、基层员工表示节日的祝福，祝大家身体健康、阖家幸福！

中华民族有很多传统节日，端午节便是其中一个。端午节最初是为纪念屈原而设立的，后来，它逐渐演变成一个喜庆热闹的节日。之前的端午节，人们会吃粽子、洒白酒、赛龙舟。但是随着时代的发展，人们生活节奏的加快，这些习俗逐渐被人们淡忘，不过，我们还是要牢记节日中伟大爱国精神的内涵。国家将端午节定为法定节假日，就是要我们不忘传统。今天，我们欢聚在这里共同庆祝端午佳节的到来，虽然我们没有赛龙舟，没有洒白酒，但是我们每个人心中都要牢记端午节的精神意义，牢记我们的爱国情怀，并将这种情怀化为努力工作、追求卓越的动力，在今后的工作中，积极进取，奋勇争先，为公司的发展、进步贡献力量，为祖国的繁荣贡献力量。

各位员工、各位朋友，我们都是中华儿女，传承中华民族优良传统是我们每个人的责任和义务。我们要将祖国的繁荣、富强作为我们的使命，并为之努力。

端午佳节，粽叶飘香。今天我们将全体员工聚集在一起，品粽香、习传统。让我们共同庆祝吧，庆祝这一年一度的传统佳节！让我们共同祝愿吧，祝愿我们的公司蒸蒸日上，祝愿我们的祖国繁荣昌盛！

最后，再次祝大家节日安康，万事如意！

谢谢大家！

范例评析

端午节的致辞要遵循佳节致辞原则：喜庆、安康。范例一是校长的一篇致辞，从端午节的历史谈起，然后转入现代社会端午节精神的延续，过渡自然，“借题发挥”，可谓是一举两得。范例二则突出了端午节的纪念意义，将端午节的精神意义与公司的未来联系在一起，但是稍显生硬，如果选择更加自然的过渡方式，会更完美。

第九节　建党节致辞

建党节是为了纪念中国共产党的诞生，以及中国共产党为中国人民做出的贡献而设立的。建党节致辞是针对特定的对象，所以在致辞中，致辞人一方面要对致辞对象所做的贡献予以肯定和赞扬，另一方面要阐述党在以后建设中的指导思想、重点工作、需要注意的事项和建设目标，激励致辞对象信心百倍地投入到以后的工作中去。

【致辞人】建党节座谈会发言人

【致辞背景】七一建党节座谈会

尊敬的各位领导、各位来宾，朋友们、同志们：

在伟大的中国共产党成立××周年到来之际，我们怀着喜悦的心情齐聚一堂，共同回顾党的光辉历程，憧憬党的美好未来，为党庆祝生日。在此，让我们向辛勤奋斗在各条战线上的广大共产党员致以节日的问候和衷心的祝愿。

刚才我前面的几位同志都做了精彩的发言，他们的事迹体现出了当代共产党员的高尚品质和情操，值得我们每一位共产党员学习。我们要学习他们脚踏实地、埋头苦干的作风；学习他们执著追求、勇于挑战的精神；学习他们顾全大局、无私奉献的高尚情操。

下面是我对我党今后建设过程中一些问题的看法，希望与在座各位共同探讨。

首先，要继续紧抓党员思想建设。深入学习贯彻党的十九大精神，掀起学习贯彻社会主义核心价值观的新高潮，牢固树立“富强、民主、文明、和谐、自由、平等、公正、法治、爱国、敬业、诚信、友善”重要思想，明确科学发展观是党必须长期坚持的指导思想，使科学发展观与各个地方的实际相结合，保证党的事业继往开来、与时俱进。践行社会主义核心价值观，无疑是继续迈大步子走中国特色社会主义发展道路的体现。

要自觉地以社会主义核心价值观统领全局、指导工作；深化对始终坚持党的思想路线的认识，深化对坚定不移地抓好发展这个第一要务的认识；深化对加强和改进党的建设的认识；要强化领导干部的党性修养，不断提高执政能力，始终坚持立党为公、执政为民；深化对促进社会主义物质文明、政治文明和精神文明协调发展的认识，不断推进社会全面进步和人的全面发展。

其次，要强化党的政治建设。在党的建设中，要结合科学发展观与社会主义核心价值观的理念，在深入学习党的十九大精神的同时，理论与实践相结合，学以致用。通过学习把党员的思想水平提高到一个新的高度，使党员在实际工作中可以学懂理论、找准差距，推动发展。坚持党要管党、从严治党，发扬党的优良传统和作风，不断提高党的领导水平和执政水平，提高拒腐防变和抵御风险的能力；不断增强党的阶级基础，扩大党的群众基础；不断提高党的创造力、凝聚力、战斗力，使我们党始终走在时代前列，成为领导全国人民沿着中国特色社会主义道路不断前进的核心力量。

再次，要着力完善党的作风建设。每个党员都要把“为人民服务”“立党为公、执政为民”作为工作的宗旨和目标。我党从成立到现在已走过了 ×× 个年头，每一次的进步和成长都离不开人民群众的支持。展望未来，坚持社会主义核心价值观，建设和谐社会还有很长的路要走，任务还很艰巨，我党务必要保持谦虚、谨慎、不骄、不躁的作风，务必要保持艰苦奋斗的作风，带领人民去开创更美好的未来。当然，我党内部存在着精神不振、无所作为、当太平官、混日子的现象；存在着思想不解放、缺乏创新能力、改革和发展思路不清的现象；也存在着官僚主义、形式主义、以权谋私的现象。这些都极大地威胁着我党的建设和我国和谐社会的建设！只有紧抓作风建设，改造党员的思想，才能改变这种状况，使每一位党员真心诚意地为人民谋福利。

最后我再一次向在座各位表示节日的问候，祝你们节日快乐！

谢谢大家！

范例二

【致辞人】××医院党委领导

【致辞背景】××医院庆七一活动

同志们、朋友们：

今天，我们聚集在这里，隆重地庆祝我们伟大的、光荣的中国共产党××岁华诞，回顾我党的光辉历史，讴歌我党的骄人业绩，表达我们对伟大的党的无限热爱。首先，我谨代表院党委向奋战在临床第一线的医护人员表示亲切的慰问！

我党成立的××年是高歌亢进的××年，是走向辉煌的××年。××年来，中国共产党一路披荆斩棘，跨过民主革命的洪流，走出土地革命的风暴，经历万里长征的艰苦跋涉，穿越抗日战争的8年硝烟，迎来3年解放战争的势如破竹，开始积极探索社会主义建设，进行了改革开放的伟大实践，为共和国的发展开创了新的局面。可以说，中国共产党成立的××

年，就是将马克思主义与中国的实际结合起来，带领中华儿女不屈不挠、不畏艰险、探索救国图强的××年！

××年的奋斗历程再一次有力地证明：中国共产党是富有生机和活力的先进的党；是富有凝聚力、战斗力的强大的党；是经得起任何考验的坚强的党；是任何敌人和困难都压不倒、摧不垮的顽强的党；是人民的党；是胜利的党；是伟大的党。我们党一定能够带领中国人民在建设有中国特色的社会主义道路上越走越远，实现中华民族振兴的伟大目标。

我院是市卫生行业的龙头单位，我们已取得的成绩激励着我们向更高的目标迈进。党员同志们，让我们扎实工作，发挥党员的先进带头作用，与我院的全体医护人员携手并进，使我院的发展再上一个新台阶！

最后，让我们共同祝愿我们伟大的党永葆青春，活力无限！祝愿我们伟大的祖国更加繁荣昌盛！祝愿我们的医院蒸蒸日上，再创辉煌！祝愿在座的各位身体健康，阖家欢乐，万事如意！

谢谢大家！

范例评析

涉及党的问题一般是比较敏感的问题，所以在建党节上的致辞要态度严谨。行文要严肃、庄重；内容要联系党的方针政策；还要简述一下近几年在党的领导下取得的成绩；最后对未来的工作要报以诚恳、认真的态度，表达坚定的决心。两篇范文在这几点上做得很好，在内容的详略上做得也很到位，值得我们借鉴。

第十节　建军节致辞

建军节致辞内容要包括以下两个方面：第一，总结节前所取得的成绩，同时要注意对“双拥”工作的肯定，体现出军民鱼水情深；第二，在肯定军队官兵工作的同时，要对各级党委、政府及人民群众对军队工作的支持予以肯定。由于致辞对象是铁骨铮铮、具有一定学识修养的军人，因此致辞结构要清晰，逻辑要严谨，语言要庄重、严肃，表现出对军人的敬仰和尊重。

【致辞人】×× 市市委书记

【致辞背景】庆祝八一建军节大会

各位领导、各位同志：

今天是我国第 ×× 个建军节，我们欢聚一堂，热烈庆祝中国人民解放军建军 ×× 周年。首先，我代表中共 ×× 市委、×× 市政府和全市人民，向驻我市的军分区、武警 ×× 市总队的各位领导和每一位士兵，向人民解放军驻地部队全体指战员、武警官兵、预备役军人和广大民兵，致以节日的祝贺！向离退休军人、革命伤残军人、转业复退军人及所有的英烈军属，表示最诚挚的问候，祝你们节日快乐！

中国人民解放军是一支具有辉煌战斗功绩和光荣革命传统的人民军队！在党的领导下，中国人民解放军带领中国人民浴血奋战，经历了血与火的洗礼，实现了民族独立、人民解放、国家富强的伟大抱负。在我国现代化建设中，中国人民解放军驻我市部队官兵积极发扬我军拥政爱民的光荣传统和优良作风，在进行部队革命化、现代化、正规化建设的同时，始终牢记“全心全意为人民服务”的宗旨，视人民为父母，把驻地当故乡，积极支援地方建设，在我市扶贫帮困、救助群众、维护社会稳定等活动中做出了巨大贡献，为群众办了大量实事、好事，用实际行动在全市人民心目中树立起爱民之师、威武之师、文明之师的高大形象，体现了军民同呼吸、共命运、心连心的鱼水深情。

发展是我们党执政兴国的第一要务。在我市，加快发展依然是摆在我们面前的最重要的任务。为实现市党代会和人代会确定的奋斗目标，进一步加快发展，市委提出了“××”和“××”的重大举措。现在，全市上下已经形成了以第三产业带动区域发展，以引进外资为动力促进区域发展的良好局面。我们热切希望驻地解放军和武警官兵能继续关心、支持和参与我市的三个文明建设，为加快城市建设做出更大的贡献。

继续在全市开展拥军优属、拥政爱民活动。在新时期的社会建设过程中，加强军政、军民团结是我们始终奉行的宗旨。我市正处于快速发展的重要战略机遇期，我们要从维护国家安全和社会稳定、促进改革开放和经济发展的高度，进一步做好“双拥”工作，不断巩固军政、军民团结的大好局面，努力提高部队的战斗力，增强民族的凝聚力。

我们要继续投入更多的资金支持我市国防建设。推进国防现代化建设是市委、市政府义不容辞的重大政治责任。希望我市的每一位市民都能牢固树立起“关心国防、服务国防”的观念，在全市深入开展国防宣传，进行国防教育。

最后，我预祝本次大会取得圆满成功！

谢谢大家！

范例二

【致辞人】××县领导

【致辞背景】庆八一建军节文艺汇演活动

尊敬的各位领导、各位嘉宾，同志们、朋友们：

大家下午好！

今天是中国人民解放军建军××周年纪念日。在这个具有特殊纪念意义的日子里，全县领导、驻我县的各级官兵和全市人民欢聚于文化广场，一起参加由我县文化局、人武部、市人大办主办，市委、市政府各部门——市政协办、市法院、市体育局、市水保局等单位协办的庆八一文艺汇演。在建军节开展庆八一文艺汇演是我县多年来的文化传统，希望可以通过这种形式让全体军民同乐，进一步加深我县军民的鱼水之情。

××部队是我县具有光荣革命传统的英雄部队。多年来，全体部队官兵把我县当故乡，视我县人民为亲人，与我县人民同呼吸、共命运、心连心，自觉支持和参加我县社会主义现代化建设，在抗洪救灾、造林绿化、扶贫开发、维护稳定、拥政爱民、青少年教育等方面做了很多工作，为我县的三个文明建设做出了卓越的贡献，充分展示了新时期子弟兵的风采，体现了人民军队为人民的英雄本色，谱写了人民军队拥政爱民的新篇章。

我希望在我县未来的建设中，军民可以保持这种互帮互助的状态，心往一块想，劲往一处使，军民携手，共建我们的美好家园！

最后，我预祝这次汇演取得圆满成功！

谢谢大家！

范例评析

两篇范文都是规范的建军节致辞，结构完整，层次分明，条理清晰。范例一在回顾过去辉煌历史的基础上，指出发展是当前军队工作的重点，而后又对发展中的问题进行分析，层层递进，逻辑严谨。范例二重点陈述了当地部队在驻地城市建设中发挥的作用，表达了对部队官兵的感谢；接着提出希望，让军民携手，共建美好家园。条理清晰，语言富有感染力。

第十一节　教师节致辞

教师被称为“人类灵魂的工程师”。教师节致辞是针对教师而发的，所以在致辞中，致辞人要注意以下三点：第一，致辞内容要显示出较高的文化水平和文化素养；第二，对致辞对象过去的工作要予以肯定，对他们所做的贡献要予以感谢；第三，对节后教师工作的重点要予以阐述，激励教师更加勤奋地投身到教育事业中去。

范例一

【致辞人】×× 学院院长

【致辞背景】×× 学院举办的教师节庆祝活动

尊敬的各位领导、老师，同学们：

春华秋实，桃李沁香。时光荏苒，这是我们建校以来的第 ×× 个教师节。在学校走过的 ×× 个年头里，每一年的教师节都留给我们太多的回忆与感慨。每年的这个时候，我的心里总会泛起层层涟漪：我为我们教师拥有一个属于自己的节日而自豪，更为各级领导和社会各界有识之士对我校的关心与支持而心存感激。在这个喜庆的时刻，我谨代表学校向在教学岗位上辛勤耕耘、默默奉献的全体教职员工致以诚挚的问候！祝大家节日快乐，身体健康！

在过去的一个学年中，我为我校各项事业取得的新发展和广大教师在教学、科研上取得的新成绩感到由衷的高兴和自豪。一年来，我们深入贯彻落实社会主义核心价值观，进一步解放思想，抢抓机遇，锐意进取，使学校各项事业呈现出良好的发展势头。我校的学科建设取得了阶段性成果，新增 ×× 个学科，有 ×× 个学科被列入省级“重点学科培育建设项目”；人才培养质量稳步提升，为我省教育事业的发展做出了巨大贡献；我校的科研实力不断得到提升，获得了多项国家科研基金，使我校的多个专业科研项目得到了资金保障；我校校园文化建设取得了丰硕成果，学校社团活动丰富多彩，举办了“×× 杯”篮球赛等活动，丰富了学生的课余生活。以上成绩的取得无不依赖于我校教育工作者的辛勤劳动和无私奉献。

尊师重教是我国的优良传统，千年前的政治家管仲就曾说过：“一年之计，莫如树谷；十年之计，莫如树木；终身之计，莫如树人。”这充分表达了人们对教师的尊重和重视。“春蚕到死丝方尽，蜡炬成灰泪始干”是对教师最崇高的赞誉。在新的学年里，我们要深入学习、全面贯彻全国教育工作会议精神，坚持以创新为动力，以提高教学质量为核心，全面提升学校的综合竞争力，为我省的建设输送更多的人才；我们要深入开展多种多样的“优秀教师”评比活动，宣传优秀教师的先进事迹，进一步在我校营造尊师重教的良好氛围；我们要大力实施“师德建设工程”，切实增强教师教书育人的责任感和使命感，使广大教师以自己的人格魅力和学识魅力感染学生，引导学生健康成长。

最后，再一次祝全体教师节日快乐！

范例二

【致辞人】×× 市教育局局长

【致辞背景】庆祝教师节大会

老师们、同志们：

金风送爽，硕果飘香。在这个秋高气爽的金秋时节，我们又迎来了一年一度的教师节。我代表市教育局向奋战在全市各条教育战线上的广大教育工作者致以节日的祝贺！向关心我市教育事业发展的各级领导、社会各界朋友及广大学生家长表示衷心的感谢！

“师者，所以传道授业解惑也”，教师是一个普通而崇高的职业，教师是一个平凡而伟大的职业。古往今来，人们把教师比作蜡烛、春蚕、人梯、园丁……这无不饱含着人们对教师奉献精神的赞扬。多年以来，我市广大教育工作者，以振兴我市教育事业为己任，立足岗位，兢兢业业，无私奉献，为国家培养了一批又一批的优秀人才。在这个过程中，我市也涌现出了不计其数的优秀教育工作者。正是有了这样一支爱岗敬业、诲人不倦的优秀教师队伍，正是有了这样一种辛勤耕耘、奋发有为的教师团队精神，我市的教育事业才取得了今天这样骄人的成绩！

当前正是我市落实社会主义核心价值观、建设社会主义和谐社会的关键时期，也是加快我市教育强市建设工程、大力推进教育事业发展的关键时期，这对我市的教育工作者提出了更高的要求。百年大计，教育为本；国运兴衰，系于教育；振兴教育，教师为本。特别是在我市加快发展、奋力崛起的关键时期，所有的教育工作者一定要当仁不让、勇挑重担，肩负起时代赋予教师的光荣而艰巨的历史任务，继续发扬兢兢业业、无私奉献的精神，为我市的教育事业做出更大的贡献！

希望我市教师牢记你们肩负的历史使命和时代重任，不辜负党和政府对你们的信任和人民群众对你们的期望，发奋努力，不辱使命，使我市的教育事业更上一层楼。

希望我市教师不断加强理论修养和业务学习，全面提高自身素质，不断用科学的教育理论武装自己的头脑，不断掌握现代教育技术和教育手段，在教育改革的大潮中，抓住机遇，迎接挑战，开创我市教育事业的新局面。

最后，我再一次诚挚地向全市教育工作者道一声“你们辛苦了”！

范例评析

教师是一个受人尊敬的职业，教师节致辞要对教师们的工作予以肯定。两篇范例条理清楚，层次明晰，都对教学工作进行了简单的总结，并且对教师提出了期望，同时都引用了一些诗句、名言，使致辞显得很有文化气息。

第十二节　中秋节致辞

中秋节是丰收和团圆的节日。致辞人首先要用风趣、轻松的语言营造出喜庆、欢乐的气氛，表达出对致辞对象的美好祝福和亲切问候；接着还要肯定致辞对象做出的贡献，表达出对他们的感激；最后还要对致辞对象的学习、工作提出具体的希望和期待，给他们以信心和鼓励，以达到鼓舞士气的效果。

范例一

【致辞人】×× 市民主党派代表

【致辞背景】×× 市政府举办的"庆中秋"喜乐酒会

各位领导、各位朋友，女士们、先生们：

秋水长天，枫叶似火。一年一度的中秋节如期而至，全市各界代表在此欢聚一堂，共同庆祝这个美好佳节。我怀着无比喜悦和激动的心情应邀参加这次的喜乐酒会。借这个难得的机会，请允许我代表全市各民主党派、党外干部和党外知识分子，向在座的各位市领导和关心民主党派发展的朋友致以衷心的感谢和节日的问候！

"肝胆相照，荣辱与共"，多年来，我们民主党派和中国共产党一直遵守这个方针政策。在今天这个普天同庆、各界朋友欢聚一堂的时刻，我们不会忘记各民主党派走过的艰难岁月，更不会忘记中国共产党在那段岁月中对我们的支持和理解。在中国共产党的带领下，各民主党派和全国各族人民共同奋斗，最终完成了民族解放、民族独立的伟大事业。在社会主义建设进程中，我们一定会继续坚持中国共产党的领导，坚持四项基本原则，同中国共产党一起继续致力于祖国统一和中华民族复兴的伟大事业。

长期共存，互相监督，这是中国共产党和各民主党派的共识。改革开放以来，我市人大、人民政府始终重视民主政治建设，在民主政治上取得了巨大成就，在座各位对此有目共睹。我市民主党派成员从新中国成立初期的几人发展到现在的 ×× 人，其中凝聚着中共 ×× 市委的心血。全市各族各界代表越来越多地愿意通过政协参与政治协商、民主监督并参政议政，为我市的政治文明建设做出了很多贡献。我相信，在未来的政治文明建设道路上，我市的各民主党派组织在中共 ×× 市委的领导下，将会进一步改进和完善我市的民主政治制度，让我市的政治文明建设迈上一个新的台阶。

实干兴邦，与时俱进，这是每一个中国人的共识。在新的建设阶段，我们民主党派必将联合全市统一战线的各界人士，共同树立崇高的使命感，高举社会主义核心价值观的伟大旗帜，深入贯彻、落实科学发展观，为中华民族的伟大复兴不懈奋斗，充满热情地投身到建设和谐 ×× 市的伟业中。我们各民主党派将把深入贯彻十九大精神与不断加强各民主党派的自身建设相结合，发扬各民主党派的优良传统，发挥各民主党派的智力优势，发挥各民主党派的桥梁纽带作用，推动全市民主政治建设走向新的高度。

“明月出天山，苍茫云海间。”今天，我们对月举杯，愿全市各族各界有识之士都能紧密团结在中共 ×× 市委的领导下，为我市建设社会主义和谐社会做出贡献。我们民主党派愿意为中华民族的复兴，为我市的政治、经济、文化发展贡献出我们的忠诚、智慧和力量！让我们共同饮尽杯中酒，祝愿我市拥有更美好的明天！

范例二

【致辞人】×× 公司领导

【致辞背景】×× 公司中秋节庆祝晚会

各位嘉宾、各位朋友，同志们：

大家晚上好！

丹枫迎秋，橙黄橘绿，我们又一次迎来了万家团圆的中秋节。在这阖家团聚、把酒邀月的喜庆时刻，我们欢聚一堂，共庆佳节。我谨代表公司向在座的所有员工致以节日的祝福！向现在依然坚守在工作岗位上的员工致以衷心的感谢和诚挚的问候！感谢大家的辛勤付出和无私奉献！

今晚，我们借××体育馆这块宝地举办我公司的中秋节庆祝晚会。参加本次庆祝晚会的还有××劳务派遣有限公司、××集团、××公司的领导和部分员工，在这里，我代表公司全体员工对你们的到来表示热烈的欢迎！

“秋空明月悬，光彩露沾湿。”值此中秋之夜，大家能在此相聚，共享佳节，我很感动。在这个代表丰收的节日里，我衷心地祝愿到场的每一位朋友都能拥有一段美好时光，享受“众乐乐”的乐趣。

鲜花的绽放离不开汗水的浇灌，事业的成功离不开无数人的辛勤付出。我公司的建设与发展，同样离不开大家的共同努力。无疑，我公司能有今天的成就，离不开在座各位的辛勤劳作。中秋节本是一个全家团圆的节日，但今天，到场的多数人却是远离亲人，为了工作只能在体育馆里度过中秋节，公司感谢你们这样无私的付出。在这里，请允许我代表公司，向所有无私奉献着的员工道一声“谢谢”！

“但愿人长久，千里共婵娟。”此时此刻，我们思念着我们的亲人。我相信，千里之外的他们也在思念着我们。让优美的旋律奏起来，让优美的舞蹈跳起来，让欢乐的笑声响起来，让我们的快乐在相聚中沸腾，让我们与家人共同沐浴着皎洁的月光。

最后，祝在座各位节日快乐，身体健康！

范例评析

两篇范例各有特色：范例一结合人们关心的话题进行阐述，有很强的感染力；范例二是企业领导进行的致辞，体现了员工、领导之间的浓厚情感，感情也随着内容的展开逐渐升温，如果在首段或者结尾加入对员工家人的祝福会更加完美。

第十三节　重阳节致辞

重阳节也被称为“老人节”，是属于老年人的节日。重阳节并不是我国的法定节日，各地的庆祝活动也不太一样，因此重阳节致辞需要注意以下两点：首先要体现出本地的风俗习惯，其次要突出对致辞对象的祝愿和问候。

【致辞人】××市文化局局长

【致辞背景】重阳节文艺活动

各位领导、各位来宾，老年朋友们：

“人生易老天难老，岁岁重阳。”在这秋兰飘香、“草木摇落露为霜”的金秋时节，我们又迎来了我国传统的敬老节日——九九重阳节。在这个幸福的日子里，大家欢聚一堂，在这里隆重举行庆祝活动，回顾过去，畅谈未来。借此机会，我谨代表市文化局向全市老年朋友致以节日的问候！向长期坚守在老年文艺工作战线，默默奉献和辛勤耕耘的老年同志们表示衷心的感谢！祝你们节日快乐，身体健康！

随着我市精神文明建设不断地深入开展，近年来，我市广大老年朋友，特别是老党员、离退休干部，积极发扬老有所为、老有所乐，生命不息、奋斗不止的精神，组织各种科学健身活动，自动自发地为我市的和谐社会建设贡献自己的力量。

这些活动不仅强健了我市老年朋友们的体魄，还使他们的精神面貌焕然一新。在这里，我要重点指出的是，我市老年朋友们在今年成立了多个生态文化活动组织，这些组织开展的活动非常丰富，极大地增强了我市广大老年朋友的身心健康，推动了我市群众文化的进一步繁荣。

作为政府的文化工作部门，在今后的工作中，我们将进一步深入学习、贯彻落实党的十九大精神，积极帮助我市广大老年朋友开展内涵更加丰富、形式更加多样的文化活动，切实维护老年朋友们的身心健康，让广大老年朋友们老有所教、老有所学、老有所乐。同时，衷心希望我市老年朋友“人老心更红”，合理安排自己的晚年生活，能够一如既往地关心和支持我市的文化、体育、旅游等各项事业的发展，为建设和谐××市建言献策，与社会各界朋友一起开创我市更美好的明天。

最后，再次祝广大老年朋友节日愉快，阖家欢乐，健康长寿！

范例二

【致辞人】××学院党委书记

【致辞背景】重阳节致辞

尊敬的各位离退休老领导、老同志：

“芙蓉露下落，杨柳月中疏。”在这美好的时节，我们迎来了中华民族的传统节日，也是我们传统的敬老佳节——九九重阳节。值此共庆佳节之际，我谨代表院党委向各位老干部、老同志致以节日的问候，祝你们身体健康、阖家欢乐！

今天是老年人的节日，我们邀请了多位离退休的老同志共同庆祝佳节。各位老同志曾经为我院的发展进步做出了重要贡献，你们的功绩将永远被我们铭记！你们现在虽然已经离开了工作岗位，但仍不忘关注学校的发展。在此，我代表全校师生向你们表示崇高的敬意和衷心的感谢！

我院伴随着共和国的前进步伐，走过了××年的风雨历程。××年来，一代代××学院人用他们的实际行动践行了“艰苦奋斗、自强不息”的奋进精神。经过多年的努力，我院形成了优良的办学传统及鲜明的办学特色，在人才培养、科学研究等方面取得了显著成绩，为祖国培养了大批优秀的高级应用型人才。现在我院已经步入一个更高的发展阶段，在此，我们希望全体老同志发挥余热，再展英姿，为我院的发展贡献更多的智慧和力量！

“莫道桑榆晚，为霞尚满天。”再次祝愿所有的老同志青松不老，老当益壮，身体健康，万事如意，晚年幸福！

谢谢大家！

范例评析

两篇范例在结合各自的工作进行阐述方面做得很好：范例一围绕文化展开，鼓励老年人积极参加文化活动；范例二回顾学院的历史，对老一辈做出的贡献表示感谢，并希望他们继续关注学院发展。重阳节致辞一般要表达对老年人的祝福，一般选择长寿、幸福之类的词汇。但也要注意一点：致辞人要考虑到致辞对象的心态问题，最好鼓励老年人以“人老心不老”的精神状态安度晚年。

第十四节　国庆节致辞

为体现政府的动员与号召能力，显示国家实力，增强人们信心，国庆节期间往往会举行大规模的庆典活动。因此国庆节致辞要注意以下几点：

第一，在致辞开头要表达对致辞对象的慰问，向为本地区（部门、单位）的建设做出贡献的人们表达感激之情。

第二，颂扬我国改革开放之后所取得的成就，以及本地区（部门、单位）在上级的领导之下取得的成绩。

第三，致辞要感情饱满，态度庄重，饱含爱国爱民之情。

第四，致辞中宜使用排比句式来增强气势，也可使用拟人、比喻等修辞手法来表达对祖国和人民的热爱。

第五，在致辞结尾，要以激昂的情绪来唤起致辞对象对祖国和人民的热爱、对祖国美好未来的憧憬。

范例一

【致辞人】×× 市领导

【致辞背景】庆祝国庆节的宴会

女士们、先生们，同志们、朋友们：

天上秋期近，人间月影清。在这美丽的季节，我们迎来了对每个中国人来说都很重要的节日——国庆节。今天，全市各界人士欢聚一堂，隆重庆祝中华人民共和国成立 ×× 周年。在此，我谨代表 ×× 市委、×× 市政府，向在各个工作岗位上辛勤工作的每一位市民致以最热烈的祝贺！向曾经为我市的物质文明建设、精神文明建设和政治文明建设做出贡献的离退休老党员、老干部、老年朋友们致以最亲切的问候！向在我市工作和学习的外国专家和留学生代表们，向每一位关心、支持和参与我市现代化建设，致力于促进我市和谐社会建设的国际友人，表示最衷心的感谢！

今天是新中国成立 ×× 周年的日子。×× 年来，在中国共产党的领导下，中华儿女为了祖国的繁荣富强，团结一心、艰苦奋斗，在旧日千疮百孔的废墟上建成了现在人民生活总体达到小康水平、各项事业蒸蒸日上的新中国。特别是从1978年实施改革开放政策以来，在邓小平理论、“三个代表”重要思想和科学发展观及社会主义核心价值观的正确指导下，中国共产党带领全国各族人民走上了一条具有中国特色的社会主义道路。我国国民经济得到了持续、快速、稳定的发展，综合国力得到了显著提升，国际地位也不断提高，人民生活不断改善，文化生活日益丰富。现在的中国生机勃勃，各项事业蓬勃发展，到处都是欣欣向荣的景象。

伴随着共和国的快速发展，在中国共产党的正确领导下，我市在时代的潮流中也经历了从封闭走向开放、从贫穷走向富裕的巨大变化。现在，我市的经济建设已经卓有成效，精神文明建设更是取得了长足发展，社会安定和谐，生态环境逐渐改善，人民安居乐业。这些成就的取得，离不开我市领导班子的英明领导、省政府的关心和全国各地的支援，更离不开我市人民的艰苦奋斗。我市的发展历程印证了：只有依靠中国共产党的正确决策和领导，只有以祖国这个大家庭为后盾，只有依靠人民的力量，才能在建设中国特色社会主义道路上稳步前进，才能真正实现我市经济繁荣、社会民主、政治文明，才能拥有更美好的明天！

回顾我市过去××年来走过的曲折道路，我们感到无比的欣慰和自豪；展望我市的美好未来，我们充满激情和自信。我们坚信在社会主义核心价值观和科学发展观的正确指引下，在党中央的领导下，在全国各地人民的支持下，我们一定能够战胜各种困难和挑战，实现我市经济的跨越式发展，为祖国的繁荣富强和中华民族的复兴贡献一份力量！

祝愿我们伟大的祖国生日快乐！

祝愿我们伟大的祖国繁荣昌盛！

祝愿各族人民生活幸福！

祝愿在座的各位来宾和朋友身体健康！

范例二

【致辞人】×× 集团公司领导

【致辞背景】集团公司举办的庆祝国庆节的晚会

各位领导、各位来宾，同志们：

大家晚上好！

“雨径绿芜合，霜园红叶多。”在这硕果累累的金秋时节，我们迎来了祖国的第 ×× 个生日。今晚，集团公司各级领导、各部门员工欢聚一堂，欢庆中华人民共和国成立 ×× 周年，歌颂 ×× 年来我国的现代化建设事业取得的辉煌成就，表达我集团全体员工对我们伟大祖国的良好祝愿。我谨代表集团公司和公司党委，向来到晚会现场的朋友们致以节日的问候，向晚会的组织者和全体演职人员表示深深的感谢！

回顾中国近代史，中华民族备受帝国主义列强的欺凌和封建统治者的压迫。中国人民曾多次为反帝反封建奋起抗争，但一次又一次地失败了，经受了无数的磨难。中国共产党诞生之后，领导中国人民取得了民族解放斗争的胜利，建立了中华人民共和国。中华人民共和国成立后，全国人民历经无数次探索，终于找到了建设中国特色社会主义的道路。

今天，我们看到了全国人民奋斗的硕果，看到了一个繁荣昌盛、民主文明的新中国。同样，回顾我们集团的发展历程，我们也经历了从无到有、从小到大、从弱到强的发展过程。在集团领导班子的正确决策和集团所有员工的辛勤努力下，我们集团从产值不足百万元的小厂，发展壮大成为年产值 ×× 亿元、年创利税 ×× 千万元、产品销往世界各地的大型企业。近年来，在行业竞争日益激烈、同行业企业不断崛起的情况下，我们集团依然能在市场竞争中站稳脚跟，不断创下新的业绩，连续5年跻身全国百强企业之列，这确实难能可贵。集团现在的成绩凝结着几代人的汗水与心血，承载着广大消费者对我们的信任与支持。今天，我们重温集团发展的历史，希望可以让大家牢记，集团的每一次成功都离不开员工的努力，更离不开消费者的信任。我们要珍惜集团现在的大好局面，努力工作，以回报消费者对我们的信任，回报社会各界对我们的支持。

国强民富显龙威，彩旗飘扬迎国庆。同志们，让我们衷心地祝愿伟大的祖国更加繁荣富强，祝愿祖国的明天更加美好，祝愿集团取得更辉煌的成绩！

最后，预祝晚会圆满成功，祝大家度过一个欢乐的夜晚！

谢谢大家！

范例评析

范例一是政府领导的致辞，所以即使是国庆节这样的节日，致辞仍保持了一定的严肃感，与致辞人的身份相符；致辞对象是社会各界人士，内容上选择了大家共同关注的话题，即对全市的发展历程做了回顾。

范例二是一篇很精彩的国庆节致辞稿。企业领导通过回顾中华民族走过的艰难岁月来引出本企业的艰苦发展历程，用类比式的写法把企业发展与国家发展的命运相连。致辞中肯定了员工在企业发展历程中做出的贡献，结尾处说要回报社会，这样的言辞不仅可以增强员工们的社会责任感，还可以使员工对企业更加认同，增强企业的凝聚力，不失为一篇一举多得的文章。

第二章 会议致辞

召开会议往往可以极大地鼓舞人们的士气，调动人民群众的积极性。会议致辞的内容一般都是指导性的。根据发言人的身份不同，会议致辞可分为两类：一类是政府领导致辞，另一类是公司领导致辞。政府领导致辞一般都较为严肃，公司领导致辞则不需要太严肃。

一、篇幅

会议致辞的篇幅长短不一。如果是为了表彰、庆功而召开的会议，致辞的篇幅一般都较为简短。如果是为了指导工作而召开的会议，致辞的篇幅一般都较长，甚至可达千余字。总而言之，篇幅的长短依情况需要而定，没有严格的字数限制，只要能把需要在致辞中叙述清楚的内容表达出来即可。

二、开头

开头部分的内容一般可分为两种情况：

一是表彰会、庆功会上致辞的开头。一般分为宣布召开××会和对××表示热烈的祝贺两部分。此外，还要对做出贡献的工作人员表达感谢。

二是动员大会的开头。一般以“为贯彻××的精神，召开××的动员大会”“按照××的要求，××召开××动员大会”“围绕××的目标，将召开××的动员大会，希望××”这种模式化的语言来开始。

其他会议的开头，可以根据会议召开的背景、目的或者意义来写。

需要注意的是，庆功会、表彰会、动员大会一般都用激昂的语言开头，以调动起现场的气氛。

三、主体

庆功会、表彰会的主体内容，首先是对先进代表做出的贡献予以肯定，接下来则是希望全体人员向他们学习，最后是对组织未来发展的简单描述。

动员大会的主体一般是由领导提出的意见组成。这些意见可以根据召开会议的目的而定。但一般从两方面提出：一是阐明动员大会召开的意义，二是阐述接下来的工作安排。

庆功会、表彰会的主体内容应该言简意赅，无须大段阐述。而动员大会的主体内容则要根据情况而定，一般都需要大段阐述，以明确地指出过去存在的问题，并对以后的工作提出指导意见。

四、结尾

庆功会、表彰会的结尾一般是鼓励性的话或祝愿性的话。如“希望 ×× 再接再厉，再创佳绩”。

动员大会的结尾一般是发出号召，鼓舞致辞对象的士气。如“让我们为构建 ×× 的 ×× 一起努力吧”，这样的话语会使整个致辞有一定的高潮，能够渲染现场气氛。

其他会议致辞的结尾也要根据会议的主题，使用带有不同感情色彩的语言，以营造出符合会议主题的气氛。

第一节　小型庆功会、表彰会致辞

庆功会、表彰会都属于庆贺活动，因此致辞中应该营造出喜庆、欢快的气氛。致辞的表达方式要灵活多样，致辞的感情要饱满、热烈，致辞内容可灵活多变，但是一般都要有回顾过去、展望未来的内容。

此类致辞的一般格式是，开头要对被表彰人员表示祝贺；主体内容要对他们做出的成绩、取得的荣誉表示肯定；接下来则是展望性的语言，可以号召其他人向他们学习，也可以阐述组织以后的发展目标；结尾处则是表达祝愿。另外需要注意的是，饱满的情绪、坚定的信心要贯穿致辞的整个过程。

范例一

【致辞人】××公司董事长

【致辞背景】××公司上市庆功宴

尊敬的各位领导、各位来宾，女士们、先生们：

大家晚上好！

今天是我们公司成功上市的日子，我感到无比的自豪和激动。首先我要说的是“感谢”，感谢多年来关心、支持、帮助我们公司的各位领导、各界朋友，感谢公司全体员工的共同努力和无私奉献！

回顾走过的路，我百感交集。公司从一个业内不起眼的小公司一步步发展壮大为今天的上市公司，在这个过程中，公司对全体员工所付出的辛劳有目共睹，正是有了你们的甘于奉献才有了我们公司的今天。我们公司的上市，代表着社会对我们的认可，也代表着公司迈上了一个新台阶。上市为我们公司这部高速运转的发动机注入了新的润滑剂，为我们公司的发展翻开了崭新的一页！

昨天取得的成绩已经成为历史，我们要继续发扬艰苦奋斗的精神，信心百倍地迎接明天的挑战。我们要始终践行“创造价值，走向未来”的经营理念，进一步整合资源、提高效率，实现产品规模化、技术现代化、管理国际化，提高公司的核心竞争力和赢利能力，将公司做得更大、更强，用更加辉煌的业绩回报广大投资者、回报社会，不辜负广大投资者及各级领导、各界朋友的信任和期望。

朋友们，我们相信公司的明天会更加美好！

最后，再次感谢大家的光临，谢谢！

范例二

【致辞人】×× 区政协主席

【致辞背景】区政协工作表彰会

各位委员、各位同志：

大家好！

在这迎春接福、万象更新的日子里，在 ×× 年新春佳节即将来临之际，我们欢聚一堂，在此总结 ×× 年区政协工作，并表彰在 ×× 年为我区、我市各项事业做出贡献的先进个人。在此，我代表区政协常委会对受表彰的先进个人表示祝贺！对你们在工作中表现出的奉献和开拓精神表示崇高的敬意！

今天受表彰的各位是我区政协工作中的先进代表。他们来自不同的行业，有着不同的身份，但都在各自的岗位上贡献着自己的力量，践行着一名政协人的光荣使命。在这些先进个人身上体现着同一种情怀，那就是对政协工作的热爱之情。他们在基层工作中能够密切联系群众，以科学发展观为指导，以全心全意为人民服务为宗旨，甘于奉献，不求回报，急人民所急，办人民所需。正是他们这种无私奉献的精神，推进了全区各项事业健康、稳定地发展，形成了我区政通人和的良好局面。

受表彰的先进个人总是有着人数上的限制，今天在座的还有很多同志也取得了很大的成绩，虽然你们没有站到受表彰的台上，虽然你们依旧会默默无闻地在自己的岗位上奉献，但是，你们做出的成绩是不会被掩盖的，终究会得到大家的肯定。

各位委员、各位同志，在改革开放已走过近40个年头的今天，我们要秉承老一辈人的奉献精神，埋头苦干、努力拼搏。我衷心希望广大政协委员以先进个人为榜样，积极进取、与时俱进、奋发图强，站在改革开放和经济建设的最前沿，为我区经济建设再上一个新台阶而开拓进取，为开创政协工作新局面而不懈奋斗。

展望新的一年，我们期盼××经济发展更加充满活力！

展望新的一年，我们期盼××百姓的生活更加和谐美满！

展望新的一年，我们期盼××社会环境更加和谐有序！

最后，衷心祝愿我区政协事业蒸蒸日上、继往开来、再创辉煌！

衷心祝愿各位领导、各位委员和同志们万事如意、工作进步、身体安康！

谢谢大家！

范例评析

两篇范例语言优美、明快，写作方法灵活，值得我们借鉴。相比之下，范例二无论是语言，还是结构都更加灵活，逻辑更加清晰，感情的表达十分自然，形式的安排也很活泼，此外，内容也比较全面。需要注意的是，在参照此致辞时，要考虑致辞的场合及致辞对象，不能照搬照抄。

第二节　表彰“五好家庭”致辞

表彰“五好家庭”致辞，首先，要对受表彰家庭表示祝贺；其次，要对评选“五好家庭”的意义进行简单说明；再次，要对以后“五好家庭”的评选工作给出建议；最后则是发出号召，表达祝愿。

范例一

【致辞人】××妇联主席

【致辞背景】××街道“五好家庭”表彰大会

各位领导、各位同志：

下午好！

一年一度的“五好家庭”表彰会又到来了。首先让我代表区文明家庭创建领导小组、区妇联向受表彰的家庭表示热烈的祝贺！

千万个家庭组成一个国家，家庭的和谐是国家和谐的基础和保障。“天下之本在国，国之本在家，家之本在身”，个人素质修养的高低又成为家庭生活和谐与否的关键。个人、家庭、社会、国家，这几方面是牢牢联系在一起的。

构建社会主义和谐社会是全面建设小康社会的重要内容，我们要构建和谐社会，就要从建立一个个和谐家庭做起。今天，受到表彰的这些家庭就是千万个和谐家庭的代表。他们在生活中，时时体现出奉献、互助、关爱、团结的优秀品质。我相信他们身上的这些闪光点，能够带动更多的家庭投入争创“平安家庭”“五好家庭”的活动中来，从而促进我们街道的平安建设、精神文明建设。创建“五好家庭”是构建和谐社会的迫切需要，没有和谐文明之家庭，和谐社会就无从谈起。想要构建和谐家庭，要做到以下几点：

首先，要学会经营家庭。新时代，男女平等的观念已经深入人心，女性已经不仅仅被局限在小家中“主内”，而是越来越多地参与到社会生活中来。在这种情况下，夫妻双方和其他家庭成员都需要经营家庭。常言道，“修身、齐家、治国、平天下”，家庭中的每一位成员都要学习立家、持家、保家、兴家的知识和技巧，要始终把“爱”贯穿于经营家庭的过程中。

其次，要重视家庭教育，寻找适合孩子的教育方式。孩子不仅仅是家庭的未来，更是祖国的未来。教育好孩子，才能为国家培养有用的人才。我们在对孩子的教育过程中，不仅仅要让孩子掌握一技之长，更要重视孩子的人格、品德教育。健康的人格和专业技能是优秀人才必备的两个方面。

再次，要以家庭和睦为基础，构建良好的邻里和谐关系。俗话说，远亲不如近邻。邻里和谐能够增强社区的凝聚力，从而做到由家庭和谐促进社区和谐，由社区和谐促进城市和谐。

同志们、朋友们，家庭文明了，社区才能文明；家庭和谐了，社区才能和谐。今天我们街道的表彰会也是一个学习会、一个动员会，让我们向被表彰的家庭学习，一起创建和谐文明家庭，共同打造幸福生活！

新春将至，祝各位新年快乐，全家幸福！

范例二

【致辞人】×× 市委常委

【致辞背景】×× 市"五好文明家庭"表彰大会

同志们、朋友们：

大家上午好！

今天，我很高兴参加我市"五好文明家庭"表彰大会。首先我谨代表市委、市政府向今天受表彰的家庭表示热烈的祝贺！

在刚才"五好文明家庭"的演讲中，我们听到了获奖家庭的感人事迹：他们中有甘于奉献，支持部队建设的拥军模范之家；有义务赡养孤寡老人的热心之家；有同甘共苦、相互支撑、坚强面对人生重大变故之家。中华民族的传统美德在这些家庭中得到了完美的体现。

我们要以"五好文明家庭"为榜样，学习他们奋发有为、甘于奉献的优秀品质；学习他们坚强的意志和乐于进取的精神；学习他们的人生态度和暖人情怀，时刻把社会主义荣辱观融入"五好文明家庭"的创建中；学习他们的崇高境界和宽广胸怀，发扬尊老爱幼、邻里互助、节俭持家的传统美德，倡导科学、文明、健康的生活方式。我们要努力树立无私奉献的社会风气，以家庭的文明推进社会的和谐与发展。

同志们，和谐的家庭和城市要靠我们共同创造。让我们在市委、市政府的领导下，为创建和谐文明家庭，构建和谐城市一起努力吧！

范例评析

范例一逻辑清晰，结构严谨，是一篇不错的文章。范例二紧密联系整个会议主题进行，行文过渡自然；不足之处在于，逻辑不是十分清晰。这两篇范文语言都较为轻松，紧贴百姓生活，值得我们借鉴。

第三节　表彰劳模致辞

在写作规范上，表彰劳模致辞同上一节的表彰致辞基本相似，也是由三部分内容构成：首先是祝贺词，接着是肯定受表彰人过去做出的成绩，最后是发出号召，提高参与者的士气。

范例一

【致辞人】×× 区党委代表

【致辞背景】×× 区劳动模范、先进工作者表彰大会

同志们：

今天，×× 党委、×× 人民政府隆重召开表彰大会。在此，我代表 ×× 党委、×× 人民政府，向这次大会受表彰的、为改革开放和现代化建设做出突出贡献的劳动模范、先进工作者，致以最崇高的敬意！

在改革开放和现代化建设的近 40 年中，各行各业都涌现出了一大批品德高尚、贡献突出的先进人物。今天表彰的 ×× 名劳动模范和 ×× 名先进工作者就是我区工人阶级的杰出代表。因为有你们的忘我工作、无私奉献，我区才有了今天的繁荣、富足。你们用一颗赤诚之心，以强烈的主人翁意识，践行了“爱岗敬业、争创一流，艰苦奋斗、勇于创新，淡泊名利、甘于奉献”的理念，为社会创造了巨大的物质财富和精神财富。你们就是当代的民族英雄、国家栋梁、全区各族人民学习的楷模。

劳模精神是我们时代的宝贵财富，我们要用这种精神激励自己积极、锲而不舍地应对各种机遇和挑战。让我们在实践中，用这种精神感染更多的人，让全区形成一个学习劳模、争当劳模的和谐局面。

今天受到表彰的各位劳动模范和先进工作者更要身先士卒，在今后的工作中，认真践行社会主义核心价值观，珍惜今天得来的荣誉，戒骄戒躁，再接再厉，争取再立新功。

同志们，让我们紧密团结在党中央周围，以为人民服务为宗旨，同心同德，奋发图强，开拓创新，为建设更加繁荣、富强、和谐的祖国而努力奋斗！

范例二

【致辞人】出席劳动模范表彰会的领导

【致辞背景】劳动模范表彰会

同志们：

很高兴在这里与大家见面！首先，我代表 ×× 向在座的各位劳动模范致以崇高的敬意和亲切的问候！

今天受表彰的劳模中，有在生产一线做出不凡业绩的产业工人，有科技创新的重大贡献者，有下岗再就业的勤劳奋斗者，有企业的管理者。平凡的岗位不能阻挡他们创造人生价值的远大志向，他们将生命的热情投入工作中，充分享受着劳动的快乐。他们的事迹是劳模精神的生动写照。

当我们伟大的祖国走上复兴之路的时候，当我国国民生产总值越来越高的时候，当我国的国际地位逐渐提高的时候，我们不能忘记一批又一批的劳动模范为了社会进步、经济发展做出的贡献。当前，我们国家正处在实现“十三五”奋斗目标，坚持稳中求进，统筹推进经济建设、政治建设、文化建设、社会建设、生态文明建设和党的建设，确保如期全面建成小康社会的关键阶段，我们需要更多的人以劳模精神为动力，积极投身到社会主义现代化建设中来，创造更美好的明天。

劳模工作是各级党委和政府需要特别关注的工作之一。各级工会要关心劳模生活，想劳模之所想，急劳模之所急，切实为劳模解决困难，让他们没有后顾之忧，能够全身心地投入到工作中去，再立新功。各级党委和政府要大力弘扬劳模精神，让劳模精神真正深入每一位公民的心中。

最后，我希望广大劳模把今天的荣誉当作明天开拓进取的动力，再接再厉，为社会创造更大的价值。希望广大职工以劳模为榜样，立足本职、爱岗敬业、勇于创新，为我市的建设出一份力！

最后，祝同志们身体健康、工作顺利、生活幸福！

范例评析

两篇范例写得都比较成功，在遣词造句上做得非常好，四字成语的运用，既简洁，又有感染力，能够鼓舞致辞对象的士气。

美中不足的是，范例二在内容的衔接方面还存在一些问题。比如，第四段和第五段之间的过渡不是很自然，如果通过阐述劳模的意义来过渡，就更加完美了。

第四节　表彰优秀员工致辞

在写作规范上，表彰优秀员工致辞同前面两节基本相同。不同的是，表彰优秀员工致辞一般是由公司领导所做，因此在赞扬优秀员工所做的贡献时，一般会用这样的表达方式：“××公司所取得的业绩离不开××，没有××就没有××公司今天的辉煌。”因为致辞者是公司领导，所以致辞气氛应活跃一些，少用政治性的语言。

范例一

【致辞人】××公司董事长

【致辞背景】优秀员工表彰大会

各位员工：

大家好！

今天，我们在这里隆重举行我公司优秀员工表彰大会。在此，我谨代表公司董事会向获得“优秀员工”称号的各位员工表示热烈的祝贺！

从成立之初只有××个员工的小公司，一步步发展壮大成为今天初具规模、具有一定实力的大公司，公司每一次的进步和成长，都离不开全体员工的辛勤劳动和无私奉献！成立之初，公司上下团结一心，在高强度的工作压力下，从不计较个人得失，最终克服了公司因刚成立而造成的管理制度不完善等困难，使公司得以顺利发展。在公司员工和管理层的共同努力下，公司在成立一年后便扭亏为盈，第二年赢利××%。

正是有了你们这样一批优秀的员工，公司的产品质量才得到了保障，才会受到客户的好评，进而为公司品牌建设打下了良好的基础。你们的努力让公司大踏步地发展，公司也一定会用最好的待遇让你们感受到家的温暖。在此，我再次代表公司及广大员工向你们表示热烈的祝贺！

最后，我希望广大员工向优秀员工学习，学习他们克服困难、迎难而上的进取精神；学习他们勇于突破、敢为人先的创新精神；学习他们扎实工作、严谨高效的求实精神。同时，也希望优秀员工能够珍惜你们的荣誉，不骄不躁，更上一层楼。

让我们携起手来，为公司更加美好的明天努力奋斗！祝愿所有员工身体健康、工作顺利、万事如意！

谢谢大家！

范例二

【致辞人】××公司总裁

【致辞背景】优秀员工表彰大会

各位员工：

大家好！

首先，我代表公司向获得“优秀员工”荣誉称号的员工表示祝贺，向你们为公司付出的辛勤努力表示感谢！

我公司取得的成绩与每一位员工息息相关，是你们的努力、奋斗、关爱和信任让公司在经历了大波折之后，依然能够坚定地走下去，最终取得了今天的成绩。公司取得的每一次进步，都写满了你们的辛劳；公司赚的每一分钱，都浸满了你们的汗水；公司取得的成绩与荣誉，都闪动着你们顽强奋斗、勇于创新、开拓进取的身影。你们通过辛勤的劳动为公司的快速发展打下了坚实的基础。

今天受表彰的优秀员工是公司发展的功臣。如果公司是一辆汽车，你们就是驱动汽车运行的发动机；如果公司是一座高楼，你们就是支持高楼挺立的顶梁柱。你们是公司中最可爱的人，是我们所有领导、员工学习的楷模。

集团上下都要学习优秀员工忠诚敬业、勤奋有为、开拓进取、艰苦奋斗、勇于拼搏的精神，以优秀员工为榜样，以争当优秀员工为目标，振奋精神、鼓足干劲，在比拼、互助的良好风气中互相赶超，为集团的进一步发展贡献自己的力量。

今天受到表彰的各位优秀员工要戒骄戒躁，珍惜今天取得的成绩，在今后的工作中，带领广大职工，再接再厉，再创辉煌！

谢谢大家！

范例评析

两篇范例相比而言，范例一的内容更充实，表达方式上也更为灵活，文学色彩比较浓厚；范例二则中规中矩。在这里要提醒致辞人，虽然优美的诗句能够增加文采，但致辞是一种演说稿，在选择诗句时，要选择那些铿锵有力、朗朗上口的诗句，这样才能渲染现场气氛，同时展现出自身良好的文学功底。

第五节　“创建优秀单位”动员大会致辞

“创建优秀单位”动员大会致辞一般包括三个方面：开头一般是宣布召开动员大会；主体通常是阐述“创建优秀单位”动员大会的目的及意义；结尾则表达希望，发出号召，鼓舞士气。这类致辞，气氛要热烈，感情要饱满。

【致辞人】×× 区领导

【致辞背景】“创建优秀单位”动员大会

同志们：

今天，我们在这里召开“创建优秀单位”动员大会。

为促进文明城市和学习型城市的建设，市委、市政府下达了《×× 精神》的文件，此次大会的目的就是认真贯彻落实该文件精神，动员广大干部群众提高认识、明确责任、狠抓落实，围绕创新这一新时期下的新目标，以新的工作思路、新的工作状态投入“创建优秀单位”的活动中来。

优秀单位的创建将是我区开展 ×× 工作的重大举措，是我区建立文明、学习型新区的基础和保障。优秀单位的创建能够极大地调动广大干部群众工作的积极性和主动性，不断提高大家争先创优的意识。所以，各级机关单位、企事业团体要认真完成领导布置的各项任务，以确保各项工作取得长足发展。

“创建优秀单位”是对大家工作的肯定，是对大家以后工作的鼓励。各单位要以此为契机，积极创新工作方式，不断拓展工作思路，努力提高工作效率，主动提升服务质量。以争取优秀称号为前进的动力，扎实开展工作，争取早日获得这一光荣称号。

最后，祝愿大家工作顺利，身体健康！

范例二

【致辞人】××市市委书记

【致辞背景】“创建优秀单位”动员大会

各位领导、各位同志：

为了调动广大同志的积极性，营造互相学习、互相赶拼的良好氛围，今天，我们在这里隆重召开“创建优秀单位”动员大会，希望大家能够积极投身到该项活动中去。

这次动员大会的主要内容是对下一步的创建活动进行具体安排。活动安排要以社会主义核心价值观为指导，要全面贯彻十九大精神，紧密围绕我市的经济、文化发展规划建设，遵从一切从实际出发的原则。希望全市各级单位能够不断加强理论、技能的学习，踏实、努力工作，在单位内部深化争创意识，让每一名员工都认识到“创建优秀单位”的重要性，让他们在工作中增强主观能动性、计划性和预见性，提高工作效率。此外，还要重点关注基层发展建设，关注基础工作中出现的热点、难点，在工作中不断总结经验教训，牢记为群众服务的工作原则，以“创建优秀单位”为契机，为我市经济建设添砖加瓦。

“创建优秀单位”是我市政治、经济、文化取得更大发展的基础和源泉。我相信，通过这次创建活动，大家一定会争学赶超，积极为我市的快速发展奉献自己的力量！

谢谢大家！

范例评析

两篇范例的篇幅都较为简短，言简意赅，值得我们借鉴。

但是范例一还存在一点瑕疵，即在阐述“创建优秀单位”活动的意义时过于简略，如果能更加详细一些，将会更好地调动大家的工作积极性。

第六节　民主评议行风动员大会致辞

民主评议行风动员大会致辞分为两类：一类是政府领导致辞，一类是企业领导致辞。这类致辞的开头一般分为两部分：一是详述动员大会的目的，二是宣布召开动员大会。主体部分是致辞人提出意见，结尾则是致辞人发出号召。

【致辞人】××县县委书记

【致辞背景】民主评议行风工作动员大会

同志们：

为了认真贯彻落实省纪委十一次全会和省政府反腐败工作会议精神，今年将进行民主评议行风工作。今天，我们在这里召开民主评议行风工作的动员大会。此次动员大会的召开，对于加强干部队伍行风建设有着重要意义。民主评议行风工作是一项长期而艰巨的任务，要把行风建设好，关键靠落实，这就需要大家共同努力。我们要从以下三个方面来做好这次评议工作：

第一，我们要充分认识开展民主评议行风工作的意义。在我县开展民主评议行风工作，是实践社会主义核心价值观，贯彻落实科学发展观，树立良好形象，促进地方经济快速、协调发展的重要举措。民主评议行风工作与广大人民群众的切身利益密切相关，需要人民群众的支持和参与。我们要把评议的主动权交给人民群众，让群众发挥社会监督作用，并与司法、纪检等机构联合起来，将此次工作做到公开、公正、透明。我们评价一个地区、一个机构的民主行风的好坏，不能只听领导同志怎么说，也不能仅凭本单位的自我评价如何，重要的是要听取基层群众的意见，由群众来监督、评议和检验。这才是最客观、最公正，同时也是最权威的衡量尺度。我们在开展这项工作的时候，一定要增强紧迫感和责任感，认识到此项工作的重要意义。我们要解放思想，开拓创新，转变作风，严格规范市场交易行为，将行风建设作为县政府的大事来抓。

第二，我们要认清评议行风工作的形势，解决好群众亟须解决的问题。近年来，我县在精神文明建设中取得了一定的成绩，绝大部分干部职工在工作中能够做到廉洁自律。但是，我们也要清醒地认识到，我们身边还存在很多问题。比如基层部门存在“乱收费、乱罚款、乱摊派”等违反廉洁从政有关规定的行为，代收、代扣费用的现象在少数地区仍然存在；一些窗口服务部门存在服务态度差、工作拖拉、办事效率低的现象。这些问题既加重了企业、个体工商户等管理对象的负担，也严重影响和损害了政府的形象。我们要坚决通过此次民主评议行风活动解决这些问题。各单位要贯彻落实此次会议精神，不要只在会议上讲，而要用实际行动达到此次活动的目的。

第三，我们要切实加强民主评议行风工作指导，落实责任。今年民主评议行风工作要以社会主义核心价值观和科学发展观为指导，坚持全县统一组织、纵横相结合、覆盖全行业的原则。评议工作首先要摸清行业行风的主要问题，这是解决问题、取得实效的前提；接着要把出现的问题和该部门的主要责任人结合起来，实现一把手责任制，谁管理、谁负责，把责任落实到个人。在解决问题的过程中，要坚持以人民群众满不满意作为衡量工作是否到位的标准，坚持为人民服务，把行风活动与加强部门党风廉政建设、行业管理紧密结合，不能就评议而评议，简单地搞检查、搞达标。

民主评议行风工作是一项长期且艰巨的任务，县级各部门要在本次评议工作中坚持实事求是的原则，对出现的问题要毫不隐瞒，并与地方政府协调配合，对整改情况进行检查和监督。

同志们，民主评议行风工作与人民群众的利益息息相关，群众利益无小事。希望各部门切实加强工作的紧迫性，齐心协力，真抓实干，扎实搞好今年的民主评议行风工作，最终让群众满意、企业满意、上级满意、评议团满意、我们自己满意。

范例二

【致辞人】×× 公司领导

【致辞背景】×× 公司民主评议行风动员大会

各级主管、各位员工：

此次 ×× 公司民主评议行风动员大会召开的主要目的是进一步加强企业精神文明建设，树立我公司的良好形象，为开展好此次活动打下良好的基础。此次会议要深入贯彻落实《关于开展 ×× 公司民主评议行风活动的通知》等有关文件精神，使民主评议行风活动取得预期的效果。在行风建设工作中，我们要认识到以下几点：

第一，民主评议行风工作对我公司的发展具有重要意义。

紧紧依靠广大人民群众，充分发挥社会主义民主作风，让群众敢于向行业主管部门提意见，但又不搞群众运动，这是党中央、国务院提出的关于开展反腐败斗争的原则。民主评议行风实质是对部门行风实行群众监督，是检验部门工作是否让群众满意的唯一标准，是我公司抓好党风廉政建设、维护客户利益的重要工作，是企业自身不断追求卓越的必然要求。在今后的工作中，我们要继续端正服务态度，以满足客户的多元化要求为基础，完善行业作风建设，树立良好企业形象，打造优秀品牌。

第二，将民主评议行风各项工作落实到细处。首先，要统一思想，加强领导，层层动员，让每一位员工都参与到此项工作中来，营造“人人了解民主评议行风、人人参与民主评议行风、人人重视民主评议行风、人人接受民主评议行风”的良好氛围；其次，要协调好各部门之间的关系，保证民主评议行风各项工作均能分步骤、有计划地实施，每一阶段的工作都能够保质保量地完成；最后，各部门要认真做好自查、自纠工作，在服务方面要防止办事难、态度差的情况发生，要制定出相关的服务考核办法，严抓落实，加大检查力度，把责任落实到个人，做到奖罚分明。

第三，要正确处理好民主评议行风工作与业务发展的关系。我公司民主评议行风工作要与改善服务工作相结合。各部门要始终坚持“客户至上、诚信服务”的服务理念，要通过加强内部管理，提高办事效率，从而树立良好的企业形象。通过此次的民主评议行风活动，让我公司的服务工作制度化、规范化、标准化，开创民主评议行风活动和业务工作相互促进的新局面。

今年我公司民主评议行风工作任务重、责任大，因此，我们要不断加强工作力度，深入推进民主评议行风工作。我相信，在公司各部门的齐抓共管下，在广大员工的积极参与下，此次的民主评议行风工作一定会取得圆满成功。

谢谢大家！

范例评析

两篇范例分别是政府、企业的民主评议行风动员大会致辞，均格式规整，条理清晰。两篇致辞都对此类活动的意义进行了详细的阐述，并指出了目前存在的问题，提出了解决的办法，为接下来的一系列民主评议行风工作打下了基础。政府民主评议行风动员大会主要突出以群众利益为根本，为群众解决问题；而企业民主评议行风动员大会在这一基础上还要点明企业自身未来的发展。

第七节 整风活动动员大会致辞

整风活动动员大会的致辞一般是以“为贯彻 ×× 的精神，×× 召开整风活动动员大会”或“按照 ×× 的要求，×× 召开整风活动动员大会”开头；主体通常由致辞人提出意见，一般情况下是先说明开展整风活动的意义，然后提出要展开哪些工作；结尾则是发出号召，做出倡议。此类致辞一般行文较为严谨，篇幅也偏长。

范例一

【致辞人】×× 县教育局局长

【致辞背景】全县教育系统整风活动动员大会

同志们：

在我县教育系统各项工作全面开展之际，为了形成风清气正的良好局面，我们召开全县教育系统整风活动动员大会。

在过去的一年里，我们的整风活动已卓有成效。但是，我们也要看到，整风活动还只停留在整顿形式的层面，并没有从教育者这个源头上进行整治，也没有听取家长和学生的意见。正是因为工作的不彻底，我们身边出现了一些有违师德、师风的现象，导致社会各界对教育工作者有一些负面评价。今年我们的教学与行政工作任务非常重，工作压力也很大，但我们也要继续开展整风活动，因为这是我们顺利完成教学工作的基础。

下面，围绕全县教育系统整风主题活动，我讲三个问题：

第一，会风要严。教师队伍应该是一支具备高素质和优良作风的队伍，然而，在实际工作中，还存在很多不能让人满意的地方。比如在我们的日常会议中，有很多领导干部和教师无故迟到、早退，会上接打手机、睡觉、交头接耳。会风所暴露的问题，从小的方面来说是个人素质不高，从大的方面来说是缺乏公德心。因此，我们应该在这方面提高认识，对于扰乱会议秩序或是无故迟到者要严加处理，最终形成良好的会议环境。

第二，作风要实。领导干部要转变工作作风，把以前只坐在办公室听汇报、看材料的工作作风转变为经常深入基层师生当中，了解基层教育工作者的困难，扎实推进各项工作。各学校领导要深入教学一线，把办学理念和教学工作相结合，用高超的管理水平和专业技能引领学校向更好的方向发展。教育工作是服务于人民的工作，搞好服务才能塑造出良好的教师形象。全体教育战线工作人员要树立勤奋敬业、爱岗奉献的工作态度，扎实工作，坚决杜绝拉关系、送人情、盛气凌人、吹毛求疵的工作作风。

第三，形象要新。在这次整风活动中，我们要重塑教师形象。将以往出现的问题汇总，吸取教训，然后深入探讨解决问题的方法。这次整风活动，县委、县政府要下大力气，下狠心，不做到最好决不罢休。这就告诫我县领导干部和广大教育工作者，不要存在侥幸心理，一定要从思想上认识到整风活动的重要性，反省自身工作中有没有违反师德、师风的不良行为，有则改之，无则加勉。自觉自愿地严格要求自己，贯彻好我县教育系统整风活动的各项精神。

同志们，希望你们以这次整风运动为契机，集中精力，狠抓落实，切实把精力用到事业发展上去，为全县教育工作多干实事、好事，培养更多的优秀人才。

谢谢大家！

范例二

【致辞人】会议主持人

【致辞背景】××县国土资源局开展整风活动动员大会

同志们：

为认真贯彻省厅《××开展整风活动实施方案》的精神，全面推进我县国土资源系统政风效能建设，经县委、县政府决定，从今天开始，全县国土资源系统开展整风整纪活动，希望各有关部门同志高度重视，扎实开展整风整纪活动，下面我讲几点意见：

第一，要从思想上认识到开展整风活动的重要意义。开展整风活动，是全面推进依法行政、加强政风建设、保障经济社会又好又快发展、树立国土资源新形象的现实需要。在新形势下，国土资源系统面临着越来越多的新问题，整风活动在这时开展就显得尤为重要。我们要通过开展整风整纪活动，努力改进工作，进一步强化我们的法制观念，让我们的工作沿着正确的道路前进。在整风活动中，我们要坚持依法行政，坚决依照法律法规履行职责，因为只有坚持依法行政，才能保证整风整纪活动达到预期的效果，才能真正履行好国土资源管理职能，才能在全系统中营造上下同心、目标同向、工作同步、步调一致、政令畅通的氛围，才能推进国土资源系统各项工作的顺利开展。

第二，工作上扎实开展整风整纪活动。在工作中，我们要切实解决作风、纪律方面存在的突出问题，抓住要害，结合实际情况，认真对待，确保整风整纪活动取得实效；要着力解决好如何整顿的问题，把握关键，始终保持“不回避、不掩饰、不护短”的态度，不怕出问题，出现什么问题就解决什么问题；严格要求全体干部职工，通过批评和自我批评的方式，不断提高自己的纪律性；要建立健全监督管理机制，用制度巩固机关作风建设的成果。

第三，组织上加强领导，明确责任。开展整风整纪活动，需要各部门高度重视，联系工作实际，深入基层当中，积极做好指导工作。各部门负责人要有第一责任人的意识，一有问题，马上解决。整风是一项需要长期坚持的工作，纪检部门要严格监察日常工作，使整风整纪工作能够取得实效。

同志们，国土资源系统开展整风整纪活动具有重要的意义。希望全系统都能提高认识、统一思想、精心组织、扎实推进、务求实效，将整风活动融入工作的每一个细节当中，不断提高国土资源部门的管理水平，为促进我县经济又好又快地发展做出更大的贡献。

范例评析

两篇整风活动动员大会的致辞写得都比较规范，首先是宣布 ×× 整风活动的召开，接着提出意见，最后则是号召全体同志落实行动。致辞的意见部分内容比较多，但是两篇范文都做到了条理清晰，层次分明，值得我们学习。

第三章

开幕式、闭幕式致辞

开幕式致辞通常是一项活动或仪式的开场白，旨在使用热情洋溢的语言阐明活动或仪式的主题，渲染、烘托气氛，为接下来的活动助兴。“好的开始是成功的一半”，开场成功了，那么整个活动或仪式便成功了一半。

闭幕式致辞是在活动或仪式结束时所做的总结性发言。内容主要是对活动进行回顾和总结，并号召人们学习活动中体现出的某种精神，最后给予参与者美好的祝愿。此类致辞要具有较强的说服力和号召力。

一、篇幅

开幕式、闭幕式致辞都需要对活动或会议的内容、基本过程等进行说明，因此可根据需要自行调节篇幅长度，但最好不要长篇大论。一般篇幅较小的致辞，显得更加简洁、有力。

二、开头

开幕式、闭幕式致辞的开头包括标题、称呼及问候语三个部分。

1. 标题

标题通常包括事由和文种两个要素，致辞人姓名有时也会出现在致辞中。例如《××大会开幕式辞》《××同志在××会议开幕式上的致辞》《××活动闭幕式致辞》等。标题一般置于致辞开头第一行的中心位置。

2. 称呼

称呼紧接着标题另起一行顶格书写。称呼既可以针对集体，也可针对个人，包括姓名、头衔等。另外，还要注意在称呼中要体现出对致辞对象的尊重，可以使用“尊敬的 ×× 领导”“尊敬的各位来宾”等。

3. 问候语

问候语以单独一段的形式出现在称呼后。开幕式致辞问候语的内容主要是对会议或活动的主题内容及与会者身份进行介绍，并表示对与会人员的热烈的欢迎。例如“值此 ×× 会议开幕式之际，我谨代表 ×× 向各位来宾表示亲切的问候和衷心的感谢”。

闭幕式致辞，则要对会议或活动的经过，以及是否圆满完成了预定的任务等情况进行简要说明。例如“经过 ×× 天的紧张进行，×× 圆满完成了预定任务，就要落下帷幕了”。

三、主体

开幕式致辞和闭幕式致辞的主体不同，我们分别来介绍。

1. 开幕式致辞的主体

开幕式致辞的主体主要包括三个方面：

第一，对举行的会议或活动的目的及意义进行说明，例如会议或活动是在什么样的背景下举办的，为解决什么问题，达到什么目的等。

第二，对会议或活动的具体安排及任务等做简要介绍。

第三，对与会者提出要求，以确保会议或活动顺利举行。这一点视会议具体情况选择是否添加。

2. 闭幕式致辞的主体

闭幕式致辞的主体也可分为三个部分：

第一，对会议或活动的基本过程做简要介绍。

第二，客观地评价此次会议或活动的收获、意义及影响。

第三，指出会议或活动的重要性，提炼活动中所表现出来的某些精神，并号召与会人员认真学习这些精神。同时也可以感谢保证大会顺利进行的有关单位及服务人员。

四、结尾

开幕式致辞结尾一般要用简短有力，具有号召力和鼓动性的语言提出会议或活动的任务、要求和期望，并以“预祝 ×× 圆满成功”的呼告语结束致辞。

闭幕式致辞通常用“现在，我宣布 ×× 活动胜利闭幕”这种简短的宣告语作为结尾。结束语之前也可感谢保证会议顺利进行的有关单位、工作人员及与会者，这一内容也可放在主体部分的最后。

第一节　文艺汇演开幕式、闭幕式致辞

文艺汇演的开幕式致辞，要对文艺汇演的性质和参会人员进行简单说明：开头部分可表达对主办方的感谢和对来宾的问候；主体部分可对文艺汇演的目的、意义等进行阐述；结尾处通常为“预祝演出圆满成功”等祝福性的话语。

闭幕式致辞要对文艺汇演的演出项目、演出情况等进行简单的介绍，阐明演出是否达到了预期的效果，产生了什么样的影响等。结尾处通常会表达对参会人员的美好祝愿，并宣布汇演结束。

范例一

【致辞人】×× 中学校长

【致辞背景】×× 中学文艺汇演开幕式

各位老师、各位同学：

大家下午好！

今天，我校全体师生欢聚一堂，用青春的歌舞来纪念建校 ×× 周年。在此，我谨代表学校党支部、校务会向一年来在教育岗位上辛勤耕耘的老师们、刻苦学习的同学们致以节日的问候和诚挚的祝福！

今天是个好日子，是个值得全体 ×× 中学人铭记的日子。今天让我们一起回顾学校 ×× 年来走过的风雨历程，让我们一起分享学校 ×× 年来所取得的辉煌成就，让我们一起展望未来，描绘我们学校光芒万丈的美好前景！

此次演出不仅可以展示学校推行素质教育的丰硕成果，同时也给能歌善舞的同学提供了展示自己特长的机会。今天，就让我们用最饱满的热情、最优美的歌声和舞姿为我校建校 ×× 周年，送上最真挚的祝福！我相信，即将开始的文艺表演一定精彩绝伦。在此，让我们以热烈的掌声预祝演出圆满成功！

最后，希望全体师生借此机会，振奋精神，不断进取，为创造我校更加辉煌的明天而努力奋斗！

谢谢大家！

范例二

【致辞人】×× 省政府领导

【致辞背景】×× 省 ×× 奖文艺汇演闭幕式

各位来宾，同志们、朋友们：

大家下午好！

在欢快的歌声中，我省本次 ×× 奖文艺汇演就要落下帷幕了。在此，我谨代表省委、省政府向组织筹备此次文艺汇演的工作人员表示感谢，并向各位演出人员致以亲切的问候！

×× 奖文艺汇演是一次检阅和提升我省艺术从业人员水平的重要活动。自 ×× 年我省确立文化艺术强省的发展目标以来，×× 奖文艺汇演已先后举办了 ×× 届，并取得了巨大成功。此次汇演，继承了前几届的优良传统，并增添了新的节目，最终圆满完成了汇演预定目标，推进了我省文化艺术工作的新发展。整场汇演气氛热烈，节目精彩纷呈。各位青年艺术家的演出非常精彩，让我们看到了其良好的精神风貌，也看到了我省文化艺术事业的进步。

此次汇演，共评出了“最佳创意奖”“最佳表演奖”“语言类节目优秀奖”“歌舞类节目优秀奖”等近 ×× 个奖项，共有 ×× 名青年艺术家获奖。这些奖励是对青年艺术家的肯定，也是对其他同志争先争优的激励。

希望在今后的艺术创作中，各位青年艺术家能继续发扬这些优良传统，取得更大的进步，为推进我省文化艺术事业的发展贡献智慧和力量！

最后，祝大家工作愉快，身体健康！

我宣布，我省××奖文艺汇演胜利闭幕！

谢谢大家！

范例评析

范例一开头部分并没有直接说明活动的性质和内容，这是因为校庆活动涉及范围较小，影响力不大。在这种情况下，致辞人可不必拘泥于写作模板。范例二中的文艺汇演涉及范围较大、影响广泛，则在致辞中要点明活动的性质及意义。

两篇范例在语言风格上也有区别：范例一轻松，范例二则较严肃。这种区别是由致辞人身份的差异和致辞对象的不同造成的。因此，致辞人一定要根据场合和对象的不同来调整致辞的语言风格，做出得体、完美的致辞。

第二节　竞技比赛开幕式、闭幕式致辞

竞技比赛开幕式可看作是比赛开始前的动员大会，因此开幕式致辞要先对比赛规则进行说明，接着要用具有感染力的语言调动参赛人员及观众的热情和积极性，为接下来的比赛渲染气氛。闭幕式致辞要对比赛的情况进行简单的总结，例如参赛人数、评比项目等；还要指出比赛中涌现出的优秀运动员及其表现出的比赛精神；最后号召大家向优秀运动员学习。竞技比赛致辞篇幅不宜太长，能起到鼓舞参赛者士气的作用即可。

范例一

【致辞人】×× 市 ×× 局局长

【致辞背景】×× 市 ×× 系统乒乓球比赛开幕式

各位领导、各位来宾，同志们、朋友们：

在这天朗气清、秋兰飘香的日子里，我们迎来了我市 ×× 系统第 ×× 届乒乓球比赛。这是我们 ×× 系统广大干部职工又一次同场竞技、互相学习、增进友谊的盛会。在此，我代表市 ×× 局向出席今天比赛开幕式的各位领导、各位来宾、运动员及教练员表示热烈的欢迎，向这次比赛的赞助商及辛勤筹备比赛的工作人员表示衷心的感谢！

乒乓球作为我们的国球，有着广泛的群众基础。我们 ×× 系统的干部职工也非常喜爱这一运动。为了丰富广大干部职工的业余生活，我局设有乒乓球训练馆，并先后举办了 4 届乒乓球比赛，取得了良好的效果。此次举办的第 5 届比赛，将继续发扬前几次比赛的优良传统，进一步动员广大干部职工进行体育锻炼，投身到全民健身运动中来，从而达到以健康的体魄、积极的心态努力开展工作，为我市各项事业的发展贡献自己力量的目的。

朋友们，请你们记住，任何一项竞技运动都不仅仅为了分出胜负，它还包含着友谊、尊重和进取的精神。希望参加比赛的全体运动员通过比赛互相学习、增进友谊。全体裁判员要认真负责，保证比赛结果的客观、公平、公正、公开。工作人员要各负其责，维护比赛秩序，切实搞好服务工作，保证本次比赛顺利进行。

最后，预祝本次比赛取得圆满成功！

谢谢大家！

范例二

【致辞人】×× 学校校长

【致辞背景】×× 学校春季运动会闭幕式

各位裁判员、运动员，老师们、同学们：

大家上午好！

在校领导的正确指挥下，在广大师生的积极参与下，××年我校春季运动会顺利达到了预期目标，取得了不错的成绩。在本届春运会即将结束之际，我谨代表校委会向各位裁判员、运动员和广大师生表示热烈的祝贺！

本次运动会是一届成功的盛会，充分体现了“××”的主题。虽然运动会时间较短，只进行了两天半，但各项比赛有序进行，竞争极其激烈。本届运动会共有 ×× 名师生参加，他们进行了 ×× 个比赛项目的角逐，最终刷新了 ×× 项比赛纪录，充分展现了我校师生的风采。另外，本次比赛涌现出了 ×× 个优胜班集体，×× 个体育道德风尚先进班集体。在此，让我们以热烈的掌声对他们取得的成绩表示热烈的祝贺！

今天，我校此次春季运动会的所有项目都已进行完毕。在本次运动会上，全体裁判员认真负责，确保比赛公平、公正、公开；全体运动员斗志昂扬、顽强拼搏，为我们呈现了一场场精彩的比赛。比赛中，选手们的团结、互助也让人非常感动。希望这种精神能够在今后的教学工作与学校其他活动中得到大力发扬！

生命在于运动。希望通过本次春季运动会，能加强广大师生对运动与健康的认识，让你们的人生始终与健康相伴！最后，我代表组委会向参加这次运动会的全体裁判员、运动员、老师们、同学们表示崇高的敬意和衷心的感谢！

现在，我宣布，×× 学校 ×× 年春季运动会胜利闭幕！

范例评析

范例一作为竞技比赛的开幕式致辞起到了为运动员鼓劲、为比赛预热的作用。致辞中指出比赛的目的不仅仅是竞技，更包含了一种精神，具有极强的号召力。

范例二是一篇比较成功的闭幕式致辞，基本遵循了闭幕式致辞的写作规范，但没有生搬硬套。首先在开头部分说明了活动性质，即运动会闭幕式；其次是对比赛过程进行了回顾，并指出了比赛所取得的成果，内容涉及运动会主题、运动会获奖情况等；再次肯定了运动员的努力及其表现出的精神，并号召大家向他们学习，从而使运动会的意义得到了升华；接着以“生命在于运动……”为引子，阐明了运动会的根本目的；最后送出祝福并结束致辞。整篇致辞热情洋溢，具有号召力，值得我们借鉴。

第三节 文化节开幕式、闭幕式致辞

文化节开幕式致辞的主体部分要对文化节的主题、目的、意义等做简单介绍，并对与会人员提出要求，最后对文化节的顺利进行表达美好祝愿。

闭幕式致辞，开头部分要说明文化节的基本情况及是否达到了预定目标；然后在主体部分具体说明文化节举办的情况，指出文化节的深远意义；最后表达对来宾的祝愿，并结束致辞。总体来说，在文化节开、闭幕式致辞中要考虑到地域性特点，从而深化文化节的主题。

范例一

【致辞人】×× 市市长

【致辞背景】×× 市第 ×× 届茶文化节开幕式

尊敬的各位领导、各位来宾，女士们、先生们：

又是一个春茶飘香的季节。今天，备受人们关注的我市第 ×× 届“××”茶文化节在市委、市政府的高度重视下，在各市县、各部门和社会各界的大力支持下隆重开幕。在此，我谨代表市委、市政府和全市人民，向莅临本次盛会的各级领导和各位嘉宾，表示热烈的欢迎和衷心的感谢！

茶文化是中华传统文化的组成部分，其内容十分丰富，涉及科技教育、文化艺术、医疗保健等各个行业。在人们越来越重视健康生活方式的今天，绿色、天然、健康的茶被越来越多的人喜爱，随之而兴起的是形式多样的茶产业。将茶文化与茶产业相结合，形成两者的良性互动，将成为社会主义经济、文化建设的新亮点。

我市生态环境良好，种茶历史悠久，茶文化源远流长。举办此次茶文化节，对于我市进一步宣传茶文化，推介茶资源有着良好的促进作用，对树立我市绿色、休闲的生态家园形象，扩大 ×× 茶在全省乃至全国的知名度有着重要的意义。

茶文化节展示的是形象，彰显的是魅力，传承的是文化，昭示的是希望。通过此次茶文化节，我们将向世界展示开放、诚信、和谐的城市形象；奉献给大家生动、精彩的茶文化盛宴。让我们以茶为媒，让更多的朋友来我市投资兴业，携手共创美好的明天！

最后，我预祝此次茶文化节取得圆满成功，祝各位嘉宾身体健康，万事如意！

谢谢大家！

范例二

【致辞人】×× 县领导

【致辞背景】×× 县首届手工艺文化节闭幕式

尊敬的各位来宾，朋友们：

大家晚上好！

此刻，我们欢聚一堂，隆重举行我县首届手工艺文化节闭幕式。首先，我代表县委、县政府向辛勤组织本届文化节的各位同志，向为我们展示了精彩手工艺表演的农民艺术家们表示衷心的感谢和亲切的问候！

我县历史文化悠久，留有许多宝贵的非物质文化遗产，手工艺制造技术便是其中的一项。随着市场经济的发展，区域交流的加强，我县手工艺制品已开始逐步走向市场，并受到人们的喜爱。为弘扬我县传统文化，开拓手工艺品市场，我们举办了首届手工艺文化节。

首届手工艺文化节历时 ×× 天，参与人数突破 ×× 人，为我县今后的手工艺文化节的举办开了个好头。文化节上展出的手工艺品包括剪纸、柳条编织、面团制作等，农民艺术家们精彩的手工艺制作表演，吸引了众多游客前来参观，充分展示了我县手工艺品制作的独特魅力。另外，文化节上还举行了具有浓郁地方特色的歌舞表演，既展示了我县人民的风采，又加强了我们与各参会地区的交流，会上已有多家企业及收藏馆向我们表达了合作的意愿。县委、县政府也将提供更加便利的条件，为推动我县“传统文化走出去，先进文化引进来”的发展目标而努力。

同志们、朋友们，在热情的歌舞声中，我县首届手工艺文化节就要落下帷幕了。感谢各位来宾和朋友们的光临，也希望各位以后能继续关注我县的手工艺文化，关注我县的经济发展。

最后，再次祝愿各位来宾、朋友，身体健康，万事如意！我宣布我县首届手工艺文化节胜利闭幕！

谢谢大家！

范例评析

上述两篇范例都能很好地把握致辞人的身份，体现出致辞人应有的严谨和权威；并且措辞严谨，用语准确，内容规范，感情充沛。不足之处在于致辞内容过于简单。文化节致辞要注意文化节内涵的介绍与其外延的扩展，尤其是范例一中茶文化节这种具有历史、文化等意义的主题文化节的致辞，致辞人要加重对地方特色，比如历史沿袭、文化现状等情况的介绍，使致辞更有厚重感。

第四节　学术会议开幕式、闭幕式致辞

学术会议致辞与其他节日致辞有明显的区别，此类致辞要体现出严肃性、专业性和权威性。

学术会议开幕式致辞要对参会的专家学者及会议举行的背景、目的和意义进行简单的介绍，并对参会人员寄予希望及预祝会议圆满成功。学术会议闭幕式致辞要讲会议的收获和影响，要肯定会议的成果和参会人员的努力，最后，同其他闭幕式致辞一样，表达对参会人员的祝愿，宣布会议结束。

【致辞人】中华医学会神经病学分会领导

【致辞背景】第××届全国神经病学学术会议开幕式

尊敬的各位前辈、各位同人：

大家早上好！

今天，由中华医学会、中华医学会神经病学分会主办的第××届全国神经病学学术会议在北京隆重召开！我谨代表大会会务组向来自全国各地的参会代表表示最热烈的欢迎和最衷心的感谢！这次会议也得到了医学会领导的支持，我们在此一并表示感谢！

今天，卫生部医政司的领导也来到我们的大会现场，给了我们很大的支持。全国神经病学学术会议作为中华医学会神经病学分会的重要学术活动，是展示我国神经病学领域最新的研究成果，推动神经病学学科全面发展的重要平台之一。这次会议首次采用了网上投稿的形式，效果明显。我们共收到了××篇学术论文，内容包括脑血管病、神经介入、神经影像、癫痫、认知障碍、神经肌肉病、轻微神经病等。

我们这次会议安排了××个报告厅，专题讨论会有××场，将有××篇论文分别交流，××篇论文大会交流。这次大会还首次开展壁报展示活动，借此希望加强同人之间的交流。另外会议得到了全国各地同人的积极支持，在此，我衷心地向他们表示感谢，也希望广大同人充分利用这次难得的学习机会，为推动我国神经病学事业的发展努力奋斗！

希望大家在会议的闲暇时间能够到北京的周边游览，放松一下。预祝各位与会期间生活愉快，最后预祝大会圆满成功，

谢谢大家！

范例二

【致辞人】×× 市市长

【致辞背景】×× 学派国际学术研讨会闭幕式

尊敬的各位专家，同志们、朋友们：

为期 ×× 天的 ×× 年 ×× 学派国际学术研讨会，在全体与会代表的共同努力下，圆满完成了预设的各项会议议程，即将落下帷幕！在此，我代表 ×× 市委、市政府，向会议的主办单位和所有与会代表表示衷心的感谢！

这次研讨会是一次高水准、高效率的学术交流盛会。国内外专家从不同角度对 ×× 学派的学术思想、历史地位及影响进行了多方位、深层次的交流探讨。研讨会上专家们各抒己见，相互切磋，共同进步，为本次会议增添了光彩。

这次研讨会又是一次增进友谊的盛会。来自五湖四海、从事不同学科的专家们，为了一个共同的目标，齐聚 ×× 这座历史文化名城。大家在平等、友好的气氛中，提高了学术水平，增进了相互之间的友谊。

另外，我们希望通过本次研讨会，将我市丰富的文化资源推向全国，推向世界，并进一步推动我市经济社会的发展。

各位专家，同志们、朋友们，×× 天短暂的相聚，我们收获了丰硕的学术成果和深厚的友谊，在我们即将话别的时候，我诚挚地邀请各位朋友以后来我市做客，与我们携手共创美好未来！最后，祝各位工作顺利，一路平安！

现在，我宣布 ×× 学派国际学术研讨会胜利闭幕！

谢谢大家！

范例评析

学术会议致辞要更好地体现逻辑性、严肃性、专业性、权威性。范例一很好地阐述了会议的主旨与内容，专业、权威，又不失亲和力，是一篇优秀的会议开幕式致辞。范例二无论是在语言风格，还是致辞内容上都值得称道，整篇致辞逻辑严谨、态度诚恳，不失为一篇优秀的范文。

第五节　洽谈会开幕式、闭幕式致辞

洽谈会开幕式致辞，开头部分要对洽谈会的举办方、参会方进行简单的介绍；主体部分要详细介绍洽谈会的举办背景、主题、宗旨等，还可对洽谈方的详细情况进行介绍，如果不是第一次举办洽谈会，还可对之前举办的活动进行总结，肯定其积极的影响。

洽谈会闭幕式致辞同样要说明会议进行情况及取得的成果，也可提及对洽谈会未来的规划，欢迎朋友们继续关注。

洽谈会致辞的行文较严肃，因此，致辞人要注意把握语气及措辞的严肃性。

范例一

【致辞人】××合作洽谈会组委会主任、××省省长

【致辞背景】第××届××合作洽谈会开幕式

尊敬的各位来宾，女士们、先生们，朋友们：

春光明媚，惠风和畅，在今天这个喜庆的日子里，我们迎来了第××届××合作洽谈会的开幕式。在此，我谨代表本届洽谈会组委会和中共××省委、××省人民政府，向在百忙之中抽时间参加本届盛会的国内外宾朋，各地代表及汇集在省城的十多万客商表示热烈的欢迎！

自从首届××合作洽谈会举办以来，我省的经济得到了快速发展。可以说××合作洽谈会见证了我省在改革开放大潮下逐渐发展的历程。历届××合作洽谈会始终贯彻“优势互补，合作共赢”的宗旨，为各参展省、区、市代表团提供了多领域、多层次的合作交流平台，成为推动参会地区经济和社会发展的重要力量。

在经济全球化的形势下，本届××合作洽谈会将在“××”的思想指导下，秉承历届洽谈会的精神要义，继续发挥各地方优势，以“服务的优质、便捷，合作的广泛、全面”为宗旨，为参会企业提供更多商机，达成更多合作意向。

在此，我倡议广大参会企业及代表，加强合作，为促进交流、实现共赢贡献智慧和力量！

最后，祝各位来宾身体健康，万事如意！

预祝第××届××合作洽谈会圆满成功！

谢谢大家！

范例二

【致辞人】××省信息职业学院院长

【致辞背景】××省首届信息产业产品展示洽谈会闭幕式

各位来宾，女士们、先生们：

大家下午好！

在主办方辛勤的筹备、参会方积极地参与下，我省首届信息产业产品展示洽谈会就要落下帷幕了！

参加本届洽谈会的有 ×× 家信息类职业院校、×× 家科研院所和 ×× 多位生产企业的专家、技术人员。洽谈会上，正式签约的合作项目有 ×× 个，另外进行的产品推介、成果转让与交易等多项活动，也收到了良好的成效，签订了 ×× 份产品（项目）合作意向书，涉及 ×× 多个产品（项目），打开了信息产业产品的新局面。

通过这次活动，我们搭建了信息类职业院校与企业之间团结协作、互利互惠、共同发展、合作共赢的桥梁。借助这一桥梁，院校与院校、企业与企业、企业与院校之间进行了面对面的交流，增进了相互的了解，满足了院校和企业在信息产业发展中对技术和人才等方面的需求，为推进我省信息产业的进一步发展奠定了良好的基础。

这是我们举办的第一届洽谈会，今后，我们还将举办第二届、第三届甚至更多这样的洽谈会。我们将以此为契机，实现院校与企业之间的零距离沟通，达到校企资源的共享，致力于推动校企合作及新形势下信息类职业院校办学模式的探索，使信息类职业院校能真正地服务于社会，能推动地方经济的发展。

最后，我谨代表这次会议的筹备方向参加本届洽谈会的所有人员表示衷心的感谢！

我宣布 ×× 省首届信息产业产品展示洽谈会闭幕！

谢谢大家！

范例评析

范例一中，致辞人很好地把握了主题，即洽谈会的目的。致辞人在开头亮出自己的身份，可以引起与会者对此次洽谈会的关注；接下来对历届的洽谈会进行了简单的总结，并很自然地过渡到本届洽谈会。但是此篇致辞给人虎头蛇尾的感觉，原因在于中间部分的内容过于简单，没有突出重点，可以在中间部分加入此次洽谈会的优势、领导在此次洽谈会上做出的努力，或者吸引商家的优惠政策等内容，这样会更充实一些。

范例二为洽谈会闭幕式的致辞，很好地显示了其总结性的特点。致辞人首先总结了此次洽谈会的重大成果，这对于参会成员而言是一个很大的鼓励；之后又总结了此次洽谈会的独特之处在于院校和企业之间的直接洽谈，这是一个新的领域，若在此处简单地列举几个成功合作的例子，内容就会更加充实，能有效地避免“空帽子”之嫌。

另外，此类闭幕式致辞需要针对具体情况安排具体内容。如果是首届洽谈会，难免会有一些不足，在文章最后应予以简单总结，并且对下次的洽谈会进行简单的规划，只有这样，才是一篇完整、充实的闭幕式致辞。

第六节　研讨会开幕式、闭幕式致辞

研讨会致辞同洽谈会致辞一样，都较为严肃、认真，用词要准确，语气要恰到好处。篇幅可根据具体情况适当安排。

开幕式致辞一般要对研讨会的背景、目的、内容等进行较为详细的说明，也可对研讨对象做简略的介绍。闭幕式致辞则是对研讨会取得的成果进行总结，也可对相关工作人员表示感谢、对参会人员表达祝愿。最后，宣布研讨会闭幕。

范例一

【致辞人】×× 省政府领导

【致辞背景】×× 省 ×× 企业成立 ×× 周年研讨会开幕式

女士们、先生们，朋友们：

大家上午好！

非常感谢大家在百忙之中抽出时间参加 ×× 企业成立 ×× 周年研讨会的开幕式。首先，我代表省委、省政府对本次研讨会的召开表示热烈的祝贺，并对出席本次研讨会的各界人士表示热烈的欢迎！

×× 企业是我省工业经济的中流砥柱，在带动和促进全省经济发展中有着举足轻重的地位。改革开放后，×× 企业针对经济发展的新形势，及时调整发展战略，重视发展高新技术，先后成立了科研和实验基地，使企业紧跟时代步伐，在短短十几年内建设成为集经济效益和社会效益于一体的优秀企业。

在庆祝 ×× 企业成立 ×× 周年之际，我们举办了这次研讨会，这是非常有必要的。研讨会上，各界人士将分别就当前的宏观经济形势、企业发展模式及未来的发展规划等进行讨论和交流，为 ×× 企业未来的发展及推动我省经济社会的进一步发展建言献策。

组织这次研讨会，有助于扩大 ×× 企业的社会影响力，拓宽 ×× 企业的合作范围。这次研讨会也是谋求我省经济发展的好机会，希望各位企业领导人、科研专家及企业一线的基层员工能够积极讨论，互相交流、学习，为 ×× 企业的发展、全省经济的进步贡献自己的力量。

现在，我宣布 ×× 省 ×× 企业成立 ×× 周年研讨会开幕！

谢谢大家！

范例二

【致辞人】×× 通信系统 ×× 研讨会执委会主任

【致辞背景】×× 年 ×× 通信系统 ×× 研讨会闭幕式

各位领导、各位专家，朋友们：

阳春三月，草长莺飞。在这生机盎然的三月，我们在美丽的 ×× 举办了今年 ×× 通信系统 ×× 研讨会。本次为期 ×× 天的研讨会共有他们进行了深入的探讨、交流，取得了丰硕的成果。

近年来，我国通信事业迅猛发展，综合化、宽带化和数字化建设使通信水平得到了极大的提高，既方便了居民生活，也为经济社会的发展提供了强大的通信保障。面对人民群众更多样的需求，面对层出不穷的高科技产品，通信事业该如何取得进一步的发展，如何紧跟社会的需求，是我们当前要思考的问题。

本次通信研讨会获得了巨大的成功。在研讨过程中涌现出的许多有创意的点子，可以将其很好地运用于今后通信事业的发展中。例如，通信事业的系统节能、新的通信业务标准、监控管理的集中化等理念都是值得肯定和借鉴的。

最后，感谢本次研讨会的赞助商 ×× 商家，感谢所有通信界运营商和厂家的大力支持，感谢所有朋友的积极参与！

朋友们，虽然我们相聚本次研讨会只有短暂的 ×× 天，但是我相信我们的友谊是长久的，我们的收获是巨大的，研讨会的影响是深远的。祝朋友们一路平安，我们相约明年再见！

我宣布，×× 年 ×× 通信系统 ×× 研讨会闭幕！

谢谢大家！

范例评析

范例一很好地说明了此次研讨会的背景、目的、内容，很好地把握了研讨对象的“企业”身份，措辞尺度把握得比较好，既严肃又不死板。精练、全面是这篇致辞的最大特点，值得我们模仿和借鉴。

范例二作为一篇闭幕式致辞，全面总结了研讨会的成果。另外，致辞人对在此次研讨会中做出贡献的商家、单位表示了感谢，使得致辞内容更加全面，更富人情味。

第七节 论坛开幕式、闭幕式致辞

论坛致辞同洽谈会、研讨会致辞等有着基本相同的内容模式，且都较为严肃、认真。论坛开幕式致辞一般要对论坛的背景、目的、内容等进行较为详细的说明，并介绍论坛参加人员或者之前论坛取得的成果等。

闭幕式致辞则是对本届论坛取得的成果进行说明，并表达致辞人的期望和祝愿，最后宣布论坛闭幕。

范例一

【致辞人】××高校校长

【致辞背景】××高校研究生学术论坛开幕式

各位领导，各位老师、同学：

大家上午好！

这里是我校第××届研究生学术论坛开幕式的现场。首先，我谨对积极参加本次论坛的各位领导、专家表示热烈的欢迎和衷心的感谢！

这是我校第 ×× 次举办研究生学术论坛，前几次的论坛非常成功，对研究生教学工作及研究生学风建设起到了很大的促进作用。短短数年时间，我校的研究生论坛开创了更成熟、更规范的新局面，使我校研究生的学术水平得到了极大提高。此次，我们在继承前两届研究生论坛优秀成果的基础上，将继续对研究生的教学工作进行探讨。

在新的形势下，我们要努力提高研究生的专业知识素养及处理各种问题的能力，全面提升研究生的综合素质。

老师们，希望你们在进行研究生教学的同时，努力增强自身的知识积累，提升自己的专业能力，努力为我校培养更多优秀的学术研究人才！同学们，希望你们不辜负祖国重托，努力成为有修养、有知识、有能力的学术接班人。希望全体师生共同努力，为把我校建设成为具有鲜明特色的国内知名大学而奋斗！

最后，预祝本次论坛取得圆满成功！

谢谢大家！

范例二

【致辞人】×× 市市长

【致辞背景】×× 年 ×× 省企业家暑期论坛闭幕式

尊敬的各位领导、各位来宾，女士们、先生们、朋友们：

大家下午好！

×× 年 ×× 省企业家暑期论坛，在各位领导、专家愉快而热烈的讨论声中，就要落下帷幕了！在此，我代表中共 ×× 市委、市政府热烈祝贺本次论坛圆满成功，并向参加本次论坛的各位领导、专家和企业家表示衷心的感谢！

本次论坛主要就中国发展的内部及外部环境，国家新的发展战略，增强企业自主创新能力、核心竞争力等热点问题进行了深入的讨论。在论坛上大家各抒己见，共话发展，为实现共赢、加快发展建言献策。论坛中的很多声音观点新颖、内容丰富、实践性强，对未来的发展具有很强的指导意义。这次论坛将极大地推动我市经济社会又好又快地发展，同时也为来自全国各地的多家企业搭建了合作交流的平台。

最后，祝各位领导、各位来宾身体健康，万事如意，也真诚地欢迎企业家们来我市投资、观光。让我们携手并肩，精诚合作，共同创造更加美好的明天！

我宣布，××年××省企业家暑期论坛闭幕！

谢谢大家！

范例评析

范例一是学术研究论坛的开幕式致辞，论坛级别较高，致辞人作为一名大学校长对这项活动的态度十分明确，即提高研究生人才的学术水平。尽管措辞需要严肃一些，但是整篇文章不失亲和力，有助于树立致辞人的良好形象。

范例二虽然篇幅短小，但语言精练，内容充实，不失为一篇优秀的论坛闭幕式参考范文。

第八节　职工代表大会开幕式、闭幕式致辞

职工代表大会旨在加强职工的主人翁意识、调动广大职工的工作积极性。因此致辞一方面要强调职代会的意义，一方面要肯定职工的重要作用，语言要具有感染力和鼓动性。

职工代表大会开幕式致辞，开篇要讲明会议的内容；主体部分可以通过企业的发展来肯定职工的作用，阐明本次会议的重要意义，并表达对与会代表的期望和祝福。

职工代表大会闭幕式致辞要充分肯定会议的成功，但也不可过分夸大，要客观说明会议的召开情况及会议所取得的成效；最后可向会议代表及其他相关人员发出号召，然后结束致辞。

范例一

【致辞人】×× 中学校长

【致辞背景】×× 中学第 ×× 届第 ×× 次职工代表大会开幕式

各位领导、各位代表：

大家好！

在学校工会的精心组织和辛勤筹备下，×× 中学第 ×× 届第 ×× 次职工代表大会开幕了！首先，我谨代表校领导班子向这次大会的召开表示热烈的祝贺！

过去的一年，是我校取得跨越式发展的一年。全体教职员工求真务实，开拓进取，继续深化教育改革，取得了令人瞩目的成绩：学校管理日益完善，校风建设成效显著，教学工作又创佳绩。借此机会，我向在座的各位代表及辛勤工作的全体教职员工致以亲切的问候和衷心的感谢！

召开职工代表大会是我校统一思想、规范民主管理的大事，更是关系到我校未来发展的大事。通过本次大会的召开，我们要加强所有教职工的主人翁意识，促进决策的科学民主性，共同构建全面和谐的新校园。

本次会议是我们调整教学计划以来所举办的第一次职工代表大会，因此它具有特殊的意义。希望会上，我们的教师代表们能以饱满的热情、务实的态度，认真听取并审议每一项议题和提案，努力完成大会各项议程，为学校的发展贡献你们的智慧和力量！希望我们所有的教职工都能以主人翁的责任心，认真工作，积极进取，共创我们学校的美好明天！

我坚信，通过大家的努力，本次大会一定会取得前所未有的成功。

最后，预祝大会取得圆满成功！

谢谢大家！

范例二

【致辞人】×× 医院领导

【致辞背景】×× 医院第 ×× 次职工代表大会闭幕式

各位代表、各位同志：

大家下午好！

我们医院第 ×× 次职工代表大会在党支部和上级工会的关心下，在工作人员辛勤的工作下，在广大代表的积极参与下，今天就要胜利闭幕了！我谨代表大会主席团向参加本次大会的全体代表和工作人员致以亲切的问候和诚挚的感谢！

本次会议共有 ×× 名各科室、各专业的职工代表出席。另外还有 ×× 名特邀代表，他们是为我院做出过特殊贡献的老专家和离退休干部。本次会议上，各位代表认真总结了医院的建设和发展经验，并就深化医院改革提出了许多可行的建议，这些都将对我院下一步的改革和发展起到促进作用。此次职代会的另一个收获便是完成了新一届工会领导班子的选举。工会是沟通党和群众的桥梁，希望在新的领导班子的有力带领下，我们的工会能认真履行职责，推动我院的民主管理建设。

几年来，我院的技术水平和业务能力显著提高，创造了良好的经济效益和社会效益。这些令人瞩目的成绩，离不开各位同志的辛勤工作和无私奉献。希望在今后的工作中，同志们再接再厉，为实现广大职工的共同利益，为创造我院新的辉煌而努力！

现在，我宣布××医院第××次职工代表大会闭幕！

谢谢大家！

范例评析

职工代表大会是体现职工权利、肯定职工成绩的会议，因此致辞中除了对会议的作用、意义进行阐述外，更要用浓重的笔墨肯定职工的付出和努力，肯定他们所取得的成绩。

范例一在这一点上做得很成功。它首先肯定了广大教师为学校的发展所做的贡献，并多次表示感谢；接着对职代会的意义做出说明，并提出了对本次职代会的期望；最后仍不忘对广大教职工的付出给予肯定和鼓励，真正实现了加强职工主人翁意识、调动职工积极性的目的。

范例二则没有注意到这一点，只是重点介绍了职代会的内容。如果范例二能够加上对职工的感谢，就更加完美了。

第四章

欢迎、欢送致辞

中华民族是一个热情、好客的民族，既要热情地欢迎，也要热情地欢送。欢迎、欢送是国家机关或企事业单位在举行隆重庆典、仪式、大型宴会时的一种社交礼仪，东道主需要用致辞表示对宾客的尊重。

欢迎致辞要直接体现东道主对来宾的尊重，表现出友好交往的愿望，营造出和谐、愉悦的气氛，让客人有“宾至如归”的感觉，如此，则有利于之后各项活动的顺利进行。

欢送致辞是主人在临别时表达对客人欢送和惜别之意的致辞。通常在以下几种情况下致欢送辞：欢送成功访问后要离去的来访宾客；欢送完成学习或工作任务后要离去的学者；欢送将要调往另一地方、另一单位工作的同事；欢送即将毕业离校的学生；欢送退伍军人；等等。致欢送辞时，根据欢送对象的不同，用语和内容也有所不同。

一、篇幅

欢迎致辞一般为礼节性的公关、外交辞令，忌长篇大论，宜短小精悍。当然，具体场合下，致辞的篇幅可以根据实际需要适当调整。

欢送致辞篇幅长短应根据活动的场合、时间来安排，其篇幅宜短小，若需要时也可以适当地加大篇幅，但以1000字以内为宜。

二、开头

欢迎致辞开头要说明将举行何种仪式，致辞人作为何方的代表致辞，向哪些来宾表示欢迎等。例如“大家好！今天是……的日子，首先我代表 ×× 对 ×× 的到来表示热烈的欢迎”。在这个过程中，致辞人要用激昂、有力的语言营造良好的讲话氛围。

欢送致辞开头主要有两部分内容：

第一，标题。欢送致辞的标题旨在说明“谁在什么场合下向哪些人致辞”的信息：一般致辞人姓名在标题中隐去，如《在 ×× 欢送会上的致辞》；而重大的外事活动的欢送致辞则要求标题完整，如《×× 在 ×× 上的致辞》。

第二，称呼。重要外交活动中的欢送致辞，称呼后通常加职位、职称等；普通社交活动中，则可省去职位、职称。开头称呼中要用“尊敬的”“亲爱的”等敬语。

三、主体

1. 欢迎致辞的主体

欢迎致辞的主体包括以下两方面内容：

第一，所举行的仪式（活动）的目的、内容、意义等。这部分内容要介绍仪式（活动）的具体情况及未来的发展情况。介绍的内容必须客观，不能夸大事实。

第二，肯定来宾对活动起到的重要作用。一方面对来宾表示感谢，或是感谢 ×× 领导的指导；另一方面对来宾在活动过程中做出的贡献给予肯定，例如可以运用“×× 项目的实施离不开 ×× 的大力支持”“希望 ×× 专家、×× 领导给予指导”等内容来表明致辞人的态度。

2. 欢送致辞的主体

欢送致辞的主体是整个致辞的关键部分，主要由三方面内容构成：

第一，要对活动的成功举办表示祝贺，对来宾表示感谢。

此外，在这一部分要点明欢送的人群。

第二，对举办此次活动的意义和影响做评价。

第三，在主体即将结束之际，简单说明被欢送者即将开始的新的工作或学习的情况，也可表述再次相见之类的内容，流露惜别之意。

四、结尾

欢迎致辞中对宾客的欢迎之情要贯穿始终，结尾处也需要再次对宾客的到来表示欢迎。另外，还要对活动的举办表示美好的祝愿。例如，“让我们再次以热烈的掌声欢迎 ×× 的到来”“祝 ×× 开业庆典圆满成功”等。

欢送致辞中欢送之情要贯穿始终。在结尾处，可表达对被欢送者的依依不舍及美好祝福，抑或是表达再次相见的愿望，最后结束致辞。

第一节　开业欢迎致辞

开业欢迎致辞开头一般包括两方面内容：一是说明开业内容，二是对来宾的到来表示欢迎。第一方面的内容也可放在主体部分，引出对开业项目的详细介绍。主体部分通常是对开业项目的详细介绍，并感谢所有来宾的光临，表达对来宾提供支持与帮助的期望。结尾处可表达对项目未来的美好祝愿或对来宾的祝愿。

【致辞人】×× 创业基地负责人

【致辞背景】×× 创业基地开业庆典

尊敬的各位领导、各位来宾，女士们、先生们、朋友们：

大家上午好！

值 ×× 创业基地开业之际，我谨代表 ×× 向出席本次活动的领导、嘉宾和所有朋友表示热烈的欢迎和衷心的感谢！

我们公司自成立以来，一直得到各部门领导和社会各界朋友的关心和支持。公司的壮大与发展及今天所取得的辉煌业绩，都离不开你们的帮助。在此，我代表公司同人向你们再次表示衷心的感谢！

为保证人才战略、品牌战略和科技产业化战略的实施，为了回报社会，不断为社会提供人才，为了给我区逐渐增多的国内外学术交流活动提供一个良好的平台，我们建立了这个创业基地。它的建立，能使我公司的功能更加完善，更好地履行社会赋予我们的职责，承担更多的社会责任，为我区创造更多的经济效益和社会效益。

今天，我很高兴地看到创业基地顺利开业！在此，我再一次真诚地感谢为它付出辛勤汗水的各级领导和各界朋友！也真诚地期盼，在未来的日子里，你们能一如既往地关心和支持我们，帮助创业者不断取得成功，共创辉煌的未来！最后，我预祝创业基地开业庆典圆满成功，也衷心地祝愿它能拥有一个灿烂的明天！

谢谢大家！

【致辞人】××保险代理有限公司经理

【致辞背景】××保险代理有限公司开业庆典

各位领导、各位嘉宾、各位朋友：

大家好！

今天是一个值得我们骄傲的日子，我市第一家保险代理有限公司正式开业。出席开业庆典的有市各保险公司的领导，市保险行业协会的领导及工商、税务等政府有关部门的领导，还有为我公司的筹备给予大力支持的社会各界朋友。首先我代表公司向各位领导和朋友的光临表示衷心的感谢和热烈的欢迎！

××保险代理有限公司是由中国保险监督管理委员会于××年××月××日批准成立的，经市工商局于××年××月××日批准注册登记的。它的成立，填补了我市长期以来没有专业保险代理机构的空白。我公司将以“用质量赢得信誉，用服务赢得未来”的宗旨，竭诚为广大客户服务，为我市保险业健康稳定的发展做出应有的贡献，为每一个家庭、每一个企业能够在保险的充分保障下安定的生活、稳健的发展做出我们的贡献。

我公司的成立离不开市政府各部门和各家保险公司的帮助，离不开社会各界朋友的支持，希望在座的领导和朋友们能继续给予我们关注和帮助。我们将把你们的关注当作我们的动力，努力进取，锐意创新，使我们公司的产品能够更好地得到客户的认可，让我们的服务惠及广大客户。在此，我代表公司的全体员工对给予我们帮助和支持的各位领导、各位朋友再次表示感谢！

最后，祝各位领导及朋友身体健康，工作顺利，家庭幸福，万事如意！

谢谢！

范例评析

范例一是一篇很好的开业欢迎致辞。致辞开头表达了对来宾的欢迎和感谢；主体部分则是详细介绍了开业项目的主要情况，并再次表达了对支持该项目的各级领导和各界朋友们的感谢；结尾表达了致辞人的祝愿。文章短小、精悍，有很强的鼓动性。

范例二比范例一的篇幅长，内容更加充实，层次清晰，值得我们借鉴。

第二节　奠基欢迎致辞

奠基欢迎致辞与开业欢迎致辞的写作规范大体相同，而且二者都要求能够烘托和带动现场的热烈气氛。奠基欢迎致辞的开头包括两方面的内容：一是对奠基活动的说明，二是对来宾的欢迎。主体部分要对奠基项目及奠基仪式进行较为详细的介绍，同时也可介绍一些其他的相关内容；因为是奠基仪式，所以还要简要介绍接下来的施工计划，通常还要做出按期完成项目的保证；如果有合作单位，还要表达对获得合作单位支持的期望。结尾处通常为“祝××早日竣工”之类的模式化语言，并对到场的领导、朋友表达祝福。

【致辞人】×× 市政府领导

【致辞背景】×× 市政府办公楼奠基仪式

尊敬的各位领导、各位来宾，同志们、朋友们：

大家上午好！

云霞变幻耀金秋，溪水欢笑迎嘉宾。在今天这个喜庆的日子里，我们举行隆重的政府办公楼奠基仪式，热烈祝贺我们办公楼的开工建设。在此，我代表市委、市政府向参加本次仪式的各位领导、各位来宾表示热烈的欢迎，向关心和帮助我们办公楼建设的各有关单位表示衷心的感谢，向在筹备过程中付出汗水和心血的同志们表示亲切的问候！

×× 办公楼工程是市委、市政府 ×× 年的一项重点工程。市委、市政府领导高度重视 ×× 办公楼的建设工作，多次听取工程项目情况汇报。市委书记 ×× 亲自投入到项目设计方案的评审工作中，经常过问项目的建设情况，并要求项目质量一定要过关。

×× 办公楼建设工程指挥部不辞辛苦、加班加点，已先后完成了此项目的地质勘探、施工图设计、施工临时道路建设、项目报建和审批等重要工作，已经具备了工程开工的一切条件。

"万事俱备，只欠东风。"今天举行的奠基仪式就是此项工程的"东风"。在此，我希望施工、监理、设计等单位本着对人民负责的态度，精心组织施工，确保工程保质、保量地完成；希望各有关部门主动做好协调工作，力争此项目早日竣工。

最后，预祝 ×× 办公楼工程建设顺利，祝各位领导、朋友万事如意！

谢谢大家！

范例二

【致辞人】×× 集团领导

【致辞背景】×× 集团 ×× 工程奠基仪式

尊敬的各位领导、各位来宾、各位朋友：

在这个春意盎然的季节，我们相聚在此，隆重举行 ×× 工程奠基仪式。首先，我谨代表我集团全体同人，向莅临奠基仪式的各位领导、各位来宾、各位朋友致以热烈的欢迎和衷心的感谢！

我集团成立于 ×× 年 ×× 月，×× 年来，在市委、市政府和区委、区政府的正确领导下，在市、区有关部门和社会各界朋友的鼎力支持下，我集团以"诚信、守信、扬信"为服务宗旨，把经济效益、社会效益和环境效益有机地统一起来，在行业内外先后获得了"×× 领先企业""×× 诚信单位"等诸多荣誉称号，共开发了总建筑面积达 ×× 万平方米的优质楼盘，为本地区的经济发展做出了巨大的贡献。

此次 ×× 工程的开工，是我集团发展史上的一个里程碑，是集团战略转型的重要标志。×× 年的奋斗历程让集团形成了"高起点、高标准、高品质"的优良作风。此次 ×× 工程，集团将吸取 ×× 年来的成功经验，力求打造一个集高档住宅区、购物、餐饮、休闲、文化娱乐等功能为一体的高级楼盘。预计本工程于 ×× 年 ×× 月 ×× 日前竣工并投入运营。经初步预算，年营业额将达 ×× 亿多元，创税收 ×× 万元。

各位领导、各位来宾、名位朋友，我们的发展离不开各级领导的殷切关怀，也离不开各界朋友的大力支持。回首过去，我们豪情万丈；着眼未来，我们更是信心百倍。我们将以最快的速度、最高的品质、最完善的服务，把 ×× 工程建设好、管理好，为打造我们的和谐城市做出新的贡献！

谢谢大家！

范例评析

两篇范例都对活动的内容和意义进行了说明，对工程的计划也进行了简要的介绍，并表明了完成项目的决心，可以说是此类致辞很好的范文。

值得指出的是，范例一用“云霞变幻耀金秋，溪水欢笑迎嘉宾”这样一个对联作为开场，既定下了活动的氛围基调，也显得致辞人很有修养，值得我们借鉴。

第三节 欢迎上级领导考察致辞

欢迎上级领导考察致辞的对象是上级领导，因此致辞人要特别注意致辞的礼貌性。具体致辞中需要注意以下几点：首先，对领导的称呼要用尊称，措辞要慎重，不可过分扭捏，也不可信口开河；感情要真挚，得体地表达下级单位的立场和原则；语言要准确；表达要热情、亲切。其次，还要注意尊重对方的风俗习惯，避免产生误会。最后，忌长篇大论。欢迎致辞是一种公关辞令，通常篇幅短小，不宜过长。

范例一

【致辞人】××学院领导

【致辞背景】××学院欢迎上级领导调研考察

各位领导、各位来宾：

上午好！

金秋十月，硕果累累。在这收获的季节，我们满怀喜悦地迎来了诸位领导对我们学院的调研考察。首先，请允许我代表学院全体师生对各位的到来表示热烈的欢迎！

我们学院是我省根据经济建设和发展的需要于××年创办的学科齐全的技师学院，肩负着发展教育和经济的双重责任。

学院在上级领导及社会各界的关怀和帮助下，在全校师生的共同努力下，团结奋进，不断进取，取得了辉煌的成绩。学校下大力气对教学环境进行改善，先后建设起多功能教学楼、培训基地、训练场地等，使学校的基础设施更完备，更有利于教学工作的展开。如今学院已经成为培养本省技师、高级技工的重要基地，已为社会输送了近××名优秀的技工人才。正是因为取得的这些成绩，学校先后被授予省市“高级技工学院”“十佳××学校”“绿化先进集体”等荣誉称号。

去年是学校发展史上最关键的一年，我们通过与其他几所技工学校的重组整合，扩大了招生规模，新增了3个校区，使我校跨入了国内一流技工学院的行列。借着学校发展的大好势头，我们再接再厉，制订了新的发展目标：在3年内再次扩大办学规模，学校级别也要再升一级，并与企业建立合作，成立技工教育集团，实现校企的共同发展。

我们学院的人才具有极强的动手能力，能够与企业需求有机地结合在一起，校企合作具有巨大的潜力及较高的经济效益。

最后，真诚地希望通过这次调研考察，各位领导能加深对我们学院的了解，也希望各位领导能再次光临我们学院，指导学院工作。

再次感谢各位的光临！

谢谢大家！

范例二

【致辞人】×× 县领导

【致辞背景】×× 县欢迎 ×× 考察团晚宴

尊敬的各位领导：

晚上好！

在这美丽的夜晚，首先让我们用热烈的掌声欢迎来我县考察的 ×× 考察团的各位领导！

我县位于 ×× 南部，毗邻 ××，是两省重要的交通要道……（县情介绍）

我县属亚热带季风气候，气候宜人，自然资源十分丰富，作物种类多、产量大。境内盛产茶叶、油桐等经济作物，畜牧业也具有发展潜力，备受省领导重视。

×× 是我国区域经济发展的领跑者。改革开放后，×× 通过不断优化产业结构，调整发展战略，促使经济以前所未有的速度向前发展，如今已成为地区经济中心。×× 大胆创新、开拓进取的精神值得我们学习，其成功的经验值得我们借鉴。在此，我再次代表县委、县政府及全县父老乡亲对 ×× 考察团的到来表示欢迎！希望各位领导在我县考察的同时，能对我县下一步的发展提出意见和建议，并意识到我县巨大的发展潜力，实现双方在多个领域的合作，创造更美好的未来！

各位领导，我县的发展离不开上级领导的关心和支持，更离不开诸如 ×× 这样经济发达地区的支持。我们真诚地希望通过此次考察，能够实现我们在多个领域的长久合作。

最后，我提议，为了我们两地的发展进步，为了我们合作愉快，干杯！

范例评析

欢迎上级领导考察致辞的对象是上级领导机关的代表，因此要注意措辞的严肃性。这点在以上范例中都能体现出来。表达的得体与否，态度的诚恳与否在欢迎上级考察致辞中也是非常重要的，上面的范例表达得体、态度诚恳，值得我们学习。

第四节　欢迎上级领导检查工作致辞

上级领导检查工作和考察工作是有区别的：考察的内容更加全面，检查一般是针对某一项具体工作进行。因此欢迎上级领导检查工作的致辞要做到有的放矢，要抓住核心的检查内容；此外，致辞要热情、礼貌、得体。

此类致辞，开头部分要表达对上级领导的热烈欢迎；主体部分要先对当地的基本状况、风土人情等做简要介绍，然后对检查工作的内容进行详细的介绍，并做到客观真实；结尾处要表达对此次检查的感谢，以及对领导的美好祝福。

【致辞人】××县领导

【致辞背景】××县迎接上级领导检查教育工作大会

尊敬的××厅长，尊敬的各位教育专家：

在这万物复苏的美好时节，我们非常高兴地迎来了上级领导和各位教育专家莅临我县检查工作。在此，我谨代表县委、县政府、县政协对各位领导和专家的到来表示热烈的欢迎和衷心的感谢！

我县是教育大县，有着重视教育的优良传统。多年来，县委、县政府高度重视教育发展，坚定不移地实施“科教兴国”战略，不断加大对教育事业的投入和支持，使我县逐渐成为教育强县。去年，我县被列为首批基础教育改革试验基地，并被省教育厅评为“教育先进单位”，这些荣誉的取得是对我县一直以来重视教育的最好褒奖。

现今社会，科技飞速发展，教育走科技化、信息化的新路子已经成为大势所趋。我县在教育发展中已将信息技术融入进来，通过进一步加大财政投入，引进先进的信息化技术，使我县广大的中小学校享受到了优质的教育资源。教育的信息化一方面提高了我县各学校的教学质量，另一方面开阔了广大师生的视野与思路，使我县教育观念、教学方式等发生了根本性的转变。这一系列的改革和发展，为我县教育水平的进一步提高奠定了坚实的基础。

我县教育工作取得的进步离不开上级领导及教育主管部门的关怀和支持。今天，××厅长及各位教育专家来我县指导工作，既是对我县教育工作的一次全方位检阅，也是对我县继续狠抓教育工作的督促。我们将严格按照上级要求，狠抓教育工作，坚定不移地走“教育兴县，科技强县”的路子，推动我县教育工作再上一个台阶。

最后，让我们再次以热烈的掌声对尊敬的各位领导和教育专家的到来，表示热烈的欢迎和衷心的感谢！

范例二

【致辞人】×× 区领导

【致辞背景】×× 区迎接人口老龄办检查组欢迎会

尊敬的老龄办的领导、专家们：

首先，我代表区委、区政府向此次亲临我区检查工作的各位领导、专家表示热烈的欢迎！

我们区是……（本区的情况介绍）。

如今的 ×× 区社会和谐，经济发达。×× 年区内实现税收总额过 ×× 亿元，居民收入同比增长 ××%，人民生活富裕，安居乐业。

随着我国逐渐进入老龄化社会，老龄化问题日趋严重，我区将老龄人口工作作为区委、区政府工作的重点来抓。近几年，在上级领导的关怀和重视下，在社会各界的关心和支持下，在我区工作人员的不断努力下，区内老龄化工作体制逐渐成熟，制度逐渐完善，形成了社区服务化、居民互助化的工作体制，实现了老有所养、老有所依。因此我区受到了上级领导和各界群众的肯定，多次被评选为“老龄人口工作先进区”。

此次各位老龄办的领导及专家来我区检查工作，既是对我区老龄工作的大检阅，也是对我们今后工作的督促。希望各位领导及专家在检查我们工作的同时，也要对我们的工作进行批评指正。我们一定严格按照领导的要求，努力提高我们的工作水平，做好人口老龄化工作，建设和谐××区。

最后，我再次向各位领导和专家表示热烈欢迎！

谢谢！

范例评析

“麻雀虽小，五脏俱全。”上面两则范例的篇幅不长，但是内容全面，结构完整。“蜻蜓点水式”的介绍在此类致辞中是不宜使用的，致辞内容应主次分明，有侧重点地对检查工作进行详细介绍，这更有利于上级对本地工作进行具体指导。

第五节 联席会欢迎致辞

联席会是指有工作关系或是同领域的组织、个人由一方或多方牵头而召开的会议。联席会欢迎致辞类似于开幕式致辞：在致辞开头，首先要简要说明联席会的内容，并对到会的领导表示热烈的欢迎；主体部分通常是对联席会的性质、内容、目的、意义等进行详细介绍，可根据需要具体安排致辞内容，还可表达与参会对象合作共赢的意愿等；结尾处通常用“预祝××联席会圆满成功”来结束致辞。

范例一

【致辞人】××市领导

【致辞背景】××工商联联席会

尊敬的各位领导、各位嘉宾、企业家朋友：

上午好！

今天，××工商联联席会第××次会议在我市隆重举行，这是××工商联联席会第××次在我市举行。在此，我代表我市工商联全体会员，向到会的各位领导及来自全国各地工商联的同人、企业家朋友们表示热烈的欢迎！

××工商联联席会以“交流会务、研讨工作、互通信息、联络感情”为宗旨，成立××年来，在各地区经济合作与交流方面做出了较大的贡献。如今，××工商联联席会不断发展壮大，成员单位已发展到××家，成为国内具有巨大影响力的区域性组织。今年的联席会由我市负责筹办，我们感到很荣幸。

今天，我们非常荣幸地邀请到了来自全国××个省、自治区、直辖市的××位工商联的同人，以及近××位民营企业家朋友，让我们再次以热烈的掌声欢迎各位朋友的到来！

近年来，我市借助国家扶持××产业的大好时机，努力发展××产业，获得了良好的经济效益和社会效益。在发展经济的同时，我市也注重其他方面的建设，多次被评为“科教城市”“园林城市”。我们一直努力改善投资环境，不断提高服务质量，争取为广大投资者提供最好的投资环境，实现我市与投资者的共赢。希望通过本次会议，大家在联络感情的同时，能更进一步了解我市、关注我市，共同分享成功的经验。

在此，希望各位民营企业家抓住机遇，艰苦奋斗，将企业做大做强，同时也不忘承担社会责任，以实际行动回报社会！预祝本次会议取得圆满成功！

谢谢大家！

范例二

【致辞人】×× 高校领导

【致辞背景】×× 省高校科研院所联席会

尊敬的各位领导、各位教授、师生朋友们：

上午好！

今天，我省高校科研院所联席会第五次会议在我校隆重举行！首先，请允许我代表全体师生对参加这次会议的各位领导、各位教授及师生朋友们表示热烈的欢迎！

我省高校科研院所联席会始于 ×× 年，至今，已经成功举办了 ×× 次会议。联席会的成功举办离不开省委、省政府的正确领导和大力支持，更离不开各成员单位的辛勤努力。在这里，我要对一直关心和帮助我们的各界人士表示衷心的感谢！

多年来，我省高校科研院所联席会积极参与省内科学研究、技术转移等工作，对我省经济的发展起到了积极的推动作用。通过多年的发展，我们的工作取得了一些成果。这些成果是值得肯定的，但也存在一些问题，而这些问题同样是不能忽略的。我们联席会内部还存在各成员单位日常联系不够紧密、日常工作制度不规范、责任不够明确等问题。

今天，我们在这里举行此次会议的目的有两个：一是把加强联席会成员之间的沟通作为重点工作，建立健全联席会工作制度，避免让联席会成为一个空架子；二是进一步促进我省综合科研能力的提高，促进高校与企业之间的交流合作，开展全面合作，建立资源共享平台，推进我省产学研工作的健康发展。希望大家会后认真总结我们以往的经验，吸取教训，进一步完善我们的工作；加大高校与企业的合作力度，实现我省经济的再一次飞跃。

在此，我希望各高校努力提高师资水平，在提升科研能力的同时将科研与产业相结合，走出一条产学研相结合的新路子！

最后，祝我省高校科研院所联席会第五次会议取得圆满成功！祝各位领导、各位教授和师生朋友们身体健康，工作顺利！

谢谢大家！

范例评析

两则范例都是很标准的范文。致辞开头，致辞人用热情洋溢的语言表达了对联席会全体成员的欢迎；主体部分对联席会的内容、目的、意义一一进行了介绍；最后以“祝 ×× 会议取得圆满成功”结束致辞。整体来看，这两篇范文结构严谨，内容全面，如果在情感的表达方面更灵活一些的话，会更加完美。

第六节　欢送外国友人致辞

外国友人在加深两国间的了解、增进两国间的友谊等方面发挥着重要作用，因此欢送外国友人致辞，要肯定他们所做的贡献。致辞开头要对外国友人表达欢送和不舍之情；致辞主体可对外国友人在华期间的工作进行简述，并肯定这些工作的意义；致辞结尾可发出热情的邀请，邀请外国友人再次来华。

范例一

【致辞人】×× 中学校长

【致辞背景】×× 中学欢送外国支教友人的欢送会

各位老师、各位同学、亲爱的 ×× 朋友：

今天，我们在这里隆重聚会，欢送来我校义务支教的德国朋友 ××。首先，让我们以热烈的掌声对他表示欢送！

×× 于去年 9 月份来我校支教，至今已有一年。一年以来，×× 在我校辛勤工作，以专业的知识、生动的教学方法进行教育工作，切实提高了我校的英语教学水平，其带来的教学新理念，推动了我校英语教学方法的改革。

课上，×× 认真讲好每一节课，平等对待每一位学生；课下，×× 与同学们一起玩耍，受到广大同学的喜爱。我校办学基础比较薄弱，办学条件也比较差，×× 在我校的生活也过得十分艰苦，但是他对此毫不在意，依然任劳任怨，埋头苦干。他的这种奉献精神感染了学校的每一位老师和同学。在他的影响下，我校师生的精神面貌焕然一新，为我校继续发展带来了新的动力。

今天，×× 就要离开中国。全校老师和同学们是如此的不舍，但我相信离别只是暂时的，我们欢迎 ×× 常回来看看，这里永远欢迎你！

最后，让我们再一次祝 ×× 一路顺风！

谢谢大家！

范例二

【致辞人】×× 县委领导

【致辞背景】外国友人欢送会

各位来宾、各位朋友、×× 国科技团团长及成员们：

大家上午好！

风和日丽，鸟语花香。在这美好的时节，我们在这里热烈欢送援助我县的 ×× 国科技团团长及成员回国。在此，我首先代表县委、县政府及全县父老乡亲向 ×× 国科技团的朋友们表示衷心的感谢！

我县近几年经济发展迅速，传统的技术与发展思路已经不能满足新时期的发展要求，因此我县对新技术、新知识的需求极为迫切。而这时，我们幸运地迎来了 ×× 国科技团的各位朋友。

×× 国科技团是 ×× 国的民间组织，自成立以来，本着"为需要之处提供技术"的宗旨，已经为很多像我县一样渴求技术支持的地区提供了帮助。×× 国科技团此次来到我县，为我县带来了最新的发展理念，带来了最先进的技术和设备，极大地促进了我县经济的发展，并为我县下一步的发展奠定了良好的基础。

×× 国科技团的各位专家在我县工作期间，没有提过任何条件，始终任劳任怨，认真负责地对我县进行技术支持。俗话说，授人以鱼不如授人以渔。科技团的各位专家并没有吝惜他们的技术，而是手把手地教授我县技术人员如何安装、使用新设备，为我县的经济持续、快速发展提供了坚实的技术保障。

今天，×× 国科技团的成员就要离开我县了，我们真是很舍不得。在这里，让我们再次以热烈的掌声表达对他们的感谢！祝 ×× 国科技团团长及成员，一路平安！

范例评析

欢送外国友人的目的是为了进一步增进彼此的友谊，给对方留下良好的印象。因此这类致辞的态度要真诚、感情要饱满，两篇范例在这方面做得都很到位。另外，两篇致辞都对外国友人在华期间所做的贡献给予了表扬和感谢，如此有利于增进双方感情。两篇范例在语言风格方面，严谨中带着轻松，值得我们借鉴。

第七节　欢送访华人士致辞

欢送访华人士致辞一般在较为重大的场合使用，因此要严格按照写作规范写作。致辞开始，要对欢送对象进行问候和感谢；紧接着要对访华人士进行简要介绍；随后要强调他们此次访问的重大意义和作用，并希望通过他们表达对对方相关人员的问候；在结尾处，再次表达欢送之情及美好的祝愿。

范例一

【致辞人】×× 省领导

【致辞背景】欢送国外访问团

尊敬的 ×× 国访问团团长、各位代表及访问团全体成员：

经过 ×× 天的访问参观，×× 国访问团就要回国了。今天，我们召开隆重的欢送会，欢送此次来我省访问的朋友们。

我谨代表省委、省政府及全省各界人士，向以 ×× 团长为首的 ×× 国访问团全体成员表示热烈的欢送，并通过你们向贵国人民表示亲切的问候！

×× 国访问团在访问期间为我省人民带来了精彩的文艺表演，不仅使我省人民受到了良好的艺术熏陶，而且让我省人民了解了 ×× 国的风土人情，从而加强了我省与 ×× 国的相互交流，对巩固两国关系也起到了积极的作用。在此，我谨代表全省人民向 ×× 国访问团的全体成员表示衷心的感谢！

我们也衷心地希望，×× 团长和访问团全体成员能够感受到我们的热情，并把我们对贵国人民的问候及与贵国合作的愿望转达给贵国人民。此次访问加强了两国人民的相互了解，增进了两国人民的友谊，为我们将来的合作打下了良好的基础。

最后，让我们祝愿两国友谊之树常青！祝 ×× 国访问团一路顺风！

谢谢大家！

范例二

【致辞人】×× 市青年宫主任

【致辞背景】欢送 ×× 国 ×× 中学访问团晚宴

亲爱的 ×× 国 ×× 中学访问团的老师和同学们：

大家晚上好！

今晚是一个值得我们 ×× 青年宫和 ×× 国 ×× 中学访问团铭记的夜晚，是一个见证我们两国深厚友谊的夜晚，是一个充满感动和希望的夜晚。因为今晚是 ×× 国 ×× 中学访问团在我市度过的最后一个夜晚，明天上午他们将坐上归国的飞机，与我们分别了。在此，请允许我代表我市所有青年对你们表示热烈的欢送，并希望你们以后有机会再来我市访问、游玩。

××中学访问团的成员在我市访问期间，与我市青年共同参与了多项友谊竞赛活动，游览了本市的多处景点，出席了多次讨论会，这些活动促进了两国青年的相互了解，加深了两国青年之间的友谊，同时也有利于两国青年更好地了解两国不同的价值观和文化传统，有利于巩固两国人民的友谊。

××中学访问团成员的一举一动，都给我市青年留下了深刻的印象，改变了我市青年对××国青年的固有印象。在这里，请允许我对组织这次访问的××中学表示最诚挚的谢意，谢谢你们把××国最好的学生送到我市访问，极大地开阔了我市青年的视野！

最后，让我们共同举杯，祝愿两国人民的友谊长存，祝愿××国××中学访问团一路顺风！

谢谢大家！

范例评析

访华人士作为他国代表，一般由政府官员接待。致辞过程中，致辞人要始终保持对访华人士的尊重，以加强访华人士对我国人民的好印象。范例一可谓面面俱到，不仅对访问团为该省做出的贡献表示衷心的感谢，还将希望和祝愿传递给了异国人民，态度诚恳，饱含深情，值得借鉴。范例二语言真挚，也是一篇不错的范文。

第八节　欢送退休干部职工致辞

欢送退休干部职工的致辞最重要的是表达对他们的留恋之情。开篇是对退休干部职工的问候。主体部分可以用较多笔墨介绍退休干部职工之前的工作表现，以及所做的贡献，赞扬他们的高尚品质，并号召人们向他们学习；接着，表达对退休干部职工的期望和祝愿，希望他们能继续关注和支持原单位的发展，祝愿他们退休后的生活更美好。结尾处是对退休干部职工的美好祝福。

范例一

【致辞人】×× 矿山企业领导

【致辞背景】欢送退休干部职工活动

同志们：

今天，我们欢聚在这里，隆重举行退休干部职工欢送会。首先，我代表矿山领导班子向此次光荣退休的干部职工表示热烈的祝贺！对你们为矿山所做的贡献表示衷心的感谢！

几十年来，你们辛勤工作在各自的岗位上，勤勤恳恳，任劳任怨。你们把自己的青春和力量，奉献给了矿山；你们无怨无悔，始终与矿山风雨同舟，共渡难关；你们心系矿山发展，为企业发展建言献策，贡献自己的智慧；你们立足本职工作，踏实肯干，不怕苦、不怕累，积极投入急难险重的工作中去。你们是矿山的英雄！矿党委、矿领导不会忘记你们，全矿干部职工不会忘记你们。现在让我们用热烈的掌声向本次退休干部职工表示崇高的敬意和衷心的感谢！

近几年来，我矿取得了不小的成绩，年产值达到了 ×× 万元。这些成绩的取得，与全矿广大职工的辛勤努力分不开，更与今天即将退休的干部职工的无私奉献分不开！

今天，虽然你们要离开自己工作了几十年的岗位，但是矿山永远是你们的家，你们始终是这个家庭中的一员。希望你们能一如既往地关心矿山。退休后，你们可能会有一段时间不适应，要积极调整心态，加强锻炼，多参加社会公益活动，使退休后的生活更加精彩！

最后，我衷心地祝愿各位退休干部职工老有所乐，老有所为，身体健康，阖家欢乐！

谢谢大家！

范例二

【致辞人】×× 学校领导

【致辞背景】欢送退休教师活动

各位老师、各位同学：

今天我们全校师生聚集在这里，为上半年光荣退休的 ×× 位老教师举行欢送仪式。首先请允许我代表学校党支部、校行政处向这些光荣退休的老教师表示热烈的祝贺！

“春蚕到死丝方尽，蜡炬成灰泪始干。”你们数十年的辛勤工作，为我校的蓬勃发展奠定了坚实的基础；你们兢兢业业，终获桃李满天下；你们爱岗敬业，为我们树立了好的榜样。你们的经验值得我们学习，你们的精神激励着我们不断进取。你们是伟大的，你们的伟大就体现在这几十年如一日的辛勤工作中！

每一位教师都有离开三尺讲台的那一天，你们的离开是每位教师必经的阶段，所以无须悲伤。这次的离开标志着你们在学校这个小世界中的奉献告一段落，也意味着你们即将开始另一段人生，以后的生活会更加精彩。

借这 ×× 位老教师光荣退休之际，我们每一位教师都要思考以下两个问题：如何才能成为一位合格的人民教师？如何才能成为一位忠于教育事业、恪守职业操守的人民教师？在此，

我号召大家向这 ×× 位退休老教师学习，他们是我们学校的典范，是我们的榜样，是我们的骄傲！

在这里，我衷心地希望各位退休老教师能够过上幸福、和谐、快乐的晚年生活。

最后，让我们一起祝愿 ×× 位老同志福寿安康！欢迎你们常回学校看看！

谢谢大家！

范例评析

欢送退休干部职工致辞要态度诚恳、充满不舍之情，两篇范例都很好地体现了这一点。此外，两则范例对致辞对象都表示了感谢：范例一对退休干部职工为矿山所做的贡献表示了感谢，范例二对教师几十年如一日的辛勤工作也表示了感谢。

两则范例中尝试使用了排比句，达到了很好的效果；但是要注意，这类句子的使用要有铺垫，切不可一上来就用，不然会给人做作之感。

第九节　欢送外出务工人员致辞

外出务工人员的主体为农村劳动力，他们的文化程度不高。因此此类致辞的语言要通俗易懂。其主体部分的内容包括以下几点：外出务工的相关内容，可以从其必要性、政府对其重视性等方面进行阐述；本次外出务工的意义；对外出务工人员的希望及要求等。结尾处可表达对外出务工人员的祝福。

范例一

【致辞人】×× 县领导

【致辞背景】×× 县欢送青年务工人员的活动

可爱的青年朋友们：

沐浴着早春的阳光，你们将告别父母，远离家乡，奔赴经济发达的东部沿海各省市开始你们的新生活。在此，我代表县委、县政府衷心地祝愿你们工作顺利，事业有成！

我省是劳动力资源大省，近几年，为解决农村富余劳动力的就业问题，我省出台了一系列促进劳务输出的措施。这些措施不仅解决了富余劳动力的就业问题，而且使青年人开阔了视野、更新了观念、增长了技能。很多青年人掌握了某项技能后，又回到家乡创业，带动父老乡亲们一起致富，最终实现了共同富裕。

我县劳务输出工作已经开展了 ×× 年，今天，又有一批青年人将要沿着哥哥、姐姐的路走出村镇，走向更广阔的舞台。各位青年朋友，你们是父母的希望、家庭的希望，更是全县人民的希望。在这里，我代表县委、县政府及对你们寄予厚望的父老乡亲，向你们提出希望和要求：首先，你们还很年轻，没有经历过社会中的尔虞我诈，今后，在远离家乡的地方，你们要学会保护自己，学会辨别美和丑、善和恶，不被外面世界的各种欲望所诱惑；其次，你们在异乡一定要把老乡当作自己的亲人，团结一致，互相帮助，共同成长；最后，希望你们能够踏实苦干，扎实工作，认真学好本领，以后可以为家乡的发展贡献自己的力量。

青年朋友们，家乡人民在这里期盼你们学有所成！盼望你们有朝一日衣锦还乡，为家乡的经济发展、社会建设做贡献。

最后，再次预祝青年朋友们在新的环境里生活愉快，工作顺心，事业有成！

谢谢大家！

范例二

【致辞人】××镇领导

【致辞背景】欢送家乡务工人员的活动

各位外出务工的朋友：

春回大地，万物复苏。当很多人还沉浸在春节的欢乐气氛中时，你们将背起行囊远赴他乡工作。在此，我代表镇党委、镇政府向你们致以亲切的问候和美好的祝愿！

劳务输出是新的历史条件下，欠发达地区转移农村富余劳动力、提高农民收入、加快经济发展的一项重大举措，对欠发达地区具有十分重要的意义。劳务输出不仅能让你们在发达地区学习到先进的技术，更能让你们开阔眼界，更好地了解外面的世界。劳务输出是一条带动我们发家致富的光明之路。因此希望大家要珍惜在外务工的机会，虚心学习，踏实苦干，争取早日掌握新技术，为家乡贡献自己的力量。

前方的道路是光明的，也是坎坷的。在今后的生活、工作中，你们可能会遭遇挫折，但是，请你们一定要相信，未来就掌握在自己的手中。在你们踏上征途前，我代表全镇父老乡亲向你们提几点要求：

第一，要树立远大的理想。外出务工是一个难得的学习机会，你们不要把眼光仅仅局限在怎样赚钱上，而是要把此次机会当作发展事业的开始，在外要多学习专业技能，多掌握本领。

第二，要踏实工作，把你们的勤劳、朴实带到新的工作环境中去，感染更多的人。你们在外面代表的不仅仅是你们自己，还代表了我镇的全体人民。因此，希望你们继续发扬诚实守信、乐于助人的优良传统，用你们的实际行动为家乡增光添彩。

第三，要情系故土，不忘家乡的养育之恩。这片土地上有你们的父母，有你们的妻儿，更有牵挂着你们的父老乡亲。今天你们虽然将要奔赴他乡，但是，希望你们永远不要忘记家乡的每一寸土，每一个人。当你们事业有成的那一天，希望你们能够回到家乡，为家乡建设奉献力量。

朋友们，请你们放心地奔赴远方，家乡永远是你们坚强的后盾，我们会照顾好你们的亲人。

起航的号角已经吹响，请你们昂首阔步地踏上新的征途！

最后，祝你们一路顺风、身体健康、前程似锦！

范例评析

两篇范文都严格按照此类致辞的写作要求进行写作，内容和结构都很规矩：首先对外出务工的意义进行了介绍，接着对外出务工人员提出了要求，最后给他们送上了美好的祝福。致辞考虑到了外出务工人员的知识层次，在措辞上简单明了、通俗易懂。

第十节 欢送新兵入伍致辞

由于致辞对象的特殊性，此类致辞要注意以下几点：第一，语言要有感染力和号召力，鼓舞性要强；第二，军人是一个特殊的群体，致辞时要肯定军人及新兵的重要性及入伍的光荣性；第三，要向入伍新兵发出号召，号召他们积极进取，勇往直前，不辜负祖国和人民对他们的期望等。

范例一

【致辞人】×× 市领导

【致辞背景】×× 市欢送新兵入伍大会

战士们：

今天是一个激动人心的日子，我市党政军领导和热心的群众在这里欢送我市第八批入伍新兵，请允许我代表市委、市政府对你们表示热烈的欢送！

我军正向着现代化、专业化的目标前进，而现代化军队的建设需要很多高素质的青年人，你们正是这样的人才，你们将给部队带来新鲜的血液，将成为部队发展建设的主力。

你们用实际行动践行着“报效祖国是每一个公民应尽的义务”的理念，当你们穿上这一身橄榄绿，当你们手握钢枪，当你们身姿挺拔地站在保卫祖国的第一道防线上的时候，你们是光荣而神圣的；当你们为了祖国和人民的安危舍弃小家、献身国防的时候，你们是无私和高尚的。你们是父母的骄傲，是家庭的骄傲，是全市人民的骄傲，更是中华人民共和国的骄傲。从今天起，你们将进入一个更大的家庭，将在军营中锻炼你们的体魄、磨炼你们的意志。在这里，我代表全市人民向你们提出要求：希望你们从现在开始，就以一名军人的标准来要求自己，认真学习理论知识，刻苦钻研军事技术，争做一个有理想、有道德、有文化、有纪律的新时代合格军人，为祖国的国防现代化建设，发挥出你们的聪明才智！

亲爱的战士们，你们要牢记时代赋予你们的使命，肩负起保家卫国的责任，不要辜负党和人民对你们的期望。请你们放心，我们会照顾好你们的家人，让你们没有后顾之忧地投入军事国防建设中去。我们会时刻关注着你们的成长和进步，等待和你们一同分享成功的喜悦。

最后，预祝你们的军旅生活一切顺利，祝你们身体健康，万事如意！

范例二

【致辞人】××县县长

【致辞背景】××县欢送新兵入伍仪式

同志们：

今天是一个值得高兴的日子，我们在这里为我县今年入伍的新战士举行隆重的欢送仪式。首先，我代表县领导和全县人民，向即将踏上保卫祖国征程的战士们表示热烈的祝贺！向全县的各位父老乡亲表示衷心的感谢，是你们为祖国培养出了这样优秀的接班人和保卫者！

适龄青年参军入伍、投身于保家卫国的事业是青年一代义不容辞的责任，也是国家法律赋予青年的神圣义务。参军的青年通过保卫祖国的神圣事业，能够实现自己最大的人生价值。家乡人民为你们的光荣选择感到无比的自豪。

战士们，今天你们就要离开养育你们的这片土地了，但是，请不要难过、悲伤，因为等待你们的是更加广阔的天地，是更加和睦的人民军队的大家庭。在你们临走之前，我代表全县人民对你们提出要求：中国人民解放军是一支纪律严明的军队，今天，你们成为人民解放军的一员，就要以军人的标准严格要求自己，努力提高自己的文化水平，不断学习军事方面的技能，努力让自己成为一名军事技术过硬、纪律严明、作风优良的新一代军人，圆满完成党和人民交给你们的任务，不辜负党和人民对你们的期望。

在这里，我代表县政府向每一位入伍新兵保证，我们将尽全力照顾好你们的亲人，你们就放心地投入国防建设中去吧，你们在部队取得的成绩，就是对家人最大的安慰。我们全县人民将在后方努力发展经济，把家乡建设得更加富裕、繁荣，不辜负你们用血和汗为人民换来的安定和团结。

今天让我们为祖国的未来而努力，明天让我们一起为祖国的强大而欢呼！

最后，祝新战士们一帆风顺！我和家乡的父老们等着你们的好消息！

范例评析

欢送新兵入伍致辞要求有号召力，能够振奋人心。两篇范例在这方面做得十分到位：范例一铿锵有力、掷地有声，具有极强的感染力；范例二情真意切，能够引起新战士的共鸣。这类致辞要肯定新兵对军队的重要作用，增加他们的使命感，可以使用“你们是……的力量”之类的语句。

第十一节　欢送退伍军人致辞

退伍几乎是大多数军人不愿面对而又必须面对的事情。这类致辞一般要包含以下内容：第一，要肯定退伍军人在军营中得到的锻炼、获得的成长以及所做的贡献；第二，要表达军营这个大家庭对退伍军人的留恋及祝福，祝愿他们在新的人生旅途中一切顺利，努力去实现自己的理想。

范例一

【致辞人】×× 军队领导

【致辞背景】×× 年老兵退伍仪式

亲爱的战友们：

今天，全连的弟兄们相聚在一起，怀着依依不舍的心情，为又一批退伍的老战友送行。我代表 ×× 党支部和全连的弟兄们祝你们一路平安，前程似锦！

今天，你们就要离开生活了多年的连队了，往事一幕幕涌上了我的心头。我清楚地记得你们刚来部队的样子，那时的你们青涩、害羞，又对部队充满了好奇。你们通过新兵训练，不仅对部队有了深刻的认识，还明确了自己身上的重任。从此，你们的眼神中多了一份坚定，你们毅然决然地用稚嫩的双肩担负起保家卫国的重任。

部队的生活是艰苦的，更是枯燥的。你们为了锻炼体魄和意志，为了更好地履行保家卫国的责任，日复一日、年复一年地进行着艰苦的训练，从没叫过一声苦，喊过一声累。就这样，你们把最美好的青春献给了训练场、靶场，献给了一声声的喊杀，献给了嘹亮的“一，二，三，四”。

铁打的营盘流水的兵，今天，你们就要离开了，我们虽然不舍，但军人以服从命令为天职。今天，你们就要脱下这穿了多年的军装，但是这绿色早已成为你们皮肤的颜色，你们将永远穿着这片绿，为祖国的建设奉献自己的力量。我相信，不论你们走到哪里，不论你们在什么岗位上，你们一定会创造新的辉煌！

每一位即将离开部队的战友，希望你们在以后的生活中继续发扬我们军人的优良作风，用已经融入你们骨髓的军人特有的刚毅质朴、坚韧忠诚去开始新的征程吧！今天的退伍是你们明天成就新事业的开始，我们这些依然在绿色军营里坚守的人会默默地为你们祝福！祝你们一路顺风，事业有成！

范例二

【致辞人】××军队领导

【致辞背景】老兵退伍仪式

亲爱的退伍老战士、同志们、战友们：

今天是你们最后一次穿上军装，端起钢枪。明天，你们就要光荣退伍了！你们就要离开这个挥洒过汗水和泪水的军营，我看到很多老兵已经流下了伤心的眼泪。我要对你们说，好男儿流血流汗不流泪，擦干你们的眼泪，踏上你们新的征程，创造属于你们的辉煌吧！

在这里，我首先要代表所有仍在军队服役的战士向你们致以崇高的敬意！向你们敬礼！

我现在还能想起你们初入部队时的情景：那时候的你们对军营是那么的好奇，每天斗志昂扬地投入锻炼活动中去；那时候的你们怀揣着报效祖国的崇高理想，满怀着献身国防事业的热情；那时候的你们互相帮助、互相鼓励，结下了深厚的战友情。今天，已然习惯部队生活的你们就要离开了，但是，部队不会忘记你们，祖国不会忘记你们，人民不会忘记你们，你们的付出是为了祖国更加安定、强大，是为了人民更加幸福、安康。虽然你们的名字不为人们所知，但是你们有一个共同的、响亮的名字——中国人民解放军。不论你们走到哪里，都不要忘记，自己曾经是一个兵，要时刻用军人的标准要求自己，始终保持革命军人的本色，继续发扬在部队的光荣传统和优良作风。

我的老战友们，你们的军旅生活就要画上圆满的句号。但你们的名字将永远留在我们这个英雄连队里。如果你们在今后的工作、生活中遇到挫折，一定要记得在遥远的地方还有一群人在关注着你们，一定要努力克服困难，创造更美好的未来。

最后，祝你们一帆风顺，万事如意！

范例评析

“相见时难别亦难”可以形容欢送时的复杂心情，两篇致辞将这一感情表达得十分到位。致辞通过回忆以前的军旅生活，流露出战友之间的深情厚谊及不舍之情，回忆式的表述可以说是这两篇致辞的一大亮点。结尾部分也都是将感情进一步升华，使整篇致辞显得情深意切。

第十二节　下乡工作组临别致辞

下乡工作组临别致辞，要根据致辞人的身份来确定具体内容。如果是欢送一方进行致辞，那么开头要表达对工作组的感谢；主体部分要对该工作组取得的成绩给予肯定，赞扬他们高尚的品质；结尾部分则要表达对工作组的祝福。如果是工作组一方进行致辞，那么开头则要表达对欢送方的感谢；主体部分要谈谈工作期间的感受及以后努力的方向，其中对欢送方热情的赞扬也是必不可少的；结尾部分要表达对欢送方的美好祝愿。

范例一

【致辞人】××镇领导

【致辞背景】下乡工作组告别仪式

各位同志：

阳光明媚，春暖花开。建设社会主义新农村工作组已在我镇进行了为期××个月的调查和指导工作，今天就要离开了，我们在这里举行隆重的欢送仪式。首先，我代表全镇人民向工作组致以诚挚的感谢和崇高的敬意！

回想起过去的××个月，你们为我们做了很多事情：你们深入群众家中，了解民情，帮助群众解决困难，树立了机关干部关心群众、为群众办实事的良好形象；你们在工作中以科学的态度和实事求是的精神为准则，研究出一条适合我镇新农村建设发展的路子，推进了我镇社会主义新农村的建设。你们在我镇的工作取得了骄人的成绩，得到了我镇全体人民的高度赞扬。你们没有辜负市政府领导对你们的重托，没有辜负党和人民对你们的厚爱。在这里，我代表全镇人民对你们表示衷心的感谢！

建设社会主义新农村任重而道远，我们还有很长的路要走，我们一定会以你们为榜样，以社会主义核心价值观为指导，深入学习科学发展观，继续加强我镇社会主义新农村的建设工作，全心全意地为人民服务。

今天，你们就要离开了，我们是如此的不舍。在这里，让我们再次以热烈的掌声向你们表示感谢！最后，祝你们身体健康，一路顺风！

范例二

【致辞人】×× 工作组代表

【致辞背景】下乡工作组欢送仪式

各位领导、各位朋友：

欢乐的锣鼓已经敲响，热烈的掌声不断响起，我很荣幸代表全体工作组成员在这个热烈而隆重的欢送仪式上发言。首先我代表全体工作组成员向热情好客的乡亲们表示由衷的感谢！

今天，我们就要离开了，非常舍不得。这里给我们留下了太多美好的回忆。这里的青山绿水，这里的白云蓝天，这里热情好客、淳朴真挚的乡亲们和关心我们的乡领导们，都让我们留恋，这里俨然已经成为我们的第二故乡。在这离别之际，我们祝愿 ×× 乡在发展经济和社会建设的道路上，越走越顺、越走越远；祝愿 ×× 乡的乡亲们生活越来越富裕；祝愿我们共同的家园 ×× 乡的未来更加灿烂、美好。我们将秉承全心全意为人民服务的宗旨，不辜负党和人民对我们的期望，继续深入基层，为群众办实事、办好事，以我们的智慧和才干去谱写建设社会主义新农村的新篇章。

最后，祝愿 ×× 乡再创辉煌，×× 乡人民生活美满！

范例评析

两篇范例的致辞对象不同：第一篇是欢送一方的代表，第二篇是工作组一方的代表。因此内容上侧重点有所不同，一个强调工作组做出的贡献，一个强调对欢送方的祝福。在实际致辞中，致辞人要摆清自己的位置，安排好致辞内容。通过比较两篇范例，我们可以发现第一篇范例的内容较为充实，感情表达上也很到位；而第二篇范例的内容过于单薄，没有对欢送方做出的工作予以详细的介绍，详略安排不够得当。

第五章
答谢辞

答谢辞通常在以下两种场合下使用：一种是在某些特定的公共场合中，主人致欢迎辞或欢送辞后，客人为感谢主人的热情接待而作；另一种是客人在答谢活动中对主人的盛情款待表示感谢所作。答谢辞一般包括标题、称谓、正文和结语四部分，也可将标题和称谓归为致辞的开头，剩下的部分依次为致辞的主体和结尾。

一、篇幅

致答谢辞的目的只有一个，就是表达客人对主人的感谢。此类致辞要表达的内容较为单一，篇幅适宜短小。当然，根据致辞的具体情况，篇幅可以适当加长；但是仍须保持文字紧凑、内容精练的风格，尽量缩短篇幅。

二、开头

在写作规范上，答谢辞的开头包括标题、称呼及对致辞原因和目的等几项内容的简单介绍。

1．标题

答谢辞的标题比较简单，通常只在第一行居中的位置写明“答谢辞”，也可详细标为“致××的答谢辞”“答谢××致辞”等，其中“××”可代表致辞对象、致辞原因或二者兼有，根据具体情况而定。

2．称呼

标题下方另起一行是称呼，顶格书写。称呼要包括致辞对象的姓名、头衔等内容。称呼对象既可广泛，也可具体，例如，“尊敬的 ×× 先生”“×× 的全体成员”等。

3. 其他内容

称呼后是对致辞原因和目的的简单说明，这一部分一般自成一段，与主体内容分开。在内容上一般是对致辞对象热情接待的答谢。例如，“……受到了你们的热情接待，对此表示衷心的感谢”“多年来受到你们的关心和支持，对此我代表 ×× 向你们表示诚挚的谢意”等。

三、主体

主体主要包括以下两方面内容：

第一，对主人的情况做较为详细的介绍，以示对对方的尊重；同时也要注意评价要客观，肯定要适度，不要夸大其词。

具体说来，“谢遇型”答谢辞不要对对方的行动妄加评论；而“谢恩型”答谢辞在对对方优秀的品质做出评价时，要掌握尺度，不可故意抬高，不然会让对方感到你虚情假意。

第二，要对对方给予充分肯定，然后表达进一步合作的意愿。

四、结尾

在答谢辞的结尾部分，致辞人要再次用热情的语言、饱满的情感表达对主人的感谢之情，并送出自己的祝愿，之后即可结束致辞。比如，“再次感谢东道主的热情接待，祝各位……”

第一节　出国访问答谢辞

出国访问一般有两种情况：一是政府首脑或者政府授权某

些人员进行的出国访问；二是民间团体或者学者自行组织的，或者受外国特定机构邀请的出国访问。在欢迎活动结束时，为了对接待方表示感谢，访问者要进行答谢致辞。第一种情况下的致辞，语言上要突出政治性和庄重性，第二种情况下的致辞，语言要通俗易懂。答谢致辞既要表达出感谢之情，也要表达出友好之意。

范例一

【致辞人】×× 省省长

【致辞背景】×× 国 ×× 州欢迎会

尊敬的 ×× 州长，女士们、先生们，朋友们：

大家好！

很高兴能够和大家在这里见面。首先，我代表此次访问团的全体成员，以及远在中国 ×× 省的人民向 ×× 州州长及各位朋友问好，并对你们的盛情接待表示衷心的感谢！

×× 年前，我们出访过贵国，×× 年后的今天，我们又一次来到这个地方。时隔 ×× 年，我们发现 ×× 州发生了巨大的变化，城区扩大了近两倍，城市面貌也焕然一新；×× 年前，×× 州以制造业为支柱行业，如今，已经走上了以高新技术研发为主的发展道路。我们一路看到了很多耳熟能详的高新技术公司，比如，×× 软件制造公司、×× 互联网技术公司。我代表 ×× 省人民对你们取得的骄人成绩表示祝贺。

这次来访，我们本着学习的态度，向 ×× 州学习经验。你们能用这么短的时间，让城市发生这么大的变化，真是让我们感到惊讶与佩服！我们希望本次访问能够更多地和 ×× 州的人民接触，多和 ×× 州政府规划人员交流、探讨，学到 ×× 州经济发展和城市建设的宝贵经验，促进我们两地区之间的经贸交流与合作。

在这里，我再次感谢××州人民的热情招待，希望我们这次访问能够获得圆满成功，能够给两国的经济发展带来新的机遇，同时增进两国人民的友谊。

谢谢大家！

范例二

【致辞人】××专家代表团团长

【致辞背景】××国举办的学术研讨会

女士们、先生们：

大家好！

我很荣幸能参加本次会议，首先对贵国为我提供的这次机会表示感谢，对贵国盛情的招待表示感谢！

这是我国科学家第一次参加“××”课题的学术交流与讨论会议，我感到十分荣幸！这说明我们在××领域取得了重大突破，也说明全世界××领域的科学家对我们的研究成果表示肯定，这是对我们这些年来的辛勤付出的最好的褒奖。通过这次盛会，我们和来自不同国家的同人就“××”课题进行了广泛的交流，在讨论过程中，我们不断迸发出思想的火花，不断产生新的观点和看法，可以说在一定程度上推动了××领域的研究进程。我们在这次盛会上结识了许多朋友，并结下了深厚的友谊。我们非常欢迎各位同人在这次盛会结束后，有机会到我国的科研院所进行进一步的交流和探讨，使我们双方都能在科研道路上走得更远、更稳。

最后，我再一次对贵国的热情邀请与盛情款待表示感谢！

谢谢大家!

范例评析

上面两篇范例都很好地表达了感谢之情，以及与对方友好来往的意愿。在结构上，第一篇范例先是叙述了致辞人在××州见到的变化，然后自然地引出希望交流合作的愿望；第二篇范例则是首尾呼应，表达了对邀请方的感谢和希望进一步交流的意愿。两篇文章的结构安排值得我们在写作中借鉴。

第二节　参观、访问企业答谢辞

参观、访问企业答谢辞可分为访问前答谢辞和访问后答谢辞。

访问前答谢辞，首先要对主人的热情接待表示感谢，并介绍此行参观、访问的目的；其次，要对被访问企业取得的成绩表示肯定；最后可表达对此次访问寄予的希望等，例如“相信此次访问定会……”，并再次表达感谢之情。

访问后答谢辞，首先要对主人热情的接待和盛情的款待表示真挚的感谢；其次，要对此次访问的收获、体会做详细介绍；再次，可表达某些意愿，例如加强双方的交流和合作；最后，要再次表达对主人盛情款待的感谢。

范例一

【致辞人】×× 参观团团长

【致辞背景】访问 ×× 食品公司答谢会

×× 食品公司 ×× 经理，全体员工：

你们好！

首先，请允许我代表 ×× 参观团的所有成员向贵经理及贵公司的全体员工表示亲切的问候！今天，我们本着交流学习的目的来到贵公司参观，受到了贵公司热烈的欢迎和热情的接待，在此，我们表示衷心的感谢！

刚才 ×× 经理带我们参观了贵公司，在参观过程中，他还为我们详细介绍了贵公司从起步、发展到如今实现产业化经营的整个过程。从 ×× 经理的介绍中，我们了解到，贵公司能有今天的发展，靠的是公司员工的共同努力。贵公司通过不断地摸索，研发出一系列符合市场需求的新产品，受到了广大消费者的好评。贵公司如今已经成为全国食品行业的龙头企业，但并没有忘记回报社会，近几年，贵公司慷慨解囊，在救助失学儿童、帮助贫困家庭等方面贡献了很大的力量，社会各界对此给予了极高的评价。

今天，我们一行人来到贵公司参观学习，不仅要学习贵公司先进的管理体制、一流的生产技术和宝贵的市场经验，更要学习贵公司全体员工顽强拼搏、开拓进取的精神和强烈的社会责任感。希望我们通过此次的参观学习，能够将在贵公司学到的经验运用到本公司的发展建设中去，不辜负贵公司领导和全体员工对我们的无私帮助。也希望贵公司能够始终关注我们这样的中小企业的发展，多为我们提出宝贵的意见和建议。

最后，让我们再次感谢你们的盛情款待！

【致辞人】×× 访问团代表

【致辞背景】参观访问 ×× 集团答谢晚宴

尊敬的 ×× 先生，尊敬的 ×× 集团的朋友们：

首先，请允许我代表访问团全体成员对 ×× 先生及 ×× 集团对我们的盛情款待表示衷心的感谢！

此次访问，我公司一共派出 ×× 名代表对贵集团进行了为期 ×× 天的访问。虽然此次访问天数较短，但贵集团为我们安排得特别周到。我们参观了贵集团的各个厂区、各个部门，收获颇丰：首先，我们对贵集团的人员管理模式有了深入的了解，这为完善我公司的人员管理制度提供了可借鉴的经验；其次，我们了解了贵集团的产品发展方向，这将有利于推进我方与贵集团在技术方面的合作；最后，我公司与贵集团之间已经初步达成了在技术人员培训方面的合作意向，有利于两家公司在 ×× 行业携手并进，共创佳绩。这些收获对我们来说，甚是宝贵。对此，我代表所有访问人员再次向贵集团表示最诚挚的感谢！

×× 行业是新兴产业，发展势头强劲、前景广阔。在此行业，贵集团拥有高素质人才组成的技术团队，拥有其他集团无法比拟的雄厚技术力量，是国内此行业的领军企业。与贵集团建立良好的合作关系，是我公司一直以来努力的目标。相信通过此次访问，我公司与贵集团必能尽快建立合作关系，共同开拓 ×× 行业的美好明天。

最后，我代表我公司全体访问人员再次对贵集团的热情招待表示衷心的感谢，并祝贵公司业绩节节高升！

最后，我提议，为我们之间的友好合作，为我们的辉煌未来，干杯！

范例评析

两篇范例都是最常用的访问企业答谢辞。范例一比较注意细节，对企业的接待情况和企业的产品都做了较高的评价。范例二结构比较合理，开头表达了对主人的感谢，接着对访问的具体事宜及访问的结果进行了详细说明，最后表达了与对方进行合作的意愿；而且作为一篇宴会致辞，篇幅应长短适宜，如此则既不会显得没有诚意，也不会因为致辞冗长，引起人们的反感。

第三节　答谢客户致辞

答谢客户致辞主要有三大内容：一是对客户的感谢，感谢他们的关心与支持，并说明双方合作的成效；二是表达与客户继续合作的愿望；三是表达对客户的美好祝福。此类致辞要注意感情的饱满和语言的热情。

客户答谢会一般在年底举办，也就是春节前，因此在致辞时还要表达对客户美好的新年祝福，也可对过去一年的工作或合作成果进行回顾，并对新一年的工作进行展望。

范例一

【致辞人】××省交通勘察设计院领导

【致辞背景】迎新春答谢客户酒会

尊敬的各位来宾、各位同人：

“天地风霜尽，乾坤气象和。”在这辞旧迎新的时刻，我们怀着激动的心情在这里隆重举行“迎新春答谢客户酒会”，与各位来宾、客户朋友共聚一堂，叙友谊，话发展。在此，请允许我代表××省交通勘察设计院的全体员工，对各位的到来表示热烈的欢迎和衷心的感谢！

近年来，在上级交通部门的正确领导下，在设计院领导班子及全体员工的共同努力下，在各位客户朋友的大力支持下，我交通勘察设计院的管理水平不断提高，产品质量稳步提升。去年一年就中标××个大项目，为我院树立了良好的形象，并扩大了影响力。我要再一次向你们表示衷心的感谢！没有你们，就没有设计院的今天。

设计院如今已经拓宽了业务范围，不仅在公路的设计、勘察、测量等方面保持着传统的优势，更将业务拓展至交通工程、水土保持等领域，并取得了不错的成绩。我设计院一直秉持着“质量第一，服务客户”的原则，与客户建立了稳固的、长久的合作，加强了彼此在技术、信息等方面的交流合作，在提高我院综合实力的同时，也为客户带来了巨大的经济利益，真正实现了共赢。

展望即将到来的××年，我院将遵循“××”的战略指导，开拓创新，继续为客户提供更为优质的服务，我坚信我们必将在今后的合作中取得更加辉煌的成绩！

值此新春佳节即将到来之际，我谨代表设计院的全体员工给在座的各位拜个早年，祝大家身体健康，工作顺利！

最后，我提议让我们共同举杯，为我们的合作，为我们的友谊，为我们的美好未来，干杯！

范例二

【致辞人】×× 科技大厦负责人

【致辞背景】迎新春答谢客户酒会

尊敬的各位来宾，女士们、先生们：

在喜迎新年之际，我们在这里隆重举办 ×× 科技大厦“迎新春答谢客户酒会”。首先，请允许我代表 ×× 科技大厦向一直以来给予我们支持和帮助的新老客户表示衷心的感谢，并祝你们在新的一年里身体健康，万事如意！

在过去的一年里，×× 科技大厦在市委、市政府的关怀和帮助下，在公司领导的正确带领下，在全体员工的共同努力下，在各位客户的大力支持下，取得了突飞猛进的发展。在过去的一年里，我们启动了 ISO 9001 质量管理体系，基础管理工作得到全面强化，各项服务水平大大提高，获得了“×× 奖”这一物业管理的最高奖项，并荣获了“市物业管理十佳单位”“服务先进单位”等荣誉称号。在过去的一年里，我们每个季度都做一次客户满意度调查，我们很欣慰地看到，大厦各项服务的满意度一直呈现上升趋势，这是对我们工作的肯定和激励！

回首过去，我们满怀收获的喜悦；展望未来，我们充满进取的雄心。

在新的一年里，我们将更加努力，以优质的产品和服务来回报广大客户对我们的厚爱。我相信通过我们的共同努力，一定会拥有更加美好的未来！

最后，再次祝客户朋友们新年快乐，万事如意，前程似锦！

谢谢大家！

范例评析

以上两篇范例都很好地遵循了客户答谢辞的写作规范：语言很有气势，内容充实全面，既谈到了自己的发展，更表达了对客户的感谢，也展望了双方合作发展的前景，都不失为优秀的答谢辞。

第四节　答谢员工致辞

此类致辞虽为答谢员工，但致辞中更多的是对公司的发展进步进行介绍，因为只有公司发展了，才能证明员工做出了巨大的贡献。因此，此类致辞，首先要表达对员工的祝福和感谢；其次，阐述公司在过去取得的成绩，并强调员工的努力是取得这些成绩的根本原因；最后再次表达对员工的感谢，并号召大家继续努力，再创辉煌。

此类致辞通常在年底举办，因此致辞人可结合实际情况，对公司过去一年的工作进行总结，对新一年的工作进行规划。另外需要引起注意的是，答谢员工时不应忽略对员工家属的问候和感谢。

范例一

【致辞人】×× 实业有限公司经理

【致辞背景】公司年终答谢晚宴

尊敬的各位来宾，亲爱的员工们：

春风入户，万象更新。在 ×× 年新春佳节即将到来之际，我们满怀收获的喜悦共聚一堂，回顾过去，展望未来。首先，我代表××实业有限公司对出席今天晚宴的各位来宾，以及公司全体员工表示热烈的欢迎和衷心的感谢，并向你们的家人转达我们的问候和感谢！

对公司来讲，即将过去的××年是收获的一年。公司在全体员工团结一致、恪尽职守、辛勤耕耘下，各项工作都顺利开展，取得了不错的成绩。这其中，特别要感谢奋战在生产一线的员工们，你们遇到的困难最大：产品生产的时间紧，任务重。但你们没有退缩，没有抱怨，而是以高昂的斗志和极大的工作热情圆满地完成了各项任务，为提升我公司产品的品牌影响力做出了巨大的贡献。在此，我向你们道一声“辛苦了”！同时，对在你们身后默默支持你们工作的家属表示衷心的感谢！

公司的成功离不开每一位员工的辛勤付出，你们是公司发展的动力，是公司建设的顶梁柱。你们的不懈努力成就了公司今天的辉煌。我为公司有你们这样一群充满热情和智慧的员工感到骄傲。庆新年，谋发展。××年，我们将继续坚持“质量创伟业”的宗旨，完善公司制度建设，加大员工培训力度，提高公司的技术创新能力和科研能力，进一步提升公司的综合实力和品牌竞争力。“雄关漫道真如铁，而今迈步从头越。”让我们携手并肩，团结奋进，抓住机遇，为创造××实业有限公司更加美好的明天而努力！

最后，再次祝各位来宾、各位员工及员工家属在新的一年里，身体健康，阖家欢乐！

谢谢大家！

范例二

【致辞人】××公司董事长

【致辞背景】员工答谢会

××的兄弟姐妹们：

新年好！

值此新春佳节来临之际，我代表公司董事会，向公司全体员工及在你们身后默默关心和支持你们工作的亲人们表示节日的问候和衷心的感谢！祝大家新年快乐，万事如意！

过去的一年是令人难忘的一年。在这一年里，全体员工坚持“质量第一，诚信为本”的企业宗旨，发扬“勤奋务实、团结进取”的企业精神，努力拼搏，不断创新，开拓进取，圆满完成了各项工作任务。在这一年里，公司先后在其他城市开了××家连锁店，进一步扩展了公司业务。公司取得的这些成绩，是各位兄弟姐妹用辛勤的汗水和无私的奉献换来的。公司不会亏待你们的，我们会进一步改善员工福利，让你们的生活越来越好。

过去的一年又是令人感动的一年。在这一年里，各部门领导和员工克服了重重困难，保质保量地完成了繁重的任务。在这一年里，领导干部敢为人先，与广大员工共同奋战在生产的第一线；广大员工加班加点，埋头苦干，毫无怨言。在此，我代表公司真诚地向每一位员工道一声：“兄弟姐妹们，你们辛苦了！”

充满希望的××年就要来到了。我相信，在新的一年里，在大家的共同努力下，公司将乘风破浪，再创辉煌！希望全体兄弟姐妹继续努力，用你们的勤劳和智慧，创造更美好的明天！

最后，祝大家在新的一年里再接再厉，奋勇争先，取得更大的成绩！

谢谢大家！

范例评析

范例一是答谢晚宴上的致辞，致辞对员工过去一年的工作表示了感谢，并且不忘对员工的家人表示感谢，可谓细致周到。结尾处用了“雄关漫道真如铁，而今迈步从头越”的诗句，使得致辞更加出彩。

范例二感情真挚，感染力极强。它的优势还在于在致辞过程中对部门领导、普通员工都表示了肯定和感谢，这样的感谢甚是周到。

第五节　答谢家属致辞

正是有了家属的默默支持，员工或干部职工才有更多的精力投入公司或单位的发展建设中去，就从这个意义上而言，家属也为公司或单位的发展做出了贡献。答谢家属致辞，开头部分要表达出对家属真挚的感谢之情，比如使用“对各位家属表示亲切的问候和诚挚的感谢”之类的语言；致辞的核心内容，首先要对公司或单位取得的成绩给予肯定，然后通过这些成绩引出员工或干部职工及其家属所做的贡献；结尾部分可表达对他们的感谢。此类致辞的语言要真诚、热烈。

【致辞人】×× 电信公司董事长

【致辞背景】公司成立 ×× 周年员工家属答谢晚会

各位来宾，各位员工及家属：

大家好！

首先，非常欢迎各位出席我公司成立 ×× 周年员工家属答谢晚会！一转眼，你们已经陪伴公司走过了 ×× 个春秋，你们中的许多人见证了公司的每一次发展，并和公司一起渡过了每一次的难关。借今晚这个机会，我代表公司董事会和全体员工向多年来一直给予我们关心和支持的每一位家属表示最亲切的问候和最衷心的感谢，并送上我最诚挚的祝福！

公司大部分员工每年大部分的时间都处于出差状态，他们跑遍了祖国的各个地方，为我国的电信事业贡献着自己的力量。对于员工家属来说，这种长期的离别是一种痛苦，你们需要承担更多的家庭责任。但是，你们依然默默地支持着他们，从来没有抱怨过。公司为有你们这样识大体的家属感到骄傲和自豪！

正是有了你们的理解和支持，公司员工才能放心地投入工作中去，通过他们的不断努力，公司近几年取得了快速的发展，已成为国内最大的专业移动通信工程服务商之一，在业内享有良好的声誉。在公司发展的这几年里，公司不断完善管理制度，不断提升服务质量，不断加大科技投入力度，全面提高了公司的核心竞争力。在今后的发展中，公司的首要任务是改善员工的福利，解决员工及家属的实际困难。员工是一个企业最大的财富，我们要让员工及家属享受到公司发展带来的福利，让每位员工获得更好的待遇和更广阔的发展空间。

各位来宾，各位朋友，公司未来的发展，需要全体员工的辛勤付出，更需要员工家属一如既往的关心、理解和支持。我相信通过员工和家属们的努力，公司必将再攀高峰，再创辉煌！

最后再次感谢所有员工及其家属，谢谢大家！

范例二

【致辞人】×× 县县委书记

【致辞背景】2017 年干部职工家属答谢会

各位同事、各位家属：

大家上午好！

承载着 ×× 年的累累硕果，我们迎来了充满希望的 ×× 年。值此辞旧迎新之际，我谨代表 ×× 县委、县政府，向一年来辛勤工作在各自岗位上的干部职工们，向一直以来默默支持我们工作的各位家属表示节日的祝福和诚挚的感谢！

过去的一年，我们县在上级政府的正确领导下，在各级干部职工的奋力拼搏下，在各位家属的理解和支持下，经济发展取得了很大的突破。在经济发展方面，去年全县税收总额突破 ×× 万元，全社会固定资产达到 ×× 亿元，城乡居民人均纯收入均有大幅提升，主要经济指标全面超额完成。在县容县貌上，去年县财政投入数百万元，用于城镇基础设施和群众居住环境的改善，因而县容县貌发生了巨大的变化。这些成绩的背后凝聚着广大干部职工的汗水和泪水。而我们的家属在干部职工舍小家、顾大家时，默默地挑起了家庭的重担，做出了巨大的牺牲。我在这里再次向你们表示感谢！

今天，我们在这里举行干部职工家属答谢会，就是要感谢大家为我县的发展所做的巨大贡献。同志们，××年，我们的任务将会更加艰巨，但我坚信，我们一定会克服所有的困难。我坚信，在我们的共同努力下，新的一年里，我们必将谱写出更加壮美的篇章！

范例评析

两篇范例都做到了内容充实、全面。但是也存在一些问题：工作总结及对员工工作的肯定部分有些啰唆。这部分内容要挑选最具代表性的事件来讲述，做到详略得当。此类致辞要表达的是对员工家属这支后盾力量的感谢，所以要言辞恳切，切忌华而不实。上面两篇范例在这一点上做得比较好。

第六节　祭祖活动答谢辞

祭祖活动答谢辞，首先要对答谢对象表示衷心的感谢；其次，要详细说明祭祖活动的具体内容，如宗族发展史、祭祖活动的意义；最后，要表达对答谢对象的美好祝愿，并再次对其表示感谢。

范例一

【致辞人】××蒙古族祭祖观光团团长

【致辞背景】当地政府举办的欢迎会

尊敬的各位领导，各位朋友，乡亲们：

大家好！

在这水草丰盛、牛羊壮美的 ×× 草原，我们欢聚一堂，共同祭奠我们蒙古族的圣祖、蒙古人民的骄傲，我们伟大的祖先——成吉思汗。这是蒙古族的传统，同时也体现了中国共产党平等、团结、互助和共同繁荣的民族政策。在此，我们要对 ×× 政府和社会各界人士表示衷心的感谢！感谢你们对本次祭祖活动的支持和帮助！

祭奠伟大圣祖成吉思汗，不仅旨在缅怀他的光辉伟绩，传承蒙古族的优秀文化；更是为了激励所有流着蒙古族血液的子孙热爱民族、热爱故土。虽然蒙古族的儿女们由于种种原因分布在祖国乃至世界的不同地方，但我们的心是相通的，我们深深地热爱着我们的草原，想念着梦中的马奶香。

蒙古族有着悠久的历史，自圣祖建立元朝后……（介绍民族发展简史，略）

由于历史原因，很多蒙古族支系子孙生活在不同的地域，虽然大家的生活习惯和风俗在很多方面存在着差异，然而我们缅怀先祖的历史传统没有变，我们仍然信守着圣祖的遗训，继承着圣祖遗留的优良传统。×× 年后的今天，我们能重回故乡祭祖，不正体现了我们民族生生不息的精神吗？一个人要热爱自己的民族，一个民族更要热爱自己的国家。在此，我们也真诚地希望，通过这次祭祖活动能加强蒙古族同胞之间的亲情、友情，使我们伟大的蒙古族更加的团结。我们也要紧密团结在以总书记为核心的党中央周围，坚持四项基本原则，维护国家的安定团结和和平统一，为祖国的社会主义建设而努力。我们要在各地党政部门的领导下，坚持社会主义核心价值观，弘扬本民族的历史、文化和风俗习惯，并与各族人民一道，为祖国的统一和稳定，为祖国的经济社会建设做出应有的贡献！

最后，我谨代表 ×× 祭祖观光团的全体成员，向关心和支持这次活动的 ×× 政府表示感谢！向热情欢迎我们回归故里祭祖的 ×× 管理委员会表示感谢！向自始至终关注和支持这次活动的××电视台、××日报社等新闻媒体的领导和同志们表示感谢！对精心策划此次行程的××旅游公司表示感谢！

范例二

【致辞人】××姓氏祭祖拜访团团长

【致辞背景】××姓氏祭祖活动

尊敬的各位领导，各位来宾：

大家上午好！

迎着和煦的春风，我们从××赶回故里参加××姓氏大型祭祖活动。首先，我代表××祭祖拜访团对××市委、市政府的热情接待，对社会各界关心和支持此次祭祖活动的友人们表示衷心的感谢！

××市是我们××姓氏的发源地，是我们先祖长眠的地方。作为×姓氏的族人，我们无时无刻不在牵挂着这片热土。今天我们××地××姓氏宗亲怀着对故土的深深眷恋、对先祖的无限追念，来到我们朝思暮想的××市，祭拜我们的先祖，缅怀我们的历史，并和故乡的乡亲们叙叙旧。

几年前，我曾经来过××市，那时的××市百业待兴。时隔几年，今天我看到的××市是一个充满活力和生机的城市。我真切地感受到了××市的变化，我为××市所取得的成绩感到骄傲和自豪。

××地与××市虽远隔千里，但××地宗亲始终心系故乡的亲人和故乡的发展，如今看到故乡如此繁荣，发展势头强劲，我们感到无比的自豪。××地宗亲也将不遗余力地在各方面支持××市的发展和建设。今后我们也将组织更多的××地宗亲来××市，探亲联谊，祭拜先祖。在此，我们也真诚地邀请故乡的领导和乡亲们能到××地去做客。

最后，再次对××市委、市政府和关心、支持××姓氏祭祖活动的各界人士表示诚挚的谢意，并预祝此次祭祖活动圆满成功！

范例评析

祭祖活动具有浓郁的地方特色，因此在致辞中要将地方特色突显出来，两篇范例做得都很到位。此外，这类致辞要充满感情，要对故土及父老乡亲们表达思念之情。范例一的篇幅较长，适用于场面较大的祭祖活动；范例二的篇幅短小，但是语句十分精彩，内容也很全面，在任何祭祖场合都可以使用。

第六章 慰问辞

慰问辞是组织或个人向特定身份或受灾群众等有关人员表示关切、安慰和鼓励而进行的演讲。慰问辞旨在体现组织的关怀、集体的温暖、同志间的友爱互助，以达到鼓舞人心、激励士气的目的。

慰问辞的写作规范同其他致辞一样，在内容上也可分为开头、主体、结尾三个部分。慰问辞要体现关心、慰问之意，避免使用严肃的词语，应努力营造轻松的氛围；如有鼓舞士气等内容，则要用激昂的语言、高涨的情绪将慰问、鼓励之意充分表达出来。

一、篇幅

慰问辞通常为“千字文”，即致辞内容千字左右最佳（多数情况为千字以内），这样既能充分表达慰问之意，又不会使致辞显得冗长、拖沓。当然，也可根据活动的实际情况对篇幅进行适当增加，同样，如果活动要求篇幅短小，致辞人就需要精练用语，以便控制篇幅。

二、开头

慰问辞的开头也包括标题、称呼和开头语三个部分。

1. 标题

标题要表明致辞对象，例如，《致全体抗洪救灾指战员的慰问辞》《建军节慰问中国人民解放军》等。

2. 称呼

称呼要区分致辞对象是集体还是个人。致辞对象如果是集体，则要用全称；如果是个人，则要在称呼前加“尊敬的”“敬爱的”等尊称。

3. 开头语

称呼后，要另起一行并自成一段，对慰问辞的致辞背景、原因等进行简要介绍。例如，“我代表 ×× 向 ×× 表示节日的慰问”“×× 对在此次特大地震灾害中受灾的群众表示亲切的慰问”。

三、主体

慰问致辞的主体，一般是对致辞背景进行详细阐述。具体有以下几种情况：

第一，在特定节日对特定集体或个人表示慰问。例如建军节对中国人民解放军的慰问，节假日对加班员工的慰问，教师节对广大老师的慰问等；除了慰问，还要对他们表示感谢，并鼓励他们再接再厉，取得更大的成绩。

第二，对遭受灾难和不幸的人们表示慰问。这种情况下，既要对他们所遭受的灾难表示慰问，还要鼓励他们努力战胜困难；也可以号召他人伸出援手，与受灾人员共同抗灾等。例如，对遭受地震、洪水、矿难等受灾人员的慰问。

第三，对先进单位和个人表示慰问。这种情况下，要对先进单位和个人的先进事迹进行较为详尽的描述，表扬他们的高尚品格，并号召大家向其学习。

四、结尾

结尾一般是表达对慰问对象的祝福或鼓励。一般情况下，结尾部分的语言要具有极强的号召力。

第一节　慰问中国人民解放军致辞

此类致辞，首先要表明是在什么背景下慰问中国人民解放军的；其次要对中国人民解放军的历史功绩、卓越贡献进行阐述；最后发出军政、军民齐努力的号召，并给予被慰问者美好的祝福。

范例一

【致辞人】×× 市领导

【致辞背景】建军节 ×× 周年庆祝活动

各位领导，同志们：

上午好！

今天，我们欢聚一堂，热烈庆祝中国人民解放军建军 ×× 周年。首先，我代表中共 ×× 市委、市政府向空军 ××、×× 部队和 ×× 工程筹备办的全体指战员致以节日的祝贺和亲切的问候！

多年来，在中国共产党的领导下，人民军队艰苦奋斗、勇往直前，实现了人民的解放、民族的独立、国家的富强。烽火连天的战争年代，人民军队为了民族独立进行了艰苦卓绝的斗争，功绩卓著；和平建设时期，英勇的中国人民解放军依然为了祖国的安定、人民的安居做出了巨大的牺牲。中国人民解放军不愧为捍卫国家主权和领土完整的钢铁长城，不愧为人民安居乐业的坚强保障。

我市一直将双拥工作作为市委、市政府的重点工作，通过多年的努力，在这方面取得了一定的成绩，连续多次荣获“全国双拥模范城”的光荣称号。通过不断深入贯彻科学发展观，通过我市军民的共同努力，我市在社会建设各方面都取得了不错的成绩。国民经济实现了迅速发展，人民生活水平得到了较大幅度的提高。在这里，我代表全市人民再次向为我市发展贡献力量的人民解放军表示崇高的敬意和衷心的感谢！

在今后的工作中，我们将继续按照市委 ×× 会议的精神，振奋精神，团结一致，开拓创新，集中精力完成各项任务，加快实现我市 ×× 发展。我们衷心地希望驻 ×× 部队的全体官兵能够与我们一起，积极投身到我市的经济建设中来，为维护社会稳定、促进两个文明建设贡献力量。

在新的历史条件下，让我们团结起来，用实际行动开创军政、军民团结的新局面，努力加强军队的现代化、正规化建设，努力推进我市全面建设小康社会的伟大进程！

最后，衷心祝愿全体官兵及其家人，节日愉快，阖家幸福！

范例二

【致辞人】×× 省省委书记

【致辞背景】建军节慰问活动

中国人民解放军、武装警察驻 ×× 省部队官兵，全省老红军战士、军警部队离退休干部、革命伤残军人，转业、复员、退伍军人：

值此中国人民解放军建军 ×× 周年即将到来之际，我谨代表中共 ×× 省委、省人民政府和全省人民向你们致以节日的祝贺和亲切的慰问！

人民的一切是人民军队用生命和热血换来的。中国人民解放军 ×× 年的光辉历史表明，人民军队始终是党的忠诚卫士，始终捍卫着国家和人民的利益。在新时期的和平环境下，人民军队在保持和发扬战争年代光荣传统的同时，把为人民服务、国家利益高于一切作为信念，克服重重困难，不畏艰难，勇往直前，为我省的经济发展做出了巨大的贡献。他们的钢铁意志和英雄气概是我们国家和民族宝贵的精神财富，是我们奋发进取的强大动力。

今年以来，驻我省的军警部队深入学习贯彻党的十九大精神，坚持把社会主义核心价值观作为统领和指导部队建设的重要思想，大力加强和改进军警部队的思想政治工作，推动部队革命化、现代化、正规化的建设。

在各方面的共同努力下，我省经济结构显著改善，工农业生产持续、稳步增长，文化、教育、卫生等各项事业取得了突破性进展，社会稳定，人民安居乐业。我省取得的这些成绩，离不开驻 ×× 省部队的大力支持。人民将永远铭记你们的光辉业绩，永远不会忘记你们为祖国建设、人民安定做出的努力。我省要从细节上做好双拥工作，真心实意为人民军队，革命伤残军人，复员、转业、退伍军人和军队离退休干部排忧解难，多办实事。

最后，省委、省政府及全省人民再次对为我省经济社会全面发展做出巨大贡献的驻 ×× 省官兵表示衷心的感谢和崇高的敬意！

范例评析

两篇范例都不失为成功的范文。在内容安排上，首先描述了对部队官兵从新中国成立以来为祖国建设所做的贡献；接着叙述了国家现在的政策和对军人的重视；最后再次表达慰勉之情。感激、欣慰和尊重之情贯穿致辞始终。

第二节　节假日慰问加班员工致辞

节假日慰问加班员工致辞旨在慰问和感谢加班员工，赞扬他们的无私奉献精神。因此，致辞中可用“……向你们表示节日的慰问和诚挚的感谢”这样的句子作为开场；在肯定加班员工的成绩时，可阐述其加班的意义，如“你们的加班加点保证了各项任务的顺利完成”等，并号召大家向他们学习；最后对加班员工表达节日的祝福，结束致辞。

【致辞人】×× 县委领导

【致辞背景】慰问新年加班员工

各位辛勤的员工：

大家新年好！

值此新春佳节来临之际，我代表县委、县政府向你们及在你们身后默默关心和支持我县发展的亲人们表示节日的问候和衷心的感谢！

过去一年我县取得的成绩是令人欣喜的。在这一年里，全县干部职工牢记“××”的发展任务，发扬“××”的奋斗精神，紧紧团结在县委、县政府的周围，为实现我县新的发展目标，不断创新，团结拼搏，圆满完成了各项工作。我县先后在××、×× 发展项目的建设上取得了巨大成就，获得了上级领导的肯定，并荣获“××”称号。与此同时，我们根据发展需要调整了发展战略，完善了各方面的管理制度，健全了各方面建设体制，进一步推进我县经济社会更快、更好的发展。

在过去的一年里，各级各部门的负责人在认真做好领导工作的同时，还亲临一线指导工作，为保证各项工作的顺利开展和有序进行做出了巨大的贡献；广大的一线员工，尤其是女员工，为大家、舍小家，全心全意扑在工作上，为我县的发展做出了巨大的牺牲。在此，我向你们的辛勤付出表示衷心的感谢！

新的一年就要来临，我相信，在大家的共同努力下，我县将会再创新的辉煌！

最后，对节日期间仍辛勤坚守在各自岗位，保证各项工作有序进行的员工们，表示亲切的慰问和美好的祝愿。祝愿大家在新的一年里身体健康，阖家幸福，万事如意！

谢谢大家！

范例二

【致辞人】×× 建筑公司领导

【致辞背景】中秋节慰问加班人员

各位员工，各位朋友：

大家好！

一年一度的中秋节又来到了。在这个阖家团聚的日子里，你们为了保证工程按期完成，依然坚守岗位，辛勤工作。在此，我谨代表 ×× 建筑公司对你们表示节日的问候和衷心的感谢！

×× 工程是总公司去年中标的 ×× 大项目之一，合作方 ×× 房地产开发公司非常重视该项目，项目能否顺利进行，对能否提升我公司的业内知名度有着极其重要的作用。我们公司要本着对客户负责的态度，严把质量关，又好又快地完成该项目。当前工程在双方领导的关注、支持下，在我公司工人的辛勤努力下顺利进行着，各位工友为保证按合同要求完成项目施工，牺牲了节假日的休息时间，始终奋战在工程一线，你们所体现出的“为大家、舍小家”的奉献精神让我们感动。

公司的每一次进步都凝聚了全体员工的辛勤付出与努力，希望你们能够再接再厉，克服困难，携手共进，创造更美好的未来！

再次谢谢大家！

范例评析

节假日对加班员工进行慰问是公司领导团结人心的方法之一。在致辞中一定要对加班员工表示感谢，还要说明加班的理由和意义，并根据加班情况的不同选取不同的侧重点。范例一是总结性的，范例二是针对性的；但两篇范例的内容都很充实，大家可以根据自己的实际需要有选择地借鉴。

第三节　慰问抗雪救灾的兄弟友好单位致辞

慰问抗雪救灾的兄弟友好单位致辞，最核心的内容就是对友好单位的行为和精神进行肯定和赞扬。首先要介绍灾情，从侧面体现抗灾人员的伟大精神；其次要介绍友好单位的抗灾行动，肯定他们的努力，赞扬他们的奉献精神；最后要表达美好希望，即早日战胜雪灾。

【致辞人】×× 受灾市领导

【致辞背景】慰问参加救灾的 ×× 单位的活动

奋战在冰雪灾害防御第一线的 ×× 全体工作人员：

大家辛苦了！

首先我代表 ×× 市委、市政府及全市人民向你们表示亲切的慰问，对贵单位和各位救灾人员的友好援助与大力支持表示衷心的感谢，并致以崇高的敬意！

突如其来的冰雪灾害袭卷了整个城市。我市的交通、供电、通信等都受到了破坏，部分地区交通、通信全部中断，这给人民群众的生产生活造成了很多不便。全市各条战线上的广大干部职工积极响应市委、市政府的号召，发扬不怕苦、不怕累的精神，积极行动、踊跃抗灾。同时，×× 单位发扬“一方有难，八方支援”的优良传统，积极为我市提供人力、物力等支援，尤其是由各位组成的抗灾电力恢复救援队更是让我们感动。你们一来便投身抗灾、救灾工作中去，在连续几日的作战里，你们不畏艰险，克服了重重困难，为我市电力系统的恢复做出了重要贡献。如今，我市供电已基本恢复正常，人民群众的生活也基本恢复正常。你们用实际行动证明了我们的友谊，证明了贵单位实力的强大，我们再次对你们表示衷心的感谢！

据气象部门预测，恶劣的冰雪灾害天气还将持续一段时间，雨雪强度可能进一步加大。为切实做好冰雪灾害防御工作，确保电力供应的正常有序，你们还将继续留在我市完成抗雪救灾的任务。在这里，我们希望你们保重身体，继续发扬艰苦奋斗、顽强拼搏的精神，切实保证居民生活的电力供应，与我市广大干部群众团结一致、全力以赴，最终取得抗灾、救灾工作的全面胜利！

谢谢！

范例二

【致辞人】×× 市领导

【致辞背景】慰问奋战在抗雪救灾一线的记者活动

各位来宾，各位奋战在抗雪救灾一线的记者朋友：

欢迎各位来参加今天的活动，首先，请允许我代表全市人民向在这次抗雪救灾中做出突出贡献的记者朋友们表示诚挚的慰问和衷心的感谢！

近日，南方大部分地区受到异常天气影响，出现了罕见的雨雪冰冻灾害。我市也受到了严重的影响：许多人不能及时回家过年，被困在了路上；电力系统也受到了严重的损坏。在出现极端天气之后，党中央、国务院迅速组织力量，深入一线，带领受灾群众开展救助工作。

在这场没有硝烟的战争中，有一群特殊的“战士”冲锋在前，他们在这场“战争”中做出了巨大的贡献，他们就是冲到救灾一线的记者朋友们。

全国人民通过记者的各种报道，及时了解到灾区的受灾情况及救灾人员可歌可泣的事迹。你们就像全国人民的眼睛，以专业、及时的报道，帮助我们了解前方发生的一切，为救灾工作和群众生产生活的有序进行做出了突出的贡献，为抗灾、救灾工作提供了强大的精神动力和舆论支持。

各位记者朋友，在这场抗击雪灾的战斗中，你们是真的勇士。这场战斗还没有结束，希望广大记者朋友能够克服困难，再接再厉，全力做好抗灾、救灾工作的新闻报道，为我们带来更多的一线报道。同时，我们也希望你们在工作中注意安全。

我们坚信在党中央的正确领导下，在全社会各界朋友的支持和帮助下，在受灾群众的积极自救下，我们一定会取得抗雪救灾的最后胜利！

范例评析

两篇范例内容的着力点都在对友好单位的行为和精神的肯定上：范例一运用了反衬法，强调雪灾带来的危害之大，以此来衬托救援人员的精神可贵；范例二运用的是正面的表扬。在实际写作中，两种方式都可以借鉴。

第四节 慰问地震灾区人民致辞

慰问地震灾区人民的致辞，首先要表达对受灾同胞的同情和关注，以及与灾区同胞共渡难关的决心；其次，要鼓舞灾区人民振作起来，努力战胜灾难，并表达与他们一起重建家园的决心和信心；最后，再次表达慰问、祝福和鼓舞之情。

范例一

【致辞人】×× 企业董事长

【致辞背景】×× 企业捐助地震灾区的活动

亲爱的灾区朋友们：

你们好！在这里，首先我代表 ×× 企业的全体员工，对你们所遭遇的灾难表示深切的同情。

不久前，一场突如其来的大地震摧毁了你们美丽的家园，不仅让你们的财产受到了巨大的损失，更让你们的身体和心灵承受了巨大的痛苦，很多人甚至失去了亲人、朋友。但是，你们一定要相信，全国的同胞们此刻都与你们站在一起，都为你们遭受的不幸感到悲痛，同时也都在为你们祈福，希望灾难早点过去，灾区能够早日恢复正常的生产生活。

面对这次大灾难，你们身上表现出的坚强和乐观，让我们震撼与感动；你们积极的自救行为，让我们受到了莫大的鼓舞；全国同胞为灾区重建工作做出的努力也让我们很感动。

为了帮助大家重建美丽的家园，为了缓解灾区食物、饮用水、药品等资源的匮乏问题，我们企业带来了 ×× 万元人民币，以及价值 ×× 万元的食品、饮用水和药品等物资，希望能为灾区重建略尽绵力。

可亲可敬的灾区的兄弟姐妹们，这次地震不仅仅是你们的灾难，也是每一位中华儿女的灾难。面对自然灾害，我们需要众志成城，勇敢面对未来，用我们的双手重建我们美好的新家园！我们会一直支持你们，直到你们从灾难中走出来，我们也相信你们一定能走出困境，创造更加美好的明天。

希望你们早日振作起来，早日重建自己的美好家园！

范例二

【致辞人】×× 市市长

【致辞背景】儿童节慰问地震灾区分流学生座谈会

亲爱的孩子们，各位老师、同志们：

大家好！我非常高兴能和你们一起度过今年的六一儿童节。首先，我代表 ×× 市人民政府对到我市就读的地震灾区的孩子们表示热烈的欢迎，并通过你们向所有分流到我市就读的孩子致以节日的问候和美好的祝福！

孩子们，当你们还在无忧无虑地过着自己的校园生活时，一场突如其来的大地震，改变了你们的生命轨迹。你们的家园遭到了破坏，你们的校园成为一片废墟，你们平静的生活被打乱了。但是，面对灾难，你们没有退缩，没有失去生活的信心，依然坚强地面对失去亲人的痛苦，依然积极地重建着你们的家园。你们那一张张稚嫩却又坚定的面庞，让我们心疼。

我们有责任、有义务照顾好你们。我们会肩负起自己的责任，让你们尽快恢复正常的生活和学习。现在，你们来我市就学，我们一定会照顾好你们的生活和学习，让你们早日忘记灾难的痛苦，继续健康快乐地成长。

孩子们，多难兴邦。我们的民族正是在一次次的灾难中成长起来的。你们要勇敢地面对灾难，让自己更加坚强地面对未来。在此，我衷心地希望你们能够在灾难中成长，逐渐成为生活的强者。同时，你们一定要好好学习，自强不息，健康快乐地成长，这是对帮助过你们的人的最好回报。

孩子们，让我们用爱的力量，携手战胜一切苦难。这里就是你们的家，你们在这里要健康地生活、安心地学习、快乐地成长。长大之后，把你们的智慧和力量投到家乡的建设中去，投到祖国的建设中去。

最后，我衷心祝愿孩子们节日愉快、学习进步！衷心祝愿灾区人民早日走出灾难，重建家园！

谢谢大家！

范例评析

范例一主要是对灾区人民的鼓舞和安慰。虽然篇幅短小，但是感情真挚，值得我们借鉴。

范例二是一篇针对灾区儿童所致的慰问辞。虽然致辞人是市长，但因致辞对象为儿童，所以整个致辞做到了浅显易懂、表达得体、感情真挚，让灾区孩子们充分感受到了来自祖国和人民的关爱和鼓励。

第五节　慰问矿难单位致辞

慰问矿难单位致辞的重点是关注矿难救助工作，慰问受伤和被困的矿工，慰问遇难矿工家属。致辞中，致辞人要对矿难给矿工及家属造成的损失和伤痛进行说明，但不可全文都是对不幸的描述，也要对救助过程中涌现出的可歌可泣的先进事迹进行表扬，还要鼓励受难者。

【致辞人】×× 局领导

【致辞背景】慰问矿难单位及职工

矿务局 ×× 煤矿及全体职工：

前几天，突闻贵矿发生了严重的瓦斯爆炸事故。我局上下各级干部职工万分焦虑，每天派专人关注矿难的救助情况，并派人协助救治受伤矿工、慰问受难矿工家属的工作。随着救援工作的顺利展开，陆续有 ×× 名被困矿工获救，并得到了及时的治疗，目前已经脱离了生命危险。今天，当我们听到井下剩余的 ×× 名被困矿工全部遇难的消息后，感到异常的悲痛。这次矿难不仅给国家财产造成了重大的损失，更给遇难矿工及其家属造成了巨大的伤害。对此，我代表 ×× 局全局人员向遇难的矿工表示沉痛的哀悼，向遇难矿工的家属表示诚挚的慰问。

同时，也希望矿务局能迅速解决受伤矿工的生活问题，及时安抚遇难矿工家属。

我局全局职工十分关注贵矿受伤矿工和遇难矿工家属的生活问题，为表达我局职工的关心之意，我局开展了一次自愿捐助活动，我局职工踊跃捐款，共筹集捐款××万元，并已派我局职工代表送至贵矿区。我知道我们的捐助对于矿区的救助工作来说是杯水车薪，但是我们希望通过微薄的捐助传达我局全体职工对在此次矿难中受伤、遇难的员工及其家属的深切慰问之情。

我们相信，在省委、省政府，市委、市政府的统一领导和部署下，在矿务局、贵矿和相关部门的积极抢救下，贵矿一定能够快速地做好伤员救治、家属慰问等善后工作，一定能尽早投入新的生产工作中去。

范例二

【致辞人】××省副省长

【致辞背景】慰问××矿难单位、矿工及其家属

××矿的全体职工和矿工家属：

今天，我代表省委、省政府再次来到××矿来看望你们，并转达省委、省政府对遇难矿工亲属的亲切慰问，希望你们早日走出失去亲人的痛苦，重新鼓起生活的勇气，坚强地面对所有的困难，政府和××矿也会和你们站在一起，帮助你们开始新的生活。

××矿难的发生不仅仅是遇难矿工家属的灾难，也是全矿的灾难。矿难发生后，全矿上下按照中共中央国务院的重要指示和省委、省政府的周密安排展开了矿难救助工作：组织对井下矿工的积极救助，妥善安排升井矿工的医疗救治，积极开展遇难矿工家属的安抚工作。这些措施值得全省各煤矿企业学习。但是，我们一定要深入追查矿难发生的原因，认真汲取教训，高度重视安全生产工作。全矿上下一定要树立危机意识，从细节入手，全面排查安全隐患，建立安全监督制度，将安全责任落实到个人，防止此类重大事故的再次发生。

虽然这次矿难的救助、安抚工作已经接近尾声，但是，我们要继续关注遇难矿工家属的生活，帮助大家渡过难关，并在遇难矿工子女就学，家庭成员就医、养老等方面给予优惠政策。

过几天就是农历春节了，在这里，我也要对各位矿工，以及遇难矿工家属表示深切的慰问和节日的祝福，希望你们早日走出矿难阴影，积极面对以后的生活，创造属于自己的美好生活！

范例评析

两篇范例感情基调沉重、悲伤，符合此类致辞的特点。但是需要指出的是，两篇范例的篇幅稍短，内容显得有些苍白：主体部分都对矿难事件给社会经济造成的损失、对矿工及其家属造成的伤害进行了说明，这一点值得肯定；但是范例一并没有对善后工作做详细的说明，范例二也只是进行了蜻蜓点水式的说明，还不足以起到稳定人心的作用。

第六节　慰问防汛抗灾人员致辞

慰问防汛抗灾人员致辞，首先要表达对防汛抗灾人员的慰问；其次要介绍汛情的发展形势，表扬防汛抗灾人员做出的努力，并对救灾过程中涌现出的可歌可泣的英雄人物进行高度赞扬；最后提出要求，鼓励他们继续迎战可能发生的新灾情。

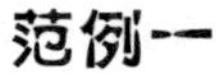

范例一

【致辞人】×× 水库库区局领导

【致辞背景】慰问库区防汛抗洪干部职工

全局奋战在防汛抗洪一线的干部职工们：

你们辛苦了！

自上个月以来，×× 河流域遭遇了自 ×× 年以来的最大的洪水灾害。汛情发生后，全局上下立即投入防汛工作中，紧急动员，周密部署，以最快的速度进入防汛警戒状态；广大干部职工高度负责，积极迎战，不畏艰险，夜以继日地奋战在抗洪抢险第一线，体现了崇高的敬业精神和优秀的抗洪精神，以自己的实际行动谱写了团结一致、艰苦奋战的抗洪抢险的华章！

在这次防汛抗洪、抢险救灾过程中，各单位各尽其职，相互配合，与洪水展开了一轮轮的激烈搏斗。水文局在过程中承担了情报搜集工作，全局干部职工不怕苦、不怕累，及时采集并传送了精确度高的各类信息，为各级各部门制订防汛方案提供了第一手资料；河务局承担了“冲锋杀敌”的工作，全体同志积极行动、严守堤防、及时抢护，用最有效的措施，最大限度地减少了洪水灾害带来的损失；防汛机动抢险队和物资公司是后勤保障部队，他们严阵以待，调拨物资，工作进行得细致周到；局防汛值班室及水情分析工作处就像一个总指挥部，同志们夜以继日、加班加点，及时会商水情，整理资料，上传下达，有效确保了防汛抗洪工作的顺利进行。经过全局广大干部职工的顽强拼搏，我局迎战 ×× 河流域特大洪水灾害已经取得了阶段性的胜利。在此，局党委向你们表示衷心的感谢，并致以崇高的敬意！

局党委也希望你们继续发扬连续作战、不怕困难、艰苦奋战的精神，对工作高度负责，严密监视水情的变化，严守堤防，为确保 ×× 库区人民的生命财产安全，为夺取抗洪抢险的全面胜利做出更大的贡献！

范例二

【致辞人】×× 县县委领导

【致辞背景】慰问抗洪一线部队官兵

战斗在防汛抗灾一线的广大干部群众，×× 部队的官兵们：

连续两周的大暴雨，使我县遭受了罕见的洪水灾害，使我县人民的生命财产安全受到了威胁。面对灾情，县委、县政府在最短的时间内采取了有效的抗灾抢险措施，各地干部群众也积极行动，×× 部队的官兵也加入此次抗洪救灾工作中来，军民团结一致，共同抗击洪水灾害。在此，我谨代表全县 ×× 万父老对 ×× 部队的官兵致以崇高的敬意和衷心的感谢！

当前，虽然我县防汛抗灾工作正在有序地进行着，没有出现新的险情。但是 ×× 河的主汛期才刚刚过去一半，未来 ×× 天内，我们仍然需要密切关注汛情变化，严防出现严重灾情。目前，我县部分湖区及其周边乡镇的内涝仍然存在，外汛内涝的特殊灾情，决定了我县的防汛抗灾工作依然很艰巨。希望全县广大干部群众再接再厉，按照县委、县政府的科学部署，认真观察汛情、分析汛情，迎战下一轮可能出现的洪涝灾害。在防汛抗灾的道路上，做到有备无患，与 ×× 部队的官兵们一起努力，夺取我县今年防汛抗灾工作的全面胜利，确保我县经济不受或者少受汛情的影响！

范例评析

两篇范例都对防汛形势进行了说明，并鼓励防汛抗灾人员再接再厉，迎接新的挑战。范例二对防汛抗灾人员做出的努力等内容没有进行详细的说明，不利于调动他们的工作积极性；而范例一对防汛抗灾工作中做出贡献的部门进行了表扬，有利于调动各部门人员的工作积极性。

第七节　慰问公安英烈家属致辞

慰问公安英烈家属致辞，在内容上要对烈士的功绩高度赞扬，要号召大家向烈士学习，并对英烈家属表示慰问；在情感表达上，要表现出对烈士逝世的哀悼和惋惜之情。

范例一

【致辞人】×× 市公安局政委

【致辞背景】悼念 ×× 烈士并慰问家属

同志们：

今天我们怀着极其沉痛的心情在这里深切怀念我们的战友 ×× 烈士。首先，我代表 ×× 市公安局的所有干部职工向 ×× 烈士表示沉痛哀悼，并向他的家人和亲属们表示深切的关怀和慰问。

×× 同志，男，汉族，×× 年出生于……（生平略）他是 ××（该烈士所属的县或市）的好儿子，是我们公安系统的杰出榜样。

××同志为保护人民群众的生命财产安全，在与犯罪分子搏斗过程中英勇牺牲，年仅××岁。

××同志××年进入我们公安系统，到现在已经有××个年头了。工作中，他勤勤恳恳、任劳任怨，为了公安事业奉献着自己的青春；日常生活中，他热心帮助同事，与同事们结下了深厚的友谊。××同志的一生是辉煌的，他的一生是忘我、奉献、进取的一生，是无怨无悔的一生。他用对党、对人民、对公安事业的忠心赤诚，谱写了他短暂人生的壮丽篇章。他的高尚品质将永远激励着我们打击犯罪、保护人民群众的生命财产和安全，他永远是我们××市公安局的骄傲和自豪。

烈士的爸爸妈妈，感谢你们培养出了这样优秀的儿子，你们是英雄的父母。在这里，我带来公安局慰问烈士专项抚恤金××万元，希望二老能够保重身体！如果你们在生活中遇到了困难，就跟我们说，我们都是你们的孩子，我们会照顾好你们，让你们拥有一个快乐的晚年。

××烈士，安息吧！

范例二

【致辞人】××县县委领导

【致辞背景】悼念××烈士并慰问家属

尊敬的××烈士的家属们：

今天，我们怀着无比哀痛的心情，在这里庄重集会，为党的好战士、××（县名）人民的好儿子××烈士送行。首先，我谨代表县委、县政府和全县××万父老乡亲，向××烈士表示沉痛的悼念和深深的哀思，并向××烈士的家属致以深切的问候！

××月××日，××烈士用他年轻的生命践行了自己在军旗下“随时为祖国和人民牺牲一切”的庄重誓言，用英勇的行动印证了他作为一名公安干警对人民群众的赤胆忠心，诠释了新一代青年人的人生意义和生命价值。面对生死，他把生的希望留给别人，把死的危险留给自己，谱写了一曲悲壮的英雄之歌，为我们矗立起一座不朽的精神丰碑。

××烈士用他年轻的生命谱写了人间的正义之歌，为党旗增辉，为公安事业添彩，不愧为一名优秀的人民警察。我们为英雄之死感到悲伤，但我们更应该继承××烈士的优良作风，在以后的工作中更好地为人民群众服务。

××烈士的家属们，感谢你们为祖国、为人民培养了这样一位好警察。他的离去使你们失去了唯一的孩子，也使我们失去了一位好战友、好同事。我们和你们一样很伤心，但是，你们要坚强地生活下去，有更美好的生活等着你们。

今天，县委、县政府为烈士家属送来抚恤金××万元，希望能够解决你们家庭的一些实际困难。你们一定要保重身体，如果遇到什么困难，就跟我们说，我们都是你们的亲人！

最后，让我们高昂士气，在××烈士崇高精神和高尚品质的激励下，坚定步伐，奋勇前进，创造更加辉煌的明天！

××烈士永远活在我们心中！

范例评析

两篇范例都是很好的慰问公安英烈家属的致辞。正文部分首先对烈士的壮烈牺牲进行了简单回顾；接下来讴歌烈士的奉献精神，表达对烈士的缅怀之情，以及对烈士亲属的慰问之意。此类致辞需要篇幅长一些，不可三言两语草草了事，也不可全篇堆砌赞美之词。范例二的内容就存在赞颂过多，烈士牺牲原因、过程阐述过少的问题；如果能适当加入对烈士事迹的描述，减少赞美的词汇，那么致辞就会显得更加厚重、感人。

第八节　中秋节慰问外来工作人员致辞

中秋节是一个举家团圆的日子，因此慰问在本地（单位）工作的外来人员很有必要。此类慰问致辞要体现致辞人浓浓的慰问之情、感谢之意。内容上要充分肯定外来人员所做的贡献，赞扬他们的奉献精神，鼓励他们再接再厉，再创佳绩。

【致辞人】××县县委领导

【致辞背景】中秋节慰问外地工作人员

外籍乡友们、关心××县经济建设的外来朋友们：

你们好！

又是一年月圆时。值此传统中秋佳节，中共××县委、县人民政府向我县外籍人士及关心我县经济发展的各界朋友们致以最美好的节日祝福和最诚挚的问候！

近年来，全县人民同心同德，团结一致，紧紧抓住历史发展机遇，扎实推进，开拓创新，使我县的经济社会发展有了长足进步，工业化、城镇化建设方面更是取得了骄人的成绩。我县以建设××、发展××、推进××为重点，加大对外宣传和招商引资的力度。自实施此项发展战略以来，全县共引进××万元发展资金，新增建设项目××个，部分项目已投入了紧张的建设工作中。

在县城建设上，全县以建设新城区为工作重点，完善城市规划，加强基础设施建设和园林绿化建设。建设中的新城占地××平方公里，其中核心区已基本完工，一座崭新的具有商业、娱乐、休闲等现代功能的水上园林已初具规模。在交通建设方面，全县新建两条快速通道与过境的××高速公路、××铁路线相结合，方便了群众出行，也为县域经济的发展提供了交通保障。

收获这份沉甸甸的果实，离不开你们的辛勤劳动，更离不开你们的无私奉献。我们恳切地希望在今后的工作中，你们能一如既往地关心、支持我县经济的发展，继续为我县的发展贡献自己的智慧和力量！

我们坚信，有市委、市政府的坚强领导，有家乡人民的共同努力，有你们的关心、支持，我县的经济建设一定能够取得更好的成绩，收获更加丰硕的成果，谱写更加和谐的绚烂篇章！

最后，祝愿各位工作顺利，身体健康，万事如意！

范例二

【致辞人】××建筑工程公司领导

【致辞背景】中秋节慰问一线工人

尊敬的××董事长，同志们、朋友们：

大家好！

“每逢佳节倍思亲”。在这个美好的中秋之夜，你们无法与家人团聚，就让我们同聚××，共度传统佳节。在此，我谨代表××建筑工程公司对各位来宾、各位同志，尤其是来自异乡的建筑工人朋友们表示节日的问候和美好的祝愿！祝大家节日愉快，阖家欢乐！祝××项目早日完工！祝各位外来工友早日与家人团聚！

××房地产开发公司把××项目整体交给我们公司，体现了其对我们的极大信任，我们要以最高的质量要求、最快的施工速度，圆满完成施工任务。目前，在双方领导的大力支持下，在我们所有工人的共同努力下，××项目施工进展顺利。为保证能按合同要求完成项目施工，我们的工友们牺牲了与家人团聚的机会，在中秋佳节，依然奋战在施工建设的第一线。在此，我代表公司向你们表示亲切的问候和诚挚的谢意！

广大外来施工建设工人是我们公司的主力军。你们不畏艰难，吃苦耐劳，奋战在施工第一线，为公司的发展，为××的城市建设付出了艰辛的努力，洒下了辛勤的汗水。××项目工程建设的每一步，都凝结着你们的汗水。在此，我再次对你们表示衷心的感谢！

在这个皓月当空的美好夜晚，我们应牢记身上担负的责任，进一步加强各部门之间的合作，克服重重困难，以一流的质量，早日完成××项目，为信任我们的广大客户交上一份满意的答卷。

谢谢大家！

范例评析

两篇范例中，致辞人的身份拿捏得特别到位。范例一的致辞人是县委领导，他对全县城区建设、交通建设等方面进行了介绍，并对外来人员所做的贡献给予了肯定；致辞语言亲切自然，没有端着领导的“架子”，值得我们在写作中学习。范例二的致辞人作为建筑公司的领导，主要表达了对外来建筑工人的感激之情，同时也对他们进行了鼓励；语言朴实、感人，同样值得我们在写作中借鉴。

第九节　慰问员工家属致辞

慰问员工家属致辞，首先要说明致辞的场合及原因，即出于什么原因以何种形式表示慰问。其次，要根据具体的致辞原因安排不同的主体内容。如果是通常的新年慰问，则要回顾过去一年的收获，展望新一年的发展，并对员工家属表示真诚的谢意；如果是其他时期进行的致辞，则要对致辞原因进行说明，然后根据具体情况展开主体内容。

【致辞人】××局局长

【致辞背景】春节慰问职工家属

全体职工家属：

大家新年好！

在这辞旧迎新的喜庆日子里，我谨代表我局全体职工向你们表示亲切的慰问，并致以节日的美好祝愿！祝大家新春快乐，身体健康，阖家幸福！

过去的一年是我局飞跃发展的一年。去年一年，我局中标了××个重大项目，有××个项目顺利开工，安全完成了××个项目的建设，获得了全省“先进单位”的荣誉称号。去年年底，我局更是成功搬迁到新办公楼，实现了我局的现代化办公。这一系列成绩的取得标志着我局进入一个新的发展阶段。我局能够取得这些成绩，一方面是靠全局干部职工的努力拼搏，另一方面是靠你们这些干部职工家属的默默支持。在此，我向你们表示衷心的感谢！

虽然，去年我们取得了骄人的成绩，但我局未来的任务更为艰巨，在未来的工作中，我们全体干部职工需要继续发扬迎难而上、奋勇拼搏的精神，踏实工作，让我局的发展再上一个新的台阶。前方的道路充满曲折，我们希望家属们继续理解、支持我们的工作，你们今后会承担更多的家庭责任，将更加辛苦地照顾孩子和老人。我们相信，有了你们的理解、支持和关怀，我局全体职工定会排除万难，全心全意地为我局的发展努力奋斗。在此，我再一次向各位家属致以诚挚的谢意："谢谢你们！"希望广大家属以优秀家属为榜样，继续关心我局的发展和进步，为我县的繁荣、发展和稳定做出更大的贡献！

谢谢大家！再次祝大家新年快乐，阖家幸福！

范例二

【致辞人】×× 公司总经理

【致辞背景】公司中秋节慰问员工家属晚会

尊敬的 ×× 公司领导、尊敬的职工家属，女士们、先生们：

大家晚上好！

"迢迢新秋夕，亭亭月将圆。"又是一年中秋至！公司为感谢所有员工及其家属对公司多年来的关心和支持，特意邀请所有员工及其家属参加此次中秋节晚会。在此，我谨代表公司向大家致以诚挚的祝福和亲切的问候，祝大家节日快乐，阖家幸福！

公司成立至今，已经走过了 ×× 个年头。这期间，公司遇到过很多困难，甚至面临破产的境地，但是各位员工没有离开公司，而是废寝忘食地工作，帮助公司走出了困境。我相信这少不了员工家属的支持，感谢各位员工家属对我们工作的支持和理解。

××年来，公司从弱到强，产品知名度不断提高，并得到了社会各界的广泛认可。这些成绩的取得离不开每一位员工的辛勤付出，更离不开每一位员工家属的支持和关心。我记得公司面临金融危机冲击的时候，很多员工为了挽回公司的损失加班加点，我看见有的员工家属中午、晚上给员工送饭，希望可以帮助员工和公司渡过难关；我也看见有的员工工作到深夜，仍然不回家休息。经过两个月的奋战，公司终于渡过了难关。公司的每一步成长都离不开在员工背后默默支持的家属们，在这里，请允许我再次向你们表示衷心的感谢！

谢谢大家！

范例评析

两篇范例的致辞背景不同，因此致辞内容和情感表达有所区别。

范例一是新年时的致辞，所以首先要对员工家属表示新年的慰问和祝福；接着对公司过去一年的成绩进行了回顾，对新一年的发展做出了展望；最后对各位家属的理解和支持表示了感谢。致辞过程中洋溢着收获的喜悦。

范例二是公司举办的慰问员工家属晚会上的致辞，致辞语言虽然平实，但却饱含着致辞人对员工家属浓烈的谢意。特别是致辞中对送饭这一具体事例的描写，充分表现了员工家属对员工工作的支持，同时也表现了公司领导对员工家属的感激之情。

第七章

吊唁辞

根据吊唁对象和场合的不同，吊唁辞可分为两种：一种是在追悼会上所致的吊唁辞；另一种是在悼念活动中所致的吊唁辞。吊唁致辞主要是介绍悼念对象的生平功绩，表达致辞人及参加悼念活动的全体人员对逝者的哀悼、缅怀与敬意，并勉励大家学习逝者身上的优秀品质。

一、篇幅

吊唁致辞分为悼念活动致辞和追悼会致辞。悼念活动致辞，在篇幅上可长可短，但要求用词考究，语言凝练。追悼会致辞一般篇幅较长，因为致辞中要对逝者的生平事迹进行追述，要充分表达对逝者的哀思，篇幅太短不利于情感的表达。

二、开头

吊唁致辞开头重点在标题和称呼后的内容。标题可简单写作“吊唁辞”，居于正文正上方中间位置。称呼一般较为简单，如“各位来宾、各位朋友”等。如果是悼念活动致辞，在称呼后要介绍悼念活动的背景和意义；如果是追悼会致辞，则要以沉痛的语气说明悼念的是什么人。

三、主体

根据吊唁致辞的不同类型，致辞的主体内容会有一些差别。

1. 追悼会致辞

这类致辞，首先要介绍逝者的身份、职务，逝世的详细时间（何年何月）、原因，以及享年多少岁等。其次，按顺序依次介绍逝者的籍贯、出身，并追述其生平事迹。再次，介绍逝者一生的荣誉、功绩、突出贡献，称颂逝者的可贵精神和高贵品格，此处可以举一两个具体恰当的事例，以增加致辞的感染力，不过要注意事例的详略得当。接着，还要指出逝者逝世带来的损失及影响，表达对逝者的沉痛哀思。最后，用总结性的语句全面概括逝者的一生，号召大家学习逝者的高尚精神，激励大家化悲痛为力量，奋发向上。

2. 悼念活动致辞

由于致辞对象有事件与人物之分，此类致辞主体具体分为以下几种：

第一，悼念对象是个人，可参考追悼会致辞规范来写作。

第二，如果悼念对象是集体，要赞扬该集体做出的贡献。

第三，如果悼念对象是事件，例如特大灾难等，首先要对事件经过及造成的损失进行简单回顾，接着赞扬灾后人们重建灾区的大无畏精神，最后勉励人们继承和发扬这种精神，奋发向上。

四、结尾

吊唁致辞通常以“××同志永垂不朽”或“××同志，安息吧”等作为结束语。也可加上号召性的语言，增强感染力。例如，“让我们化悲痛为力量，继承××同志的遗志，努力学习和工作，取得更大的成绩，以慰××同志在天之灵。××同志，安息吧！”。

第一节　单位领导追悼会致辞

单位领导追悼会致辞，首先，要表达致辞人的沉痛心情，并表明逝者的身份；其次，依次介绍逝者的生平、功绩等，并肯定其高尚的道德品质；最后勉励大家向其学习。

范例一

【致辞人】×× 市 ×× 系统领导

【致辞背景】单位领导追悼会

各位来宾，同志们、朋友们：

今天，我们怀着极其沉痛的心情，深切悼念我市 ×× 系统的优秀干部、原 ×× 局局长 ×× 同志。

×× 同志因心脏病突发，抢救无效，于 ×× 年 ×× 月 ×× 日不幸去世，享年 ×× 岁。在此，我谨代表我市 ×× 系统的 ×× 名干部职工，对 ×× 同志的不幸去世表示沉痛哀悼，并向其家属表示亲切的慰问！

×× 同志 ×× 年 ×× 月 ×× 日出生于 ××（地名），×× 年毕业于 ×× 学校，毕业后被分配到 ××（地区名）参加工作，并于同年加入中国共产党，后调至 ×× 局任主任科员，后任 ×× 局局长。（生平介绍）

×× 同志自从 ×× 年参加工作，多年来虽然工作有调动，但是他始终保持着认真负责、勤恳敬业的工作态度，在每个岗位上都做出了非凡的成绩。在工作中，他积极进取、精益求精，业务能力超强；在生活中，他是一个好丈夫、好父亲，对家庭有担当。无论是在工作中还是生活中，他都值得我们学习！

在对人对事上，我们要学习 ×× 同志正直做人、踏实做事、清白做官的优秀品质；在工作上，我们要学习 ×× 同志坚守工作岗位，每天都以最大的热情投入工作，不断积极进取的精神；在作风问题上，我们要学习××同志时刻不忘党员职责，为民办事不图名利的工作作风。我们要沿着他平凡而伟大的足迹继续前进，做一个高尚的人，做一个有益于人民的人。

××同志离开我们了，我们要早日从悲痛中站起来，化悲痛为力量，努力工作、奋勇拼搏，为实现我市经济快速发展贡献自己的力量！

××同志，安息吧！

范例二

【致辞人】××公司部门领导

【致辞背景】××公司总经理追悼会

敬爱的××总经理：

今天，公司的全体员工在这里怀着悲痛的心情来为您送行！

××总经理，我们清楚地记得与您在一起的每一天，清楚地记得您为公司操劳的日日夜夜，清楚地记得每个节假日您操劳的身影。公司从几个人的小团队发展到今天××人的规模，这中间凝聚了您多少的汗水与心血？您就是这样一直默默地奉献着，毫无怨言。每当同事们加班时，您总是对加班同事关怀备至，经常对他们说："早点回家，家中还有老婆孩子。"然而，您自己，却一心扑在工作上，顾不得回家。记得，有一次，您的妻子生病住院，当时公司正面临着前所未有的危机，您匆匆看了爱妻一眼，便又回到公司工作，直到您的妻子出院，您都没顾得上再去看她一次。

您就是这样，宽以待人，严于律己。十几年来，您总是第一个到办公室，经常最后一个离开，靠着您的勤奋和敏锐的市场观察力，我公司一次次从困境中走出来，一天天地成长起来，取得了今天这样辉煌的成绩。您已经成为公司的一面旗帜，成为我们所有人的精神支柱。

然而，当公司开始向更高的阶段迈进的时候，您，我们敬爱的××总经理，却永远地离开了我们，离开了您用心血浇灌起来的公司。您的离去，让我们很伤心。我们失去了您这样一位好领导、好长辈，但请您相信，请您放心，您的精神将永远鼓舞着公司的全体员工，我们将秉承您的遗志，努力拼搏，创造新的辉煌！

敬爱的××总经理，安息吧！

范例评析

范例一是一篇常规的吊唁辞，内容基本遵循吊唁辞的写作规范。范例二属于特殊的吊唁辞，整个致辞可以当作与逝者的直接对话，致辞人用感人的语言、真挚的情感将哀思之情、缅怀之意充分地表达了出来。

第二节　离休老干部追悼会致辞

离休老干部追悼会致辞的写作可参考单位领导追悼会致辞的写作方法，同样要追述离休老干部的生平、功绩，并赞扬其优秀的品质及其为社会、企业做出的突出贡献，最后勉励大家向其学习。

【致辞人】×× 市政府领导

【致辞背景】×× 离休老干部追悼会

同志们：

今天，我们聚集在这里，怀着无比沉痛的心情悼念中国共产党的优秀党员、我们的离休老干部 ×× 同志。

×× 同志因心脏病突发，经抢救无效，于 ×× 年 ×× 月 ×× 日不幸逝世，享年 ×× 岁。他的离去使我们党失去了一位好党员，使我们失去了一位好同志，我们感到无比的悲痛！

×× 同志于 ×× 年 ×× 月出生于 ××，×× 年参加工作，曾担任……（工作经历略）

在国家最需要的时候，×× 同志毅然决定投身革命，把自己的一生献给我们的祖国。在长期的革命生涯中，他没有被腐化的思想所浸染，始终保持清正廉洁、大公无私的工作作风。无论在哪个工作岗位上，他都热爱集体，团结同志。×× 同志是一位值得我们铭记、值得我们缅怀的好干部、人民的好公仆。面对数次艰险的政治斗争，他始终保持自己的立场，绝不说违背良心的话、不做违背良心的事，是一名真正经得起考验的优秀共产党员。×× 同志在 ×× 岗位任职期间，面对艰苦的环境，始终与人民群众同甘共苦，始终将党和人民的利益放在首位，为 ×× 市的经济、社会发展做出了突出的贡献！

×× 同志离休后，始终以一名党员的标准严格要求自己，虽然已经离开工作一线，但仍然关注着我市的发展，积极为新干部提建议、出对策，向党和政府建言献策。在他身上真正体现了生命不息、奋斗不止的革命精神，他是我们所有干部职工学习的榜样。

××同志永远地走了！我们感到无比的沉重与悲痛！但我们要化悲痛为力量，继承和发扬他崇高的精神，在各自的工作岗位上努力奋斗，用成绩证明自身的价值。同时，我们也向××同志的家属表示最诚挚的慰问！

××同志，安息吧！

范例二

【致辞人】××集团企业领导

【致辞背景】悼念该企业离休干部××的活动

同志们，朋友们：

今天，我们怀着无比沉痛的心情悼念我们的优秀老干部××同志，祭奠他的英灵，缅怀他的功绩。

××同志于××年××月××日因病医治无效，不幸逝世，享年××岁。

××同志××年××月出生于××的一个知识分子家庭，××年毕业后参加工作，先后担任……（工作经历略）

××同志工作××年来，一直坚持公正无私、恪尽职守的工作原则，兢兢业业、默默奉献。无论是在基层岗位，还是后来担任管理岗位，××同志总是一心扑在工作上，敬业爱岗，无私奉献。为了提高自身能力，××同志不断加强自身业务学习，为企业发展出谋划策，提出了许多宝贵的发展思路。他乐于帮助同事，经常为同事解决疑难问题，深受同事们的尊重和爱戴。

××同志工作期间，为企业的改革和发展做出了突出贡献。离休后，他仍然关心和支持企业的发展，为企业发展建言献策。就是这样一位好同志，却永远地离我们而去了，我们感到无比悲痛！

××同志跟我们永别了！但我们要化悲痛为力量，继承××同志的优秀品质，继续在各自的工作岗位上认真工作，积极进取，为企业的发展贡献更大的力量！

同时，我们也向××同志的家属表示最诚挚的慰问，希望你们继承××同志的遗志，在今后的工作中秉承他的精神，关心我公司的发展！

××同志，安息吧！

范例评析

两篇追悼会致辞感情基调把握得很好，与其他致辞相比，此类致辞的情绪要更低落，哀痛成分要远远大于鼓舞、安慰的成分。

第三节　退休教师追悼会致辞

退休教师追悼会致辞要注意以下两个问题：第一，用词要讲究，教师都是有知识、有修养的人，此类致辞一般由教师的领导所致，因此要体现出知识分子的特点，语言文字表达要谨慎，用词要讲究；第二，内容上主要说明该教师对教育事业所做的突出贡献。

范例一

【致辞人】×× 学校领导

【致辞背景】×× 退休教师追悼会

各位来宾，朋友们：

今天，我们怀着十分沉痛的心情，在这里举行追悼会，深切悼念我校退休教师 ××。

×× 同志，生于 ×× 年 ×× 月 ×× 日，出生在一个教育世家……（生平略）

×× 同志执教 ×× 年来，始终刻苦钻研教学业务，不断摸索新的教学方法，研究出了一套实用且能够调动学生积极性的教学方法。他渊博的学识、独特的人格魅力、高尚的师德，深深影响了一代又一代的学生，为社会培养了众多的有用人才。这些都是他辉煌一生的最好注解。

×× 同志平和可亲、关爱他人。他对待学生像对待自己的孩子一样，严格中不失温情，严肃中蕴含关爱。他经常利用节假日，义务为学生补课，并鼓励学生要进取、拼搏、创新。对待年轻教师，他像一个兄长，将自己的教学方法和经验毫无保留地传授给他们，主动地引导他们走向成功，已经带出了一批又一批的优秀教师。他以这种不计较得失、乐于助人的品质影响着、感动着身边的人，让更多的人开始向他学习、向他靠近。

×× 同志 ×× 年如一日，在三尺讲台上做出了巨大的贡献，他的付出也得到了回报，他得到了我们所有人的爱戴和尊敬。

×× 同志的离开，让我们感到悲痛与惋惜，他的儿女们失去了可亲可敬的父亲，我们失去了一位好同志、好师长。但我们要化悲痛为力量，牢记他认真务实的工作作风，将他身上的这些优秀品质继承并发扬下去，为祖国的教育事业做出更大的贡献。

××老师，安息吧！

范例二

【致辞人】××市领导

【致辞背景】××教师追悼会

各位来宾，同志们、亲友们：

此刻，我们怀着十分沉痛的心情，在这里深切哀悼我省优秀教师、我市××中学教学主任××同志。××同志因病抢救无效，于××年××月××日××时在××医院不幸逝世，享年××岁。

××，男，汉族，中共党员。××年××月××日生于……（生平略）

××同志教学成绩突出，在教育一线工作的这几十年来，多次被教育局授予“优秀教育工作者”“先进工作者”和“市劳动模范”的荣誉称号，为我市××学科的教育工作做出了巨大贡献。因其教学成绩突出，曾受到过党和国家领导人的亲切接见。

××同志学识渊博，且富有创新意识和开拓精神。在多年的教学生涯中，他通过教学与理论研究相结合的方式，总结出了一套独特的教学方法。这套方法能由浅入深、由简到难地让学生加深对知识的理解，能够引领学生主动思考问题，全面提高学生发现问题和解决问题的能力。

××同志勤勤恳恳，任劳任怨，他把自己的一生奉献给了我市的教育事业。几十年来，他不断总结教学经验，在核心期刊上发表论文十余篇，主编了一系列教材，为兄弟学校学科建设提出了很多宝贵意见。

××同志的逝世，让我们悲痛不已。这不仅仅是我市××中学的损失，更是我省教育界的损失！在此，我们也勉励广大的教师朋友，尤其是青年教师，一定要化悲痛为力量，继承××同志的优良传统，为教育事业奋斗终生。

××老师，安息吧！

范例评析

将两篇范例进行比较，我们可以明显感觉到范例一比范例二更加动情，范例二则显得有些庄重、严肃。这是因为两篇范例的致辞人身份不同：范例一的致辞人是该学校的校长，因此他可以侧重真挚情感的流露；范例二的致辞人是政府领导，因此，致辞在体现哀悼之情时，还要体现庄重性和严肃性。

第四节　员工家属追悼会致辞

员工家属追悼会致辞要注意以下几点：首先，语言表达不可过于刻板严肃，要用较为亲切的语言表现出感情的真挚；其次，在对逝世家属生平等进行简述后，还要对该员工的品质进行赞扬，从侧面衬托该家属的良好品质；最后，要对来宾的帮助表示感谢。

范例一

【致辞人】××公司工会领导

【致辞背景】公司某员工母亲的追悼会

尊敬的各位亲属、各位来宾：

今天，我们怀着沉重的心情在这里悼念××老人。首先，请允许我代表公司全体干部职工向××老人的不幸病逝表示最沉痛的哀悼，向××老人的家属表示最诚挚的慰问！我本人对失去××老人这样一位好长辈表示惋惜和难过。

××老人走过了××个春秋，她辛苦地将儿女养育成人，并把他们培养成优秀的人才。正是她崇高无私的爱，这个家才变得如此温暖，孩子们才如此优秀。她在生命的最后，仍然在担心自己的儿女，这是一位多么可敬、可亲的母亲啊！儿女们都已经成家立业，她本已到了享受天伦之乐的时候，可是由于操劳过度，身体多病，她离开了她的儿女们，离开了她操持一生的家。千言万语，也道不尽亲人、儿女、朋友对她的深切怀念和沉痛哀悼。

××同志是××老人的好儿子，是我公司一位优秀的管理人员。他把从母亲那里继承到的优秀品质融入工作中，他时刻关心职工生活，帮助职工解决生活困难，致力于改善职工的生活条件；他工作勤恳、兢兢业业、管理有方、大胆务实，在公司优秀员工评比中多次获奖，受到了公司上下全体干部职工的肯定和好评。这些无不是他谨记××老人谆谆教诲的结果，无不体现着他对××老人优秀品质的继承和发扬。我相信没有为人正直、心胸宽阔的××老人的养育，我们就没有这样一位优秀的员工。

最后，让我们化悲痛为力量，向 ×× 老人学习，在各自的工作岗位上敬业爱岗、努力创新，用优异的成绩告慰 ×× 老人的在天之灵。

×× 老人，您安息吧！

范例二

【致辞人】×× 局领导

【致辞背景】员工家属的追悼会

尊敬的各位亲属、各位来宾：

今天，我们在这里隆重举行 ×× 老人的追悼会，沉痛悼念 ×× 老人。首先，我代表 ×× 局的全体干部职工向 ×× 老人的逝世表示沉痛的哀悼，并向 ×× 老人的家属表示诚挚的慰问，希望你们保重身体，振作起来。

×× 老人的一生是勤劳付出的一生。几十年来，她艰苦朴素、勤俭持家，为了儿女，操劳一生，无怨无悔。在她的辛勤养育下，她的儿女长大成人，成为人品正直、做事认真的好同志。×× 老人一生平凡、俭朴，没有穿过一件华丽的衣裳，没有吃过一次奢侈的大餐，并不是儿女们不舍得为母亲花钱，只是老人始终保持勤俭节约的良好传统。但 ×× 老人却舍得花钱帮助那些需要资助的人。邻居的小女儿因交不起学费，屡次面临退学，在 ×× 老人的慷慨资助下，这个小姑娘终于重返了校园。今天这个小姑娘已是 ×× 大学的高材生，每次说起 ×× 老人，她都无比激动。×× 老人用她特有的爱赢得了邻居和晚辈们的尊敬和爱戴。她的离去，让她的家人、亲属、邻居、朋友都感到心痛和惋惜。

×× 老人的一生是值得骄傲的一生。在 ×× 老人的严格教育下，她的子女们如今都已走上了工作岗位，他们继承了老人的优秀品质，工作认真负责，待人热情友善。×× 同志便是 ×× 老人的儿子，他在我局工作兢兢业业，刻苦奋进，数次圆满完成 ×× 任务，为我市 ×× 工程的建设立下了汗马功劳。他的身上始终闪耀着 ×× 老人的高尚品质。

×× 老人本应享受天伦之乐，却因疾病永远地离开了她的亲人，离开了她的朋友。今天我们在这里深切悼念 ×× 老人，缅怀她短暂而光荣的一生。最后，我代表 ×× 同志感谢各位亲属和来宾的帮助。

×× 老人，安息吧！

范例评析

范例一中的员工家属是一位普通的老人，因此范文主要写了两方面的内容：一是对逝世者的怀念，二是对员工工作表现的肯定。这样的致辞适用范围较广。从范例二中，我们可以明显感觉到逝者是一位令人尊敬的老人，所以该致辞紧紧围绕老人的感人事迹来写，充分表达了致辞人对老人的崇敬之意。

第五节　悼念革命烈士致辞

悼念革命烈士致辞，首先要悼念和缅怀革命先烈，然后表达学习和继承先烈们伟大革命精神、高尚道德品质，为了继续建设和发展 ×× 而努力拼搏的决心。

范例一

【致辞人】×× 学校领导

【致辞背景】清明节悼念革命烈士活动

同学们：

今天是一年一度的清明节，我们 ×× 中学全体师生齐聚我市 ×× 革命烈士陵园，隆重举行扫墓活动，纪念那些为了国家独立而付出宝贵生命的革命先烈。

缅怀革命先烈已经成为我校的光荣传统。站在肃穆的革命烈士陵园内，我们深切悼念为了民族解放和国家独立而英勇捐躯的英烈们；瞻仰庄严的革命烈士纪念碑，我们认真品读有名、无名的革命先烈的坚贞信仰；面对一排排默默守候革命烈士英灵的参天松柏，我们牢记革命先辈们不屈不挠的革命精神。下面，请同学们闭上眼睛，用最真诚的心为我们敬爱的革命先烈们默哀。

不论时光流逝，岁月经历怎样的变迁；不论过去多少年，纵然沧海变桑田。先烈们为了民族的解放和复兴所做出的一切努力都不会被历史遗忘，因为这份厚重的历史是他们用鲜血谱写的。不眠的松柏、静默的纪念碑始终伴随着先烈的英灵，面对革命先烈，让我们用誓言来表达我们珍惜生命、珍爱亲情、珍惜生活的决心，让我们用诚心来表达我们对生活的热爱、对他人的关怀，来慰藉革命先烈的在天之灵。

任何国家的崛起和富强都离不开高素质的人才和崇高的爱国精神。提高国民素质，增加和凝聚国人的爱国精神是国家富强的精神根基。同学们，你们是祖国的希望，是祖国的未来。希望你们能向先烈们学习，树立远大的理想，努力学习，早日成为具有良好道德修养和掌握先进技术的社会主义的建设者和接班人。

今天，我们瞻仰革命烈士纪念碑，深切缅怀革命英烈的丰功伟绩。同学们，虽然你们生活在和平盛世，但是你们要深知我们的幸福生活是无数革命先烈用青春和生命换来的。同学们，你们一定要继承革命先烈们的遗愿，心怀远大抱负，怀揣伟大理想，为了祖国的繁荣昌盛而努力奋斗！

范例二

【致辞人】×× 市市长

【致辞背景】纪念革命烈士大会

尊敬的革命烈士家属、驻 ×× 市部队指战员，社会各界爱心人士：

今天，我们聚集在市革命烈士纪念馆前，隆重举行纪念革命烈士大会，深切缅怀为了中华民族的独立和解放、为了社会主义革命和建设而英勇献身的革命先烈们。

×× 年来，无数革命先烈为了实现民族的独立、国家的崛起，为了人民的解放斗争前赴后继、流血流汗。正是因为有了他们的英勇奋斗、坚贞不屈、抛头颅洒热血的伟大奉献，才有了祖国今天的安定繁荣，是他们用鲜血谱写了祖国辉煌灿烂的今天。我们要牢记历史，时刻用先烈的精神激励自己，将我们的智慧和力量投入祖国的建设中去，为了国家的富强和民族的复兴，奋勇前进。

今天，我们在此纪念为民族解放而英勇献身的革命烈士们。我们要把先烈们作为我们的榜样，学习他们对党和人民的忠诚，学习他们顾全大局、艰苦奋斗，为党和国家不懈奋斗、勇于献身的精神。在新时代下，我们要以社会主义核心价值观为指导，不断加强党的执政能力建设，始终保持党的先进性，为人民奉献我们全部的力量。我们今天站在革命烈士用身躯和鲜血铸就的这座不朽的丰碑下，倍感激动，热血沸腾。就让我们在此向先烈们送上我们最诚挚的敬意，让我们在先烈面前保证，我们定会大力弘扬革命先烈的高尚爱国主义精神和伟大的革命英雄主义精神，为把我市建设成繁荣、文明的全国重点城市和世界知名城市而努力奋斗！

范例评析

范例一的致辞对象是学生，因此致辞内容充满了教育意味，致辞人通过对烈士的缅怀，以及烈士的英雄事迹来感化学生。语言通俗易懂，并且充满了鼓舞。

范例二是一篇典型的政府领导致辞，表达得体、措辞准确。整个致辞不仅很好地把悼念革命先烈的感情表达了出来，还将党的建设和政府的作为与缅怀革命先烈联系起来，体现了纪念革命先烈的重要现实意义。

第六节　悼念殉职烈士致辞

悼念殉职烈士致辞，首先要表达对烈士的悼念、哀思、惋惜之情；其次，要说明烈士是在什么情况下殉职的；再次，要肯定烈士的贡献，并结合烈士生前的工作表现，赞扬烈士的优秀品质，并勉励大家向其学习；最后，通常以“安息吧，××烈士”结束致辞。

范例

【致辞人】×× 领导人

【致辞背景】悼念因公殉职烈士活动

同志们，朋友们：

今天，我们怀着无比沉痛的心情迎接我们的烈士回家。首先，我代表 ××、×× 欢迎烈士们回家，向烈士们表示深切的哀悼，并向烈士的家属表示最诚挚的问候。

××、××、×× 等 ×× 位同志担负着祖国的重托，远赴重洋，赴 ××（国家或地区名称）执行 ×× 任务。他们没有辜负祖国的重托和人民的期望，圆满地完成了 ×× 任务。遗憾的是，他们在执行任务后，身负重伤，最终因抢救无效离去，他们把自己宝贵的生命献给了世界和平事业。他们是我国公安民警的优秀代表，是中华民族的优秀儿女。祖国人民永远不会忘记他们，××（国家或地区名称）人民也不会忘记他们。

×× 位烈士的家属多年来为支持亲人的工作承担了家庭的重担，做出了巨大的牺牲。这次，你们又要承受失去亲人的巨大痛苦，就让我们和你们一起分担这份痛苦吧！祖国和人民希望你们坚强起来，保重好身体，照顾好老人，抚养好孩子，党和政府一定会给予你们最大的支持和帮助！

今天，大地肃穆，江河呜咽，神州大地都为祖国失去这 ×× 位优秀的儿女而垂泪，960 万平方公里的土地都沉浸在一片悲哀之中。今天，×× 位英雄儿女回到了祖国的怀抱，我们将用更加隆重的仪式来悼念他们：因为这 ×× 位烈士用宝贵的生命为祖国争得了荣誉，用无私的奉献换取了世界的和平。今天，他们不幸因公殉职，但他们的忠魂不泯，浩气长存！

他们是中国公安民警的杰出代表，他们是新时代最可爱的人，他们是我们学习的好榜样。他们的死重于泰山！他们将永远活在中国人民的心中！

安息吧，各位烈士！你们将永垂不朽！

范例评析

通读此篇范例会有无限的悲壮之感，文中“大地肃穆，江河呜咽，神州大地都为祖国失去这 ×× 位优秀的儿女而垂泪”的语句让人不禁潸然泪下，用在此处十分恰当。

第七节　悼念见义勇为烈士致辞

举行见义勇为烈士的悼念活动，目的在于哀悼烈士，并表彰其见义勇为的行为。因此此类致辞，首先要详述烈士见义勇为的具体行为，接着要用浓重的笔墨肯定其见义勇为的行为，并号召大家向其学习。

范例一

【致辞人】×× 镇党委书记

【致辞背景】×× 烈士悼念活动

各位镇党委、镇政府干部，各位村民，老师们、同学们：

今天是党的好战士、×× 人民的好儿子 ×× 烈士为抢救落水学生牺牲 ×× 周年纪念日，我们齐聚镇广场，怀着无比哀痛的心情向 ×× 烈士表示沉痛的哀悼和深深的哀思！向 ×× 烈士的家属表示亲切的问候！

××年前，××同志从部队回家探亲，途经我镇的时候，发现××名学生正在××河的激流中挣扎，他立刻下水救人。不幸的是，在救上最后一个学生后，由于水流过急，他没能上岸，失去了年轻的生命。他用生命践行了“随时为祖国和人民牺牲一切”的军人誓言，用英勇的行为诠释了新一代祖国青年的人生观和价值观。他用自己的生命换回了他人的生命，谱写了一曲催人泪下的英雄之歌。

今天，我们在这里缅怀××烈士，希望每一位到场的人员都能学习他的崇高精神，在生活中不畏困难，乐于助人；秉承他的优秀品质，灾难面前奋不顾身，舍己救人；发扬他的高尚情操，在工作、学习中奋发向上，认真负责。

英雄的忠骨掩映在苍苍青松之间，但英雄的忠魂永存、精神永存。在此，我希望我镇的所有老师都能在以后的工作中忠于教育事业，严守职业道德，言传身教，以身作则，为祖国培养更多的栋梁之材。“少年智则国智，少年强则国强，少年雄于地球则国雄于地球”，青年朋友们，你们是祖国未来的希望，是建设祖国美好明天的生力军，你们要树立正确的人生观、价值观，努力提高自身能力，争取早日成为社会主义事业建设的中流砥柱。

同志们、老师们、同学们，让我们在英雄的纪念日庄严立誓：未来的道路上，我们一定士气高昂，步伐坚定，奋勇前进，为创造更加美好的未来不懈努力！

人民英雄永垂不朽！

××烈士永远活在我们心中！

范例二

【致辞人】×× 市市委副书记

【致辞背景】见义勇为烈士追悼会

各位来宾，同志们、朋友们：

今天我们在这里隆重举行悼念活动，沉痛哀悼舍己救人的英雄、当代优秀大学生的代表 ×× 同学，并向 ×× 同学的家属表示诚挚的慰问。

×× 月 ×× 日，在我们这个平静的城市发生了一件不平静的事情：在 ×× 河里，两名落水儿童在大喊“救命”，×× 同学听到后，奋不顾身地跳入河中，他在救上一名落水儿童后，体力已明显不支，但他还是又跳入河中，寻找另一名落水儿童。在救上另一名儿童后，他没能上岸，一个年轻的生命就这样离我们而去。今天，×× 同学的老师、亲友和全市各界市民自发前来为我们的英雄送行。

×× 同学是我市青年的杰出代表，是全市人民心中的英雄，是时代孕育的又一个伟大的楷模。×× 同学舍己救人的光辉事迹，是新时代大学生勇于承担社会责任的最好诠释，全面展示了当代大学生良好的精神面貌。有很多人说，90 后是垮掉的一代，是经不起风浪的一代。我要说，90 后是思维活跃、拥有强烈社会责任感的一代，是心系祖国发展、希望为中华民族伟大复兴贡献力量的一代。优越的生活条件并没有让他们失去承担责任的勇气，他们是值得信赖的。

在 ×× 同学舍己救人的英雄行为发生后，省委、省政府高度重视，要求在全省大力宣传 ×× 同学的事迹，让 ×× 同学的事迹深入每一位公民的心里。让我们在感动、敬佩中认清当今社会英雄主义的实质和价值，并将其与祖国的未来相结合：将自己的人生观、价值观与祖国的发展相结合；将我们在各自岗位上的工作与促进经济社会发展相结合；将在学校努力学习与为祖国的未来添砖加瓦相结合。我们要把这种精神切实发扬到推进我市经济社会发展建设中来，让每一个人都能自觉为祖国的繁荣昌盛贡献自己的智慧！

最后，让我们再一次哀悼我们的好儿女、时代的英雄××同学！英雄将永远活在我们心中！

范例评析

两篇范例的致辞对象在年龄上有所不同：范例一主要面对的是中小学生，所以号召大家学习的语句较多，表达也很直接；范例二的致辞对象主要是大学生和社会群众，他们的理解能力较强，所以致辞中多运用含义比较深刻的语句。这种区别充分考虑到了致辞对象的接受能力，值得我们借鉴。

第八节　悼念灾难事件致辞

悼念灾难事件致辞，首先要说明什么时候发生的灾难和灾区人民所经历的痛苦；其次，要指出政府为灾区所做的努力和灾后人民的自救情况；最后，对灾区人民给予诚挚的祝福。此类致辞，感情要真挚动人。

范例一

【致辞人】×× 学校领导

【致辞背景】汶川地震 ×× 周年纪念大会

老师们、同学们：

×× 年前的今天，当我们还沉醉在自己快乐生活中的时候，一场突如其来的大地震打乱了我们平静的生活。我们的家园瞬间变成了废墟，很多亲人、朋友永远地离开了我们。我们的学校也未能幸免于难，在那次地震中被夷为平地。这场永远被历史铭记的“5·12”汶川大地震，时至今日，依然让我们承受着太多生命中所不能承受之重！

那一次灾难使我们失去多少同胞？！使多少家庭失去亲人？！使多少孩子失去父母？！今天，我们的心仍在颤抖！但我们伟大的中华民族并没有被地震震倒，我们团结一致、众志成城，在悲痛后迅速投身到灾区重建的行动中。脸上滚烫的泪水流出的不是懦弱，而是坚定，因为我们没有失去希望，我们在用自己的努力让家园再次崛起！

汶川大地震发生后，我国政府积极组织救援，取得了良好的成效。这次救援被国外媒体称为“人类历史上最大规模和最为迅速的救援行动”。全国各族同胞纷纷为灾区捐款捐物，还有很多志愿者从四面八方赶来，为灾区贡献一份力量。举全国之力营救灾区的每一个普通生命，这是新中国，是中国共产党，对每一个生命高度尊重的最好诠释。

我们学校当时的情况非常糟糕，许多学生和老师在废墟下等待救援。我们不会忘记，×× 老师为保护身下的 3 名学生，献出了自己年轻的生命；我们不会忘记 ×× 同学在得到救援后，对救援队员说，先救他的同学；我们不会忘记学生、家长、老师组成的援救队，在废墟中积极展开的营救工作。我们不能忘记的太多太多！今天，我们的五星红旗又高高飘扬在校园的上空，朗朗的读书声又回荡在昔日的地震废墟上，我们有了新的教学楼，新的校舍。但我们依然要缅怀在地震中遇难的同胞们，要感谢在地震中伸出援手的所有人。我们共同经历了灾难，也懂得了责任与感恩，在灾难中成长起来的一代人必将成为祖国建设队伍中的中坚力量。

这次灾难是中华之殇，历史不能忘记！我们不能忘记！

灾难虽然已经过去了 ×× 年，但我们不能忘记，我们应该接受苦难的洗礼，用坚强的意志、不倒的信念努力学习，在灾难中坚强成长！

范例二

【致辞人】×× 市副市长

【致辞背景】纪念唐山大地震 ×× 周年活动

同志们、市民们、朋友们：

1976 年 7 月 28 日，一场突如其来的大地震袭击了唐山，瞬间将整座城市夷为平地。倒塌房屋 33.9 万间，共计死亡人数 24.3 万人，受伤人数 16.5 万人，其中有 7218 户全家震亡，4206 名儿童沦为孤儿。唐山大地震给人民的生命财产安全带来了巨大的灾难，举国震惊！

今天是唐山大地震 ×× 周年纪念日。痛定思痛，我们要永远记住这个给国家经济发展、给人民生命财产安全造成巨大损失的灾难日，要认真做好防震减灾工作。具体来讲，保护人民群众的生命财产安全是防震减灾的首要任务，减轻地震对经济社会发展的影响是防震减灾的重要目标。在工作中，我们要以预防为主，防御与救助相结合，按照重点突出、防御全面、体系健全的战略指导，建立健全地震监测预报工作体制，完善震灾预防、应急救援工作体系，居安思危，防患于未然。

做好防震救灾工作就是要做好下面几项工作：

第一，做好地震监测预报工作。要继续改进地震微观监测手段，尽快建立地震宏观测报网、灾情通报网、地震知识宣传网和防震减灾助理员体系；运用现代信息技术，建立灾情预测预警机制；牢固树立“震情第一”的观念，时刻监视震情变化，加强地震预测，严密捕捉前兆信息，力争做好灾情预测。

第二，加强震灾预防工作。抓好地震活动断层探测、地震区划及地震安全性评价等基础工作，指导城乡发展规划和工程建设；抗震设防要严格按要求进行，努力确保建设工程的抗震能力；城乡民居、学校和生命线工程的地震安全要引起各方的高度重视；全民参与防震减灾工作，切实提高全市人民的防震减灾意识和自救能力。

第三，健全地震应急管理工作机制。各级各部门要通过增强危机管理意识和提高应急指挥、决策水平来健全防震减灾工作体制；要进一步健全政府统一指挥、各有关部门协同配合、全社会共同参与的地震应急救援工作机制；各级各部门要在应急防范准备上，在应急指挥机构的建立健全上，在应急预案的完善上，在紧急救援队伍和社区志愿者队伍的建设上，在紧急避难场所的规划建设上狠下功夫，切实做好防震减灾工作。

同志们，防震减灾是关系到人民生命财产安全的大事。我们要紧密团结在市委、市政府周围，全面落实社会主义核心价值观，增强忧患意识、责任意识和大局意识，团结协作，扎实工作，认真做好各项防震减灾工作，为构建和谐××市、安全××市而努力奋斗。

谢谢大家！

范例评析

范例一的致辞人是学校领导，身为灾难亲历者，他对这场灾难充满了无限的感慨。文中多次运用排比句、感叹句，表达他对这场灾难的切身感受。主体内容中较多的篇幅与学校的学生息息相关，既是对学生的鼓舞，也是在培养学生的感恩之心，不失为一篇优秀的致辞。

范例二通过纪念唐山大地震来提高民众的防震救灾意识，条理清晰，用语凝练。文中多用短语行文，语言显得简洁、有力。但稍显不足的是对唐山大地震的纪念意味不够浓重。

第八章

公务礼仪活动致辞

随着社会的快速发展，人们之间的交流越来越频繁。礼仪活动变成了现代社会不可缺少的交际手段。礼仪活动有很多种，本章要讲的是公务礼仪活动。公务礼仪活动致辞，内容要简明扼要，感情要真挚、自然。

一、篇幅

公务礼仪活动致辞的篇幅因致辞背景不同而有所不同：在签约仪式、奠基仪式、挂牌仪式上，致辞要篇幅短小，控制在500字左右；而在接见模范代表等活动时，篇幅可以根据需要自行调整，可长可短，但是，最多不可超过2000字；会见类致辞的篇幅一般较长，因为致辞中要为对方详细介绍本地的风土人情或经济状况。

二、开头

会见致辞的开头一般是对对方的到来表示热烈的欢迎。奠基、竣工仪式的致辞开头是对项目的奠基、竣工表示热烈的祝贺，另外还要表达对支持和帮助该项目的各级领导、各单位的衷心的感谢。签约仪式致辞的开头则是对签约活动的举行表示热烈的祝贺，对促成签约的各单位、各位朋友表示感谢。

三、主体

会见致辞的主体主要是对本地区进行详细介绍，包括地理环境、经济状况、风土人情等。奠基、竣工仪式致辞的主体主要是对涉及的项目进行简单介绍，也包括对以后工作的展望。签约仪式致辞的主体是对双方公司及双方合作具体事宜的介绍。

四、结尾

会见致辞的结尾一般是表达祝愿的话。接见致辞的结尾是对接见对象提出勉励的话。奠基仪式的结尾一般是“祝愿 ×× 项目早日竣工”。竣工仪式的结尾一般是对工程竣工的祝贺。签约仪式的结尾则是表达对签约双方合作愉快的期待。

第一节　接见与会代表致辞

接见与会代表致辞，开头要表示对与会代表的热烈欢迎，主体则是对与会代表提出希望或意见。因为接见者是代表政府的，因此致辞要严肃，涉及的话题也要严肃。

范例一

【致辞人】×× 市市委书记

【致辞背景】在 ××× 会上接见与会代表

同志们：

值全市党史工作会议召开之际，我谨代表党委向全市广大党史工作者致以亲切的问候和崇高的敬意，向参加会议的各位代表表示热烈的欢迎！

党史工作是党的一项具有全局意义和深远影响的工作。做好党史工作要高举中国特色社会主义的伟大旗帜，以邓小平理论、“三个代表”重要思想、社会主义核心价值观为指导，贯彻落实党的十九大会议精神、《中共中央关于加强和改进新形势下党史工作的意见》和全国党史工作会议精神。会前，市委下发了《关于加强和改进新形势下党史工作的实施意见》，为今后我市党史工作指明了发展方向、提出了基本要求。全市各有关部门要认真学习贯彻《中共中央关于加强和改进新形势下党史工作的意见》和我市制定的《实施意见》，努力推动我市党史工作再上新台阶，开创我市党史工作的新局面。

在这里，我向各位与会代表提几点意见：第一，要提高对新时期党史工作重要性的认识。我党的历史是一部奋斗史，是一部革命史。党史工作是我党事业的重要组成部分，有着极其重要的地位。做好党史工作就是铭记历史，也只有铭记历史才能以史为鉴，继往开来。各部门要高度重视党史工作，增强自身历史责任感和使命感，开拓进取，扎实工作，推动党史工作在新时期建设中不断迈上新台阶。第二，要加强对党史工作的指导。党委主要负责人要经常深入一线，听取党史工作者汇报工作，全力支持、保障党史工作的顺利开展。第三，加强领导班子建设。领导干部要注重培养更多的党史工作人才，鼓励广大党史工作者淡泊名利、潜心钻研，全身心地投入工作中去。

在座的每一位都是党史工作的带头人，你们要牢记党和国家赋予你们的使命，不辜负市委对你们寄予的厚望，努力进取、勇于创新，开创我市党史工作的新局面。

谢谢大家！

范例二

【致辞人】××党委书记

【致辞背景】××会上接见与会代表

同志们：

很高兴与大家见面，在此，我代表党委对出席会议的各位代表表示热烈的欢迎！

近年来，随着社会主义市场经济的发展和社会主义民主法治建设进程的加快，法院承担着越来越多的任务，人民群众对公正、廉洁、高效司法的要求越来越迫切，社会各界对法院的关注程度越来越高，法院队伍面临的考验也越来越多。要做好新时期下的法院工作，全省各级法院一定要以科学发展观为指导，始终坚持为大局服务，把“司法为民”作为工作的出发点，大力推进“阳光司法”，让人民群众看得见、信得过。

虽然我们在法治建设方面取得了不少成绩，但还存在很多问题，比如：工作人员的整体素质参差不齐，办案效率低下，个别干警廉洁意识不强等。值此××会议召开之际，我向大家提出几点要求：

第一，全省各级法院要狠抓队伍建设，提高法院工作人员的整体素质。新形势下，法院工作面临着许多新问题，这些问题要想得到顺利的解决，最主要的就是要提高法院工作人员的素质。各部门要加强思想政治学习，增强学习的自觉性，不断提高自身的素质。

第二，党员干部要在工作中起到模范带头作用。

第三，要树立廉政为民之风。法院队伍要时刻牢记为民司法的工作原则，自觉抓好廉政建设工作，增强与人民群众的感情。法院队伍中每一个人都要从心底倾听群众的呼声，坚持人民利益至上，严谨细致地处理好每一起案件，让人民群众满意。

第四，全省各级法院要加强工作作风建设。法院队伍要密切联系群众，摒弃身上的官僚习气，设身处地为群众着想，坚持从群众中来，到群众中去的工作方法，在严格按照法律法规办事的前提下，最大限度地急民之所急。

第五，各级法院还要提高法院工作者的待遇，让他们没有后顾之忧，能够安心地投入工作中去。

谢谢大家!

范例评析

接见与会代表致辞，致辞对象都是有一定身份的人，因此致辞态度要严肃，话题要有深度。两篇范例的语言平实，但是致辞很有启发性，话题普通但又有深度，值得我们借鉴。

第二节　接见驻外使节致辞

接见驻外使节致辞，开头一般是表达对驻外使节的热烈欢迎；主体内容主要是让驻外使节了解本地的特色，因此要注意语言的亲切性；结尾部分一般是对驻外使节表达感谢及祝福。

【致辞人】景德镇市市委书记

【致辞背景】接见外交部驻外使节考察团

尊敬的各位领导、各位使节、各位朋友：

草长莺飞，花语飘香。今天，我们相聚在此，我谨代表市委、市政府对外交部驻外使节考察团来我市考察、指导工作表示热烈的欢迎！

我市历史悠久，文化灿烂，雄踞长江之南，素有“江南雄镇”之称，历史上与佛山、汉口、朱仙镇并称全国四大名镇，是国务院首批公布的全国24个历史文化名城之一。早在1000年以前，景德镇就以瓷器扬名海外，是西方了解中国文化的重要窗口。（市情介绍，略）

如今的景德镇市正引领着当今中国乃至世界陶瓷发展的新潮流。当然，今天我们要振兴陶瓷事业依然是任重而道远，我们需要不断改进技术、寻求体制改革，要把高新技术陶瓷产业和文化创意产业结合起来，努力把我市的陶瓷产业做大做强。

此次外交部驻外使节考察团来我市考察，给我市提供了一个将陶瓷艺术传播到海外的机会，也为更多的人了解我市、了解陶瓷艺术创造了良好的条件。我市一定会抓住此次机会，依托悠久的陶瓷文化，将我市现有的陶瓷技术、人才等资源转化为生产力，不断更新技术，加大产品创新力度，积极开发新产品，走一条艺术品与生活品相结合的陶瓷研发之路，走规模化、产业化之路，打造属于自己的品牌，让我市陶瓷艺术品走出国门，走向世界。

最后，我再次向各位使节的到来表示热烈的欢迎，并对你们对我市工作的指导表示衷心的感谢！

范例二

【致辞人】舟山市领导

【致辞背景】文化节会见驻外使节

尊敬的各位使节及夫人，尊敬的××秘书长，各位来宾，女士们、先生们：

下午好！

今天，我们相聚在美丽的海天佛国、渔都港城。我有幸向在座的各位使节、各位朋友介绍舟山及普陀山。

舟山地处中国东部沿海，是中国第一大群岛，是我国唯一以群岛设立的地级市。舟山有悠久的历史和深厚的文化底蕴、独特的自然和人文景观，以及优良的海洋资源。近年来，我市依托丰富的自然和文化资源，形成了以佛教文化、旅游休闲、健康美食为支柱的特色产业。我市最著名的景区是普陀山，它和四川峨眉山、山西五台山、安徽九华山并称为中国佛教四大名山，是我市1390个岛屿中的一座小岛。作为国家首批重点风景名胜区和浙江省唯一的ISO14000国家示范景区，普陀山素有“海天佛国”的美誉。

普陀山风光秀丽，空气清新，被誉为“第一人间清净地”。岛上树木茂密，花香遍野，素有“海岛植物园”之称。岛的四周白浪环绕，渔帆竞发，青峰翠峦、银涛金沙环绕着大批古刹，构成了一幅幅美丽的画卷。

佛教四大名山，都各以山之伟、山之雄、山之峻见长，唯有普陀山有山有水，山在水之中，水在山之围，以山之秀、水之灵鹤立群山。古人曰：“仁者乐山，智者乐水。”佛教四大名山中，唯有普陀山能满足所有人的需求。现在，大家想象一下“海上有仙山，山在虚无缥缈间”的场景是多么美的意境！

任何言语都道不尽普陀山的奇美和神秘，还是请大家去亲身体验吧，你们一定会在一饱眼福的同时，深切地体会到普陀山独具一格的魅力。明天即将开幕的第3届南海普陀山观音文化节，更是观音道场千载难逢的一大盛事。

借此机会，我们热诚欢迎更多的海外朋友到我市考察、投资，到普陀山观光旅游。最后，祝在座的各位身体健康，家庭幸福，万事如意！

谢谢大家！

范例评析

范例一内容丰富，逻辑严谨。先介绍了该地区的历史，接着对该地区现在的情况进行了全面的介绍，并对未来的发展做了展望。此外，结构、层次也很清晰，段与段之间虽然没有明显的过渡性词语，但是运用了纵向式结构成文，过渡自然。

范例二的针对性较强，就对一个文化元素——普陀山展开叙述，致辞中对该文化元素的历史、现状均做了描述，有利于吸引听众的注意力。文中多用短句，便于听众理解，且生动形象。

第三节　接见道德模范致辞

接见道德模范致辞，开头要对道德模范代表致以崇高的敬意。主体部分可以从三方面来写：一是简单概括道德模范们所起到的作用，二是阐述如何促进道德建设，三是发出号召，号召人们向榜样学习。致辞结尾则是表达对道德模范的祝愿，如“祝 ×× 工作顺利，身体健康”等。

【致辞人】××市领导

【致辞背景】接见道德模范

同志们：

今天，我很高兴在这里与大家见面。首先，我向在座的各位道德模范致敬，并通过你们向全国所有的道德模范致以崇高的敬意和亲切的问候！

当前社会经济发展迅猛，人们面临着越来越多的诱惑。在这种形势下，我们更需要加强道德方面的建设。道德模范是全国亿万劳动人民的杰出代表，他们身上表现出的无私奉献、诚实守信、乐于助人等中华民族的传统美德值得我们所有人学习。他们是受人尊敬的道德楷模，他们的行为极大地推动了我国的精神文明建设，为形成和谐、健康、文明的社会风气起到了推动作用。

各级党委和政府要关心和重视道德模范，既要关心道德模范的生活，又要切实为道德模范解决思想上的困惑。此外，还要用各种形式弘扬道德楷模的崇高精神，不断提高广大人民群众的道德水平，使人们的日常活动同为人民服务、为社会献身的要求结合起来。只有这样，我们的道德教育才能收到更好的效果，我们才能实现社会主义精神文明建设的全面胜利。

各位道德模范都具有舍己利人、乐于奉献的优秀品质。希望大家向他们学习，按照“爱国守法、明礼诚信、团结友善、勤俭自强、敬业奉献”的基本道德要求来规范自己的行为，争取做一个文明人，做一个有素养的人！

最后，祝同志们身体健康、工作顺利、生活幸福！

【致辞人】××省领导

【致辞背景】接见全省道德模范

同志们：

今天，我很高兴在这里和大家见面。首先，我要向你们获得了“道德模范”这一称号表示热烈的祝贺！

时势造英雄。每个时代都会涌现出一批模范人物。我省这次评选出的道德模范，是在全面建设小康社会、加快推进社会主义现代化建设新时期中涌现出来的杰出代表。在你们当中，有乐善好施，发扬雷锋精神的助人为乐模范；有临危不惧，在生死关头把生的希望让给别人，把死的危险留给自己的见义勇为模范；有矢志不移，甘于寂寞，在科技领域做出杰出贡献的敬业奉献模范；有用瘦小的肩膀挑起全家重担的孝老爱亲模范……大家来自不同的地方和行业，但是都在各自平凡的岗位上，用自己的实际行动，向世人展示了助人为乐、见义勇为、敬业奉献、孝老爱亲的道德风貌。你们不愧为时代的楷模、现代公民的榜样、践行社会主义荣辱观的典范。

“人无德不立，业无德不兴，国无德不威。”加强社会主义道德建设是社会主义精神文明建设的重要任务。我们要坚持以社会主义核心价值观为指导，以这次评选表彰活动为契机，充分发挥道德模范的带头作用，大力弘扬社会正气。我们要通过形式多样的宣传活动，推进我省社会主义核心价值体系的建设。全省各单位、学校、社区都要积极响应号召，把学习道德模范作为一项重要的精神文明活动来抓，推动全省广大城乡、各行各业的精神文明建设。

最后，希望你们再接再厉，持之以恒，继续把你们的精神发扬光大，为推动我省的精神文明建设做出更大的贡献。

范例评析

范例一结构完整，层次分明。此外，在内容的安排上也比较恰当：首先表达了对道德模范的敬意，其次说明了道德建设的必要性，最后强调各级党委、政府要关心道德模范，并倡导大家向他们学习。

范例二运用了热情洋溢的排比句，能够充分调动致辞对象的情感，具有极强的感染力。

第四节　会见外国代表团致辞

会见外国代表团致辞，开头要对代表团的到来表示欢迎。致辞主体根据会见的目的具体安排，一般都要对本地的地理环境、经济发展状况等进行全方位的介绍；此外，还要对两国关系进行介绍。致辞结尾一般是对代表团成员表达祝福，如“祝××在××期间生活愉快”。

范例一

【致辞人】××市市委常委代表

【致辞背景】××市市委常委会见日本青年代表团

尊敬的××团长，青年朋友们：

大家下午好！

首先，我代表中共××市委、××市人民政府对各位青年代表的到来表示热烈的欢迎，欢迎你们来到这座美丽的城市！

在这里，请允许我为大家介绍这座美丽的城市。

我市共 × 个城区、× 个郊区、× 个县，总面积 ×× 平方公里，人口 ×× 万，是我国历史文化名城之一，是一座集深厚文化底蕴与现代时尚气息于一体的城市……（市情简介）

近年来，在省政府的大力支持下，我市发展势头迅猛，已经成为我国西部地区经济、文化、科技、交通运输中心。此外，我市一直重视生态环境的建设，目前已成为中国最适合居住的城市之一。我市与日本 ×× 市在 ×× 年结为友好城市，×× 余年来，两个城市联系紧密，交流频繁，在多个领域都有着深入的合作，彼此之间建立了深厚的友谊。这次根据中日青年友好交流计划，在中华全国青年联合会的邀请下，日本青年代表团来到中国并访问我市，我们感到非常荣幸。希望借此机会，我们能够加深对彼此的了解，为今后的合作交流打下良好的基础。

中国和日本在亚洲乃至世界上都有着重要的影响力，中日友好关系要面向未来、面向年轻人。今天，中日两国青年在此相聚，他们展现出的激情和活力，让我们看到了两国关系美好的未来。希望两国青年朋友能够增加对中日友好历史和两国发展现状的了解，不断加强中日友好关系。

最后，预祝代表团在我市交流访问期间生活愉快，也祝愿大家能在这座城市玩得开心，玩得尽兴！

谢谢大家！

范例二

【致辞人】×× 市副市长

【致辞背景】会见各国儿童代表团活动

尊敬的各位儿童代表团团长、各位成员：

今天是一个让人激动的日子，能与各位欢聚在这里是我的荣幸。我谨代表全市 ×× 万人民热烈欢迎各国儿童代表团来我市参加“×× 国际儿童节联欢会暨儿童用品博览会”。

少年儿童是祖国的希望，是未来的栋梁。增强世界各地少年儿童之间的相互交流，必将对世界的发展和社会的和谐起到重大且深远的影响。

今年的儿童节联欢会，参与的国家、地区和人员都比前几届多，这说明我们的活动得到了众多国家的肯定。我们一定会再接再厉，办好以后的活动。本次活动，我们安排了众多具有中国特色的儿童表演，希望大家能够喜欢。同时，我们也希望各位朋友能够通过联欢会加深对我国少年儿童的了解，增强各国儿童之间的感情。

孩子是连接世界各地不同文化的桥梁，是增进各国友谊的催化剂。希望我们的活动能够长久地促进我市与各国的交流，让我们的友谊天长地久！

祝愿各代表团成员在我市玩得开心，祝愿孩子们身体健康，天天开心！

谢谢大家！

范例评析

范例一是会见青年代表团的致辞，语言得体，逻辑严谨。字里行间流露着致辞人对城市的热爱之情，能引起致辞对象的共鸣。

范例二是会见各国儿童代表团的致辞，语言通俗易懂，简洁明了，符合致辞对象的理解能力。

第五节 会见采风团致辞

会见采风团致辞，开头部分要对采风团成员表示热烈的欢迎，主体部分一般会介绍采风团需要了解的内容，也可以体现致辞方的热情招待。

【致辞人】×× 市文化局领导

【致辞背景】×× 市新闻媒体采风团座谈会

各位领导，同志们、朋友们：

首先，我代表市文化局，对 ×× 市新闻界和旅游业的朋友们能在百忙之中抽出时间到我市考察，表示热烈的欢迎和衷心的感谢！

我市地理位置十分险峻，三面临山，一面临水。就是这个干旱、少雨、日照时间长的地方，孕育出了奇特的自然景观和绚烂的地方文化。（市情介绍，略）

我市在发展农业的同时，还大力发展旅游业，形成了以农业为主、旅游业为辅的发展局面。经过几年的努力，我市经济总量翻了两番，人民生活水平不断提高。（经济发展建设情况，略）未来，我市将在大力发展经济的基础上，开始进行自然资源和人文景观的保护工作，以便给子孙后代留下辉煌的历史文化遗产。

今天，各位新闻界和旅游业的朋友们来我市采风，希望你们到处走走看看，不仅要到知名的文化、旅游景点考察，还要深入到城市的每一个角落。这样有助于你们深入了解我们这座城市，有助于你们进行更为客观的报道。

最后，祝大家在我市的采风工作进展顺利！

谢谢大家！

范例二

【致辞人】×× 县领导

【致辞背景】省作协报告文学采风团来 ×× 采风欢迎仪式

各位领导，各位作家朋友：

上午好！

今天，全省各地的作家朋友们来到我县，深入到我县的 ×× 企业进行采风。在此，我代表 ×× 县委、县政府，对各位作家朋友的光临表示热烈的欢迎和衷心的感谢！

首先让我为各位尊贵的朋友介绍一下我县的情况：我县地处黄海之滨，背倚苏北平原，总面积 ×× 平方公里，人口 ×× 万，辖 ×× 个镇和 ×× 个经济开发区。我县历史悠久、人文底蕴深厚，是南宋左丞相陆秀夫、著名外交家乔冠华及第一位登上太空的美籍华人王赣骏的故乡，境内有汉代古墓群、唐代朦胧塔等名胜古迹和省级风景名胜区九龙口等。我县还是著名的杂技之乡、淮剧之乡，全国百强县之一。（县情介绍，略）

近年来，在上级党委、政府的正确领导下，我县认真落实科学发展观，大力推动经济社会的发展，取得了骄人的成绩。×× 年，全县完成地区生产总值 ×× 亿元，财政收入 ×× 亿元。今年1～6月份，实现地区生产总值××亿元，财政收入××亿元，比去年同期增长××%。经过多年的努力，我县拥有了自己的知名企业，××企业就是其中的一家。今天，各位作家朋友走进××企业，走到生产一线，感受××企业的企业文化，领略××人创业的豪情壮志。××企业的发展充满了艰难险阻，它能发展成今天这样具有国际竞争力的大集团，靠的是全体员工的努力拼搏。××企业现在是我县首屈一指的大企业，为我县的经济发展做出了巨大的贡献。各位作家朋友能够亲临我县，走进××企业，这对我县和××企业来讲，都是一次难得的机会，恳请各位作家朋友在今后的创作中能够予以我们更多的关心和支持。同时祝愿××企业能够锐意进取，不断创新，取得更好的成绩。

最后，祝省作协报告文学采风团的采风活动圆满成功！祝各位作家朋友事业有成，佳作不断，身体健康，万事如意！

范例评析

会见采风团致辞的目的就是让采风团成员领略到该地方的人文特色，给他们留下较为深刻的印象，引导他们的采风方向。在这类致辞中，致辞人在一定程度上充当了“导游”的角色。

范例一中，致辞人热情地为采风团介绍了该地方的人文特色，这样有利于吸引采风团成员的注意力；不足之处在于，介绍中使用长句过多，不利于听者理解。

范例二中在对本地情况进行介绍时，致辞人引出了很多名人，这样有利于提高本地区的知名度，引起采风团成员的注意；不足之处在于，一些介绍语言稍显啰唆。

第六节　会见工会委员致辞

会见工会委员致辞，一定要搞清楚致辞人与致辞对象之间的关系。工会委员一般是由上级领导会见，因此致辞内容一般是指示性内容，如对工会委员提出意见或是要求。

【致辞人】××市市委书记

【致辞背景】会见市总工会××届委员会委员座谈会

同志们：

市总工会××次代表大会刚刚胜利闭幕，这是一次团结民主、求真务实的大会，在这次大会上选举产生了市总工会××届委员会委员。在这里，我代表市委向新当选的市总工会领导班子表示热烈的祝贺，并借此机会，向全市的工会干部表示诚挚的问候！

自市总工会××次代表大会召开以来，在各级党委的正确领导下，全市各级工会组织和工会干部深刻领会会议精神，努力适应新形势，为工会工作的有效开展，为我市经济社会又好又快地发展作出了不可磨灭的贡献。在这里，我谨代表市委向市总工会及各级工会组织表示诚挚的感谢！

在未来5年里，我市要加快“××”的建设，努力实现我市经济社会的飞跃发展。希望市总工会领导班子能够进一步统一思想、提高认识，为团结、稳定全市干部职工，为实现经济社会的大发展、大跨越提供坚实的保障。

借此机会，我讲四点意见：

第一，增强政治意识，始终坚持正确的方向。随着社会主义市场经济的不断发展，社会生活的各个方面都发生了巨大变化，工会工作面临着更多的挑战。未来的工会工作必须坚持以社会主义核心价值观为指导，坚持正确的政治方向，坚持走中国特色社会主义工会发展的道路。工会要在党的有力领导下，发挥好作为联系党和职工之间的纽带的作用；坚持维护人民总体利益与维护职工群众具体利益相统一的维权原则，努力提高工会的维权能力和水平，从全局出发，做好维权工作，为促进社会和谐做出新的贡献。

第二，增强大局意识，围绕发展建功立业。工会工作必须围绕全市经济社会发展这个大局开展。工会要通过开展各种活动，促进职工全面发展，激发职工的潜能。职工们要立足本职，争创一流，与企业共同发展，为政府分忧解难。

第三，增强服务意识，认真履行工会职责。代表和维护职工群众的合法权益，是工会组织的基本职责。竭诚为职工服务是工会的宗旨和发展的内在要求。工会要时刻树立“工人问题无小事”的意识，坚持从实际出发，从基层出发，倾听一线员工的心声，及时解决员工最关心的问题，把“组织起来、切实维权”的原则落到实处。工会要不断完善服务手段，扩展服务领域，努力做到主动维权、依法维权、科学维权，坚持不懈地为员工多做好事、实事，把工会组织真正建设成为广大职工群众信赖的“职工之家”。

第四，增强责任意识，切实加强自身建设。这次代表大会明确了我市今后5年工会工作的任务，大家肩上的担子很重，责任很大。各级工会要适应新时期工会发展的趋势，不断完善、细化、量化工作目标考核体系，形成责任到人的工作机制。我们还要切实转变工作作风，真抓实干，多下基层，少听汇报，多为广大职工办实事。

同志们，构建和谐××，工会组织责任重大。希望市总工会新一届领导班子能够抓住机遇，切实做到为职工服务，为党政分忧，开创我市工会工作的新局面！

范例二

【致辞人】×× 市总工会主席

【致辞背景】会见工会界政协委员活动

同志们：

今天，能够在这里与工会界政协委员代表对话，我感到万分的激动。在这里，我首先代表市总工会对工会界政协委员在履行政协委员职责、参政议政、反映民意等方面做出的贡献致以诚挚的谢意！

大家在此积极发言，为政府建言献策，表明了大家的热情是高涨的，决心是坚定的。借此机会，我提几点希望：

希望全市广大职工和各级工会要时刻保持忧患意识，要看到工作中依然存在的困难和挑战，变压力为动力，化挑战为机遇；要充分发挥工人阶级在推动我市经济建设、政治建设、文化建设中的主力军作用；充分发挥各级工会在组织、教育、引导、服务职工和维护职工合法权益中的重要作用，为我市经济建设多做贡献。

希望全市各级工会要深入贯彻落实我市“两会”精神，发挥工会组织优势，围绕中心，服务大局；充分发挥工会工人之家的作用，全面提升包括农民工在内的职工队伍素质；大力开展竞赛活动，评选优秀职工，以此提高职工们的劳动积极性。

同志们，希望你们能够牢记使命，不负重托，建言献策，为促进我市经济又好又快地发展做出积极的贡献。

范例评析

范例一逻辑清晰，内容丰富。

范例二在内容的安排上基本符合要求；但是致辞中还存在一些不足，比如：内容衔接不够自然，在提出建议之前的部分没有起承转合的句子，所以导致段与段之间的过渡显得有点突兀。

第七节 接见先进青年代表致辞

接见先进青年代表致辞，开头部分，首先要介绍举办方及此次活动的内容；其次要对先进青年表示热烈的祝贺，对他们做出的贡献表示由衷的感谢。主体部分，首先要对“先进青年”等荣誉称号进行简单介绍；其次可以简略介绍先进青年代表；最后要重点表扬他们身上所体现出的崇高精神，并号召大家向他们学习。结尾部分一般是表示祝愿的话语。

范例一

【致辞人】××县领导

【致辞背景】××县首届“十大杰出青年”颁奖活动

同志们、朋友们：

在这秋高气爽、果实累累的收获季节里，由县政府、县组织部、团县委联合举办的首届“十大杰出青年”评选结果揭晓。在此，我代表县委向荣获此称号的各位青年朋友表示热烈的祝贺，对你们做出的贡献表示由衷的感谢，并通过你们向战斗在全县各条战线上的广大青年朋友致以亲切的问候！

“十大杰出青年”称号是我县青年的最高荣誉，是对在各条战线上做出突出贡献的广大杰出青年的肯定。评选活动对于我县上下了解杰出青年的事迹，鼓舞广大青年的士气有着积极的作用。梁启超曾说过：“少年富则国富，少年强则国强。”青年是祖国的希望，国家的未来要靠青年去开创。

这次评选出的杰出青年，有致力于教学工作的辛勤园丁，有致力于带动新农村建设的新时代农民，有致力于企业发展的青年企业家，有致力于支援西部的志愿者代表……虽然你们来自不同的战线、不同的岗位，但你们用自己的双手为自己开创了一片天地，在平凡的岗位做出了不平凡的成绩，你们展现出了新时期广大青年爱岗敬业、无私奉献、勇于创新的精神风貌，不愧是新时期青年的杰出代表。国家的发展靠的是人才，而你们作为当代杰出青年的代表，是国家发展建设需要的人才，是你们推动了时代前进的车轮，是你们为构建和谐社会注入了活力，是你们吹起了开创新时代的号角！在此，我代表县委号召广大有志青年以你们为榜样，向你们学习！大家要在以下几个方面向杰出青年学习：

一是要树立远大、崇高的理想。没有理想的行动终究不会成功。我们要向杰出青年学习，树立远大的理想，并努力为之奋斗。

二是要敢于创新，勇于进取。我们不要故步自封、停滞不前，要向杰出青年学习，用新的思路、新的观念去创造新的未来。只有创新才能创造美好的未来！

三是要培养良好的道德情操。我们不要自私自利，以自我为中心，而要向杰出青年学习，积极参加公益活动，热心帮助别人。从自身做起，从点滴做起，从现在做起，倡导和谐新风。

四是要顽强拼搏、锐意进取。我们不仅要有坚持不懈学习文化知识的毅力，更要有勇于克服困难的毅力。我们要向杰出青年学习，做一个难不倒、摧不垮、折不断的青年，在实践中不断磨炼自己，在困难中重塑自己。

同志们，朋友们，祖国的未来需要你们年轻一代去创造。希望你们认真领会社会主义核心价值观，以“勤于学习、善于创造、甘于奉献”的态度，以更加饱满的热情，更加激昂的斗志积极投身到我县和谐社会的建设中来，用青春和热血再创辉煌！

最后祝广大青年朋友事业有成，祝愿我县的未来更加美好！

范例二

【致辞人】××市党委书记

【致辞背景】接见优秀青年代表

同志们、青年朋友们：

今天，我们迎来了青年人自己的节日——五四青年节。在这个值得纪念的日子里，团市委举行“全市优秀青年”表彰活动。在此，我代表市委、市政府向受到表彰的优秀青年表示热烈的祝贺！向全市青年朋友们致以节日的问候！

今天受到表彰的各位青年是时代的先锋，是我们的骄傲。你们在不同的岗位上取得了非凡的成就。无论是城市青年还是农村青年，无论是教师、医生还是投身在基层工作中的广大青年员工，无论是投身于地方还是投身于部队的广大青年朋友，你们用各自不同的方式创造了属于自己的辉煌！你们身上体现出一种坚忍不拔、锐意进取、追求卓越的时代精神。你们不愧是广大团员青年和各级团组织学习的榜样。希望你们能够肩负起时代赋予你们的重任，再接再厉，带动更多的人投身到祖国的发展建设中来，为国家和民族的伟大复兴贡献力量。

借此机会，我代表市委、市政府向广大青年朋友提三点希望：

一是希望广大青年朋友坚定信念，认真学习中国特色社会主义理论，用马克思主义中国化的最新成果武装头脑，深入学习社会主义核心价值观。广大青年只有学会用马克思主义理论辩证地看待问题、分析问题，才能顺利解决生活中、工作中遇到的种种问题，才能创造属于自己的辉煌。

二是希望广大青年朋友提高自身素质，努力学习科学文化知识，然后运用先进的科学技术为社会主义现代化建设服务。我们只有不断地学习新的知识，才不会被社会淘汰，才能在新时期的建设中立于不败之地。

三是希望广大青年朋友切实增强创新意识。创新是一个国家发展的内在动力，广大青年朋友要用创新的眼光看待未来的发展，要把创新的理念融入自己的工作中去，敢于创新，不怕失败，不断取得进步。

最后，祝广大青年朋友工作顺利，前程似锦！

范例评析

两篇范例都做到了内容翔实、条理清晰，并且充满了朝气和斗志；两篇范例都使用了列项的方式，使得文章层次清晰；两篇范例主体内容都对优秀青年代表进行了充分的肯定，并号召大家向他们学习，起到了鼓舞青年的作用，达到了这类致辞的目的。

第八节　“国际残疾人日”致辞

“国际残疾人日”是残疾人特有的节日。这种特定节日发表的致辞旨在对过去的工作进行回顾，对以后的工作进行展望。这类致辞的致辞人一般是残联领导，这一身份比较特殊，因此，致辞中除了传达对残疾人的关怀外，还要敦促各方积极配合残联的工作。

【致辞人】×× 区残联领导

【致辞背景】庆祝“国际残疾人日”

尊敬的省残联领导，尊敬的 ×× 区委、区政府领导，同志们：

上午好！

为了庆祝即将到来的“国际残疾人日”，为了表彰在“×× 残疾人工作”“×× 创建活动”中表现优秀的集体和个人，×× 区政府残工委、区残联特召开此次会议。在此，我代表区残联向关心、支持残疾人事业的区委、区政府和各部门领导表示衷心的感谢，向受到表彰的集体和个人表示热烈的祝贺，向各位残疾人朋友致以真挚的问候！

今年，在区委、区政府的领导下，在全区工作人员的共同努力下，我区的残疾人事业有了长足的进步。基础设施建设更为完善，各种保障性政策更加健全，极大地方便了广大残疾人朋友的生活。这些工作的开展为我区残疾人事业的下一步发展奠定了牢固的基础。

残疾人是社会中的特殊群体，需要我们给予更多的关心和帮助。保障残疾人的生活，是构建社会主义和谐社会必不可缺的一部分，是应该得到政府和民众关注的民生大事。

残疾人事业与我市的经济社会发展紧密相连，让我们共同推进残疾人事业的进步，为我区构建和谐社会而努力奋斗！

谢谢大家！

范例二

【致辞人】联合国秘书长

【致辞背景】“国际残疾人日”

各位来宾，女士们、先生们：

今天是“国际残疾人日”，我首先向残疾人朋友表示节日的问候！

过去的一年，值得我们庆祝的事情有很多。作为维护残疾人权益历史上重要里程碑的《残疾人权利公约》已经生效，这一目标的实现，是全世界所有残疾人共同努力的结果。《残疾人权利公约》缔约方正在召开会议，会议结束后，广大残疾人的权益将会得到更好的保障。在以后的落实工作中，我们也会邀请广大残疾人朋友尽可能多地参与进来，通过他们自身的努力来维护他们自身的权益。

残联总部的建设计划正在联合国总部加紧进行，在可预计的未来，残疾人事业必将得到更好的发展，也必将得到社会各界人士的重视。贫穷是残疾的伴生体，全世界80%的残疾人生活在贫穷的国度里，打破贫穷是残疾人工作的重中之重。

与我有关之事，舍我其谁！我相信在越来越多的残疾人参与到残疾人权益保障工作中后，残疾人权益保障事业将会迎来飞跃式的发展。残疾人权益保障事业需要全世界的共同努力，这个世界才会变得更加美好，充满友爱。我希望世界各国的政府和组织重视残疾人事业的发展，让每一位残疾人都能过上幸福的生活。

范例评析

范例一的致辞人是区政府领导，他结合自身的工作对残疾人事业进行了阐述，具有极强的现实意义。此外，该致辞文辞恳切，条理清晰。

范例二的致辞人是联合国秘书长，他首先从联合国残疾人工作入手，然后回顾了上一年度残疾人工作取得的成绩，接着笔锋一转，道出残疾人工作的终极目标，并敦促各方人士关注残疾人事业。这样的安排使得该致辞文风严谨，结构合理。

第九节 招商引资签约仪式致辞

招商引资签约仪式致辞，开头一般是表示欢迎的话语。主体则要重点介绍该地方的投资优势，因为这部分的内容是投资商重点关注的，关系到签约仪式能否顺利进行，所以在语言的表述上要尽量做到通俗易懂，不要用生僻晦涩的词语。致辞结尾部分则要表达双方合作愉快的意愿。

范例一

【致辞人】××县县委书记

【致辞背景】招商引资项目签约仪式

尊敬的各位领导、各位来宾，女士们、先生们：

在这秋高气爽、硕果累累的金秋时节，我县又有×个投资过千万的大项目顺利地签订了合同。在此，我代表县委、县政府，向签约双方表示热烈的祝贺！

一直以来，我县非常重视招商引资工作。近几年来，通过县委、县政府的不断努力与探索，我县已经形成了“成本最低、信誉最好、效率最快、回报最高”的招商引资环境，值得广大企业家前来投资。同时，我们不断加大招商引资力度，先后吸引了××、××、××等一大批项目落户我县，有力地带动了地方经济的发展，也使广大投资者得到了丰厚的回报。此次×个大项目的顺利签约，是我县在招商引资工作上取得的又一成果，标志着我县招商引资工作取得了新的突破，也标志着各位客商在我县的事业上了一个新台阶。

签订合同只是我们招商引资工作的第一步，为了让双方在项目中能够得到最大的利益，我县对各位客商郑重承诺：你发财、我发展，你创业、我服务，先投资者之忧而忧，后投资者之乐而乐。我们会坚定不移地坚持该服务理念，为客商提供更加宽松、和谐的投资软环境，努力使各位客商投资安心、生活舒心。全县各有关单位，尤其是我县工业园区要为项目建设提供全程式服务，及时为客商排忧解难，确保工程项目又好又快地建设，争取早日竣工投产。

各位来宾，各位朋友，你们是具有远见卓识的投资商，选择来我县投资一定不会让你们失望。我真诚地欢迎在座各位走进我县、了解我县。当你们真正了解了这座城市的时候，你们会得到比经济收益更为宝贵的友谊。最后，衷心地祝愿大家合作愉快！

谢谢大家！

【致辞人】××镇镇长

【致辞背景】××镇招商引资项目签约仪式

尊敬的各位领导、各位来宾，朋友们：

大家上午好！

春回大地，万物复苏。我们非常荣幸地邀请到了各位领导、各位企业家和投资客商莅临我镇，并在这里隆重举行招商引资项目签约仪式。在此，我谨代表镇委、镇政府及全镇人民，向参加项目签约仪式的各位领导、各位客商及投资商代表表示热烈的欢迎和衷心的感谢！向长期以来始终关心、支持我镇发展的各位领导、各位企业家及社会各界人士表示诚挚的谢意！

我镇位于××市××区，南傍××，北依××。我镇交通便利，东距省会××公里。（地区介绍，略）改革开放以来，镇党委、镇政府坚持以经济建设为中心，牢固树立和全面落实科学发展观，以强镇富民为己任，不断优化投资环境，大力推进招商引资工作，大力推进工业化、城镇化和农业现代化进程，先后吸引了一大批项目落户我镇，有力地带动了我镇的经济发展，也为投资者带来了丰厚的回报。相信在不远的将来，一个工业发达、农业先进、城乡繁荣、人民富裕、社会和谐的新××镇一定会展现在世人面前。

各位领导、各位来宾，互利共赢是时代发展的潮流。今天，签约的项目共有×个，累计投资××万元。这些项目的顺利签约，不仅标志着我镇招商引资工作步入了一个新的阶段，同时也标志着各位企业家和投资商的事业有了新的发展。

我们将始终本着互惠互利的原则，与愿到我镇投资的所有创业者一道努力，排除一切干扰，力保每一个项目都能尽早竣工，早日投产。我镇会继续为前来投资的各位有识之士提供良好的投资环境、更加优惠的政策和更加优质的服务，欢迎更多的人来我镇投资，我镇的大门永远为你们敞开。让我们携手走向未来，共同谱写更加华美的乐章！

最后，祝各位领导、各位来宾身体健康，工作顺利，万事如意！祝各位投资商事业发达，财源广进，阖家幸福！

范例评析

范例一重点介绍了为投资商创造的良好投资环境，有利于吸引投资商的眼球，从而达到双方合作的目的。但是仍有一个小小的不足：如果致辞对象是第一次来此县投资的客商，那么致辞中应该增加对这个地方投资环境的具体介绍，以便给投资者留下一个良好的印象。

范例二在介绍本地区优势上就做得很好，内容翔实，会给第一次来此镇考察投资环境的商人留下非常好的印象。

第十节　学校与企业签约仪式致辞

学校与企业签约仪式上的致辞，根据致辞对象的不同，致辞内容要各有侧重。作为校方发言人，在开头要对与学校签约的公司表示衷心的感谢；主体要写这次合作的意义，以及学校将如何加强校企间的合作等，重点要强调学校方面的优势；结尾部分要祝愿双方合作愉快，并向该公司表达祝愿，如“祝愿××公司的事业蒸蒸日上”。作为企业一方的发言人，在开头要表达对这次签约的热烈祝贺；主体部分则重点介绍该企业的情况；结尾部分则是表达对学校的美好祝愿。

范例一

【致辞人】×× 学校书记

【致辞背景】×× 学校与 ×× 公司合作框架协议签约仪式

尊敬的 ×× 总经理，各位来宾、朋友们：

大家好！

今天是一个值得纪念的日子，我们学校与 ×× 公司合作框架协议签约仪式即将举行。在此，我谨代表学校党政班子对协议的签订表示热烈的祝贺，向出席签约仪式的各位领导和嘉宾表示热烈的欢迎，向一直以来关心和支持我校建设与发展的 ×× 公司领导和各部门领导表示衷心的感谢！

随着社会经济的发展，高校与企业建立全面的合作关系变得越来越重要。通过这种深层次合作，校企双方能够进一步发挥各自优势，实现资源共享。这项工作是促进地方经济建设的重要举措，得到了市委、市政府的充分肯定，也得到了全校师生的支持。

我校自建校以来，就以“依托地方、服务地方”为办学宗旨，大力培养应用型人才，在科学研究上强调和地方、企业的横向合作，设置了一大批能够直接服务于地方经济发展的特色学科。近几年来，我校综合办学实力、社会声誉不断提升，已逐步发展成为 ×× 地区重要的人才、科教、文化基地。

近几年来，我校与 ×× 公司一直有着密切的合作，根据“资源共享，优势互补，互相合作，共同发展”的原则，我们与 ×× 公司签订了校企合作框架协议。这标志着双方的合作走上了新的征途，有利于实现双方的共赢。

根据合作框架协议，我校将以校企联合为载体，根据合同项目制订周密的实施方案，努力创建科技成果转化的最佳平台，积极满足 ×× 公司发展的需要。学院为企业发展输送人才，企业为学校人才培育提供实习基地，从而不断拓宽合作领域和合作渠道，共创双赢局面。

最后，真诚祝愿我们合作愉快，祝贵公司事业蒸蒸日上，祝各位朋友工作愉快、身体健康！

谢谢大家！

范例二

【致辞人】×× 电信公司代表

【致辞背景】×× 学院与 ×× 电信公司签约仪式

尊敬的 ××，各位来宾、朋友们：

大家上午好！

今天，我们公司与 ×× 学院师生欢聚在此，隆重举行贵校与我公司的合作签约仪式。在此，我代表公司全体员工对仪式的顺利进行表示热烈的祝贺！

我们公司和 ×× 学院一直有着广泛的合作，已经形成了较好的合作机制，今天的签约仪式是双方合作的进一步深化，标志着双方新一轮全面战略合作的开始。我们公司将倍加珍惜双方的合作机会，与 ×× 学院携手共进，共创美好未来！

×× 电信作为世界 500 强企业，拥有全面覆盖的通信网络，在行业内具有极强的影响力。而作为新时代的大学生，你们不仅仅是 ×× 等新型技术的使用者，更是未来网络新技术的创造者。你们掌握着一流的技术，拥有开阔的思维，敢于创新，勇于探索，你们有能力和潜力成为引领时代的先锋。我们公司成立 ×× 年来，一直坚持“人才是企业发展的根本”的理念，坚持人才引进的战略，特别是近些年来，企业领导更是加大了对人才的引进和培养力度，大大提高了我公司员工队伍的整体素质，为公司的进一步发展打下了良好的基础。我们欢迎广大青年朋友参与到我们网络信息化的建设中来，只要你是人才，我们公司的大门永远为你敞开。

最后祝愿同学们学习进步，事业有成。祝愿 ×× 学院越办越好！

范例评析

范例一是学校领导进行的致辞，重点阐述了校企合作的目的、意义及学校拥有的优势，内容充实，逻辑清晰。

范例二是企业一方代表进行的致辞，致辞开头和结尾写得很好；不足之处在于，没有对企业的具体情况进行论述，这部分内容的缺失显得企业一方诚意不足、居高临下，不利于双方的合作。

第十一节　企业签约仪式致辞

企业签约仪式致辞，开头要对促成这项约的各领导、各单位表示感谢；主体部分则要介绍发言人所代表公司的具体情况，对于另一方的公司只要稍加介绍即可，同时，也要强调双方合作的意义；结尾部分通常是表达祝愿的话，如“祝愿 ×× 公司与 ×× 公司合作愉快”。

另外，需要注意的是，致辞人要表明身份及所代表的公司，以免造成致辞对象理解上的错误。

范例一

【致辞人】×× 银行行长

【致辞背景】×× 银行与 ×× 有限公司合作签约仪式

女士们，先生们：

春回大地，万物复苏。今天在这里举行 ×× 银行与 ×× 有限公司合作签约仪式，我感到非常的激动。首先，我谨代表 ×× 银行，向参加签约仪式的各位领导、各位来宾、各位朋友表示衷心的感谢！

我行成立 ×× 年来，始终秉承着“以客户为中心”的经营理念，努力为客户提供全方位、多样化的服务，得到了广大客户的认可，也赢得了业内人士的高度评价。去年，×× 银行的营业收入超过 ×× 万元，为我市的经济发展做出了巨大的贡献，受到了上级领导的表扬。×× 有限公司也经历了 ×× 年的风雨历程，从一家规模不大的公司发展到如今的上市公司，在业内也有着极强的影响力。

今天，为促进我市经济的进一步发展，进一步增强 ×× 有限公司的竞争力，双方在此举行合作签约仪式。本次签约将会提高两家单位的社会竞争力和影响力，为双方未来的发展打下良好的基础。

我行会继续秉承“以客户为中心”的经营理念，为 ×× 有限公司提供最优质的服务。我相信，我们的这次合作定会给双方带来更为广阔的发展前景。

最后，祝大家身体健康，工作顺利，阖家欢乐，万事如意！

【致辞人】×× 政府代表

【致辞背景】×× 集团与美国 ×× 公司软件采购合同签约仪式

女士们，先生们：

今天，×× 集团与美国 ×× 公司在这里签署正版软件合作协议，预计 ×× 集团将从美国 ×× 公司采购价值 ×× 亿美元的软件。首先，我对你们的顺利签约表示祝贺！

近年来，中美双边经贸合作的深度和广度不断扩大，中美两国已成为对方最重要的贸易伙伴。这一切充分体现了两国开展经贸合作的巨大潜能。×× 集团和美国 ×× 公司分别是两国科技创新领域的龙头企业，你们的合作将会推动中美两国企业之间的进一步交流与合作。

现代社会，人们越来越重视知识产权。保护知识产权，是我国经济发展中的一项重要任务，是完善市场经济体制、促进自身经济发展的必然要求，更是树立国际形象、开展国际交流、确保双方利益的迫切需要。如今，我国已经确立了建立创新型国家的发展战略，而自主创新是一个国家的核心竞争力。为提高我国的核心竞争力，我国政府不断完善保护知识产权的法律法规，参与了国际保护知识产权的主要条约、公约，设立了国家保护知识产权工作组，严厉打击制造盗版的不法分子，维护正版制造商的正当利益，为保护知识产权营造了良好的氛围，为中美企业的互利合作创造了良好的商业环境。

近几年，我国政府采取一系列有力的措施来保护知识产权：各级政府部门不断加大正版软件的采购数量，提高软件采购预算，拟订了推进各企业使用正版软件的工作方案。目前，中央国家机关已率先完成使用软件的正版化。我相信，正版软件合作协议的签订，必将为中美企业在软件领域的合作创造更加有利的条件。我希望，×× 集团与美国 ×× 公司能够承担更大的社会责任，为世界范围内知识产权保护行动贡献更大的力量，共同促进两国知识产权保护事业健康、持续、稳定的发展。

最后，我预祝 ×× 集团和美国 ×× 公司合作顺利！

范例评析

两篇范例均内容全面，结构完整，条理清晰。

范例一开头表达了对帮助该公司的各单位和领导的谢意；接着阐述了发言人所代表公司的详细情况，并且表明了双方合作的必然性及目的；最后则是表达了祝福。

范例二中的合作双方都是企业，而致辞人是政府代表，因致辞人的特殊身份，致辞内容明显与范例一不同：致辞人从政府的角度出发，阐述了保护知识产权的重要性及迫切性，政府为企业合作能提供的良好条件，等等。条理清晰，逻辑性强。

第十三节　聘用合同签约仪式致辞

聘用合同签约仪式是被录用者在就职前的一项准备活动，一般是由聘用单位举行。该类致辞，致辞人是单位代表，致辞中要对被录用者以后的工作进行指导。

【致辞人】××学校领导

【致辞背景】学院负责人聘用合同签约仪式

同志们：

今天，我们在这里隆重地举行各学院负责人聘用合同签约仪式。首先，我代表学校党政领导班子对被聘任的各位同志表示衷心的祝贺！

经过了很长时间的酝酿和筹备，我校的全员聘任制工作终于进入正轨。这项工作的顺利开展离不开各学院的积极配合，我向各学院的同志们表示感谢！今天，借此机会，我代表学校党委对以后的工作提出几点要求：

第一，深刻认识全员聘任制改革的内涵和意义。市场经济体制改革促进了国有企业的转型，我们学校在这几年也进行了一些改革，取得了一些成效。但是纵观全球，当把我们学校与世界一流大学做比较时，我们就会发现，差距是巨大的。我们想要缩小差距就要进行更深层次上的改革，教师队伍的结构和整体素质就是现阶段我们要重点关注的问题。我们必须从人事制度入手，通过全员竞聘制度，激发教师工作的积极性，让教师全身心地投入到教学工作和科研工作中去，继而提高全校教师的整体素质，提高学校的综合竞争力。

第二，勇于承担自己肩负的责任。今天的签约仪式是你们走向工作的第一步，我希望大家通过这次签约，能够认识到各自身上肩负的责任。今天的改革是为了明天教育事业更好地发展，是为了更好地培养人才。希望广大教职工勇于承担时代赋予你们的责任，以高度的社会责任感努力完成自己的工作，不断取得进步。

第三，切实保证全员聘任制改革取得成功。改革是发展的动力。我们的改革是符合社会发展规律的改革，是有利于人才成长、人才创新的改革。我们把曾经的终身制变为现在的聘用制，就是要告诉广大教职工，铁饭碗在当今这个飞速发展的时代是行不通的。每一个人都要有危机意识，都要带着这种危机意识不断改变工作方式，努力提高教学水平。学校在改革过程中要听取基层教师的意见，适度地进行本院系的人事改革。

最后，我希望被聘任的各位同志能够在各自的岗位上实现你们的价值！

范例二

【致辞人】××县领导

【致辞背景】高校毕业生到村任职聘用合同签约仪式

同志们：

今天，我们在这里隆重举行××县××年高校毕业生到村任职聘用合同签约仪式，在此，我代表中共××县委，向各位有志在农村建功立业的高校毕业生表示热烈的祝贺！向为高校毕业生到村任职工作付出辛劳的县有关部门表示衷心的感谢！

青年大学生到村任职对于我县加强党的基层组织建设和村级干部队伍建设是一件求之不得的大喜事。你们的到来，给我县基层组织输入了新鲜的血液，有利于提高基层组织的整体素质。在这里，你们的聪明才智能得到最大限度的发挥，希望你们能够珍惜这次机会，努力工作，干出一番大事业。今天在欢迎你们的同时，我还要对你们今后的工作提几点要求：

一是要时刻树立为人民服务的意识。农村工作就是与老百姓打交道，你们要找到与村民沟通的最好方式，以便与村民进行良好的沟通，倾听他们的声音。此外，你们要坚持“从群众中来，到群众中去”的原则，深入基层，了解民众的生活状况和困难，并及时帮助他们解决问题。

二是要不断加强学习，提高自身的综合素质。希望你们在实践中不断总结经验，将你们所学到的技能与方法和实际相结合，在工作中提高自己的组织管理能力、人际交往能力，从而提高自身的综合素质。

三是要提高自身适应农村工作环境的能力。农村工作条件比较艰苦，你们要尽快适应这里的工作环境。这就需要你们坚定为农民谋福利的信念，用心去爱农村，把这份工作当成事业来做。

最后，祝你们一切顺利，事业有成！

范例评析

范例一基本符合聘用合同签约仪式致辞的要求：开头表达了对被录用员工的祝贺，主体部分对被录用员工以后的工作提出了要求，结尾处则是对被录用员工提出了希望。不足之处在于，主体部分叙述工作要求时，比较抽象，不够具体。

范例二的优点在于段落之间的衔接自然，层次清晰。

第十三节　工程竣工致辞

工程竣工致辞，开头要对在工程中辛勤付出的广大职工表示衷心的感谢；主体可以由致辞人自行安排，一般是介绍工程实施的整个过程或是工程实施的意义等；结尾一般是表态，比如“以 ×× 为契机，不断 ××，为实现 ×× 的发展，努力奋斗”等。

范例一

【致辞人】×× 县县委书记

【致辞背景】×× 路竣工剪彩仪式

各位领导，同志们：

今天，×× 路正式竣工通车了，这是一件多么鼓舞人心的喜事！在此，我代表中共县委、县人民政府对 ×× 路的建成通车表示热烈的祝贺！向奋战在道路建设一线、付出辛勤劳动的广大干部职工致以诚挚的问候和崇高的敬意！向给予该工程大力关心、支持的企业家、有关部门的负责同志、社会各界人士表示衷心的感谢！

近年来，在市委、市政府的正确领导下，在全县干部职工的努力奋斗下，我县的城市建设取得了一定的成绩。全县将完善道路建设作为发展经济建设、优化投资环境的工作重点，先后完成了 ×× 路、×× 路、×× 路等城市主干道路的扩建工程，使我县的经济发展有了更好的交通保障。我县在道路建设工作上不断加大投资力度，加快建设步伐，新建成的 ×× 路是我县重点建设的工程，是我县又一条高标准的城市主干道路。×× 路位于我县工业集中区，将会为我县工业产品的运输提供便利的条件。

目前，我县城市道路形成了集绿化、美化于一体的新格局，不但使我县的城市面貌发生了巨变，更是让我县的投资环境日臻完善，有力地促进了全县经济社会的快速、健康、协调发展。我们在今后的工程建设中，希望各承建单位要以此次工程建设的质量为标准，继续严抓质量，高标准、严要求地开展工作，力争每一项工程都成为我县乃至我市、我省的精品工程，为我县经济社会的发展贡献你们的力量。

我们县委、县政府也要以此次 ×× 路的建成为契机，艰苦奋斗，继续带领全县群众发展经济，不断加强我县基础设施建设，进一步优化投资环境，为促进全县经济更快更好地发展，构建社会主义和谐社会而努力奋斗！

谢谢大家！

范例二

【致辞人】×× 省政府领导

【致辞背景】保护母亲河绿色工程竣工仪式

同志们：

备受关注的保护母亲河绿色工程，经过120天的艰苦奋战，终于竣工了。在此，我代表省委、省人大、省政府、省政协向专程前来参加竣工仪式的 ×× 同志、×× 同志，以及 ×× 等有关同志表示衷心的感谢！向积极参与全国保护母亲河绿色工程 ×× 项目建设的广大青少年、解放军官兵及社会各界人士表示诚挚的问候和衷心的感谢！

保护母亲河行动在我省实施以来，全省各级团委在共青团中央的组织下，开展了许多主题鲜明、内容丰富的活动，这些活动对广大青少年增强生态环保意识，弘扬和倡导“人与自然和谐发展”的生态文明理念有着积极的影响。保护母亲河绿色工程，直接推动了我省造林绿化事业的发展，也是实现可持续发展的一项重大举措。

我省自然生态环境十分脆弱，严重制约了我省经济的协调发展。打造良好的生态环境是我省各族人民的愿望，是政府各级部门亟须解决的问题，是实现我省经济快速发展的先决条件。要想改变我省落后的经济面貌，我们就必须把经济发展和环境保护结合起来，走可持续发展之路。

保护母亲河行动是一项以保护和改善生态环境为宗旨的公益活动，已经成为对青少年和社会公众进行生态环境教育的重要活动。希望广大青少年从自我做起，从小事做起，进一步树立节水意识，养成节约用水的好习惯，并向周围的人广泛宣传节水常识，共同保护我们的水资源。希望社会各界人士积极参与到保护母亲河的行动中来，以良好的精神面貌和饱满的工作热情，为我省的生态环境建设做出积极的贡献。

保护母亲河，就是保护我们自己。我们一定要以保护母亲河工程的顺利竣工为契机，动员全省人民参与到生态环境保护工作中来，让我们的山更绿、水更清！

范例评析

两篇范例都是典型的工程竣工致辞。范例一首先感谢为工程建设做出贡献的广大员工及社会各界人士，接着说明了该项工程竣工的意义，最后发出号召。整体看来，该致辞结构严谨、内容充实、语言简洁、情感饱满。范例二内容充实，且详略得当。

第十四节　企事业单位工程奠基仪式致辞

企事业单位工程奠基仪式可以说是工程正式启动前的一个序幕。这类活动的致辞，首先要对支持此项工作的各级领导、各单位表示衷心的感谢；其次要对以后的工作进行简单的安排；再次要用鼓舞性的语言来调动工作者的积极性，表明完成此项工程的信心；最后要表达对该项目早日竣工的祝愿。

范例一

【致辞人】××股份有限公司领导

【致辞背景】××市“城中村改造还建工程”奠基仪式

尊敬的各位领导、各位来宾：

大家上午好！

在这春意盎然的季节，我们迎来了我市“城中村改造还建工程”的奠基仪式，这标志着我市“城中村改造还建工程”正式拉开了序幕，这对推动我市的经济发展、提高辖区居民的生活水平有着积极的推动作用。在此，我谨代表××股份有限公司、全市人民群众向关心、支持我市“城中村改造还建工程”各项工作的各级领导、各位来宾致以最诚挚的谢意！

我市“城中村改造还建工程”是一项全市人民盼望已久的民生工程，此项工程对于加快我市城市化进程具有重要的意义。基于这一点，在市委、市政府的领导下，××股份有限公司与××集团携手，开始改造还建我市城中村，以建立和谐的现代社区。

“城中村改造还建工程”占地近××万亩，总建筑面积约××万平方米，预计总投资约××亿元。建成后的城中村将成为一个集高档住宅区、休闲娱乐为一体的高品位现代化社区，将全面提升城中村居民的生活品质，加快他们融入城市的脚步。

从今天开始，“城中村改造还建工程”正式启动，我们××股份有限公司会充分调动公司的所有资源，积极主动地配合××集团，同心协力地开展工程建设。请各位领导放心，我们一定会努力拼搏，不断进取，为全市这一重点民生工程的顺利完工而努力奋斗！

最后，衷心地祝愿我市“城中村改造还建工程”在各级领导的支持与关怀下早日完工。祝各位领导、各位同志身体健康，万事如意！

谢谢大家！

范例二

【致辞人】×× 公司董事长

【致辞背景】×× 国际大酒店奠基仪式

尊敬的各位领导、各位来宾，公司全体员工：

大家下午好！

今天，我们欢聚在此，隆重举行 ×× 国际大酒店奠基仪式，拉开 ×× 国际大酒店建设工程的序幕。在此，我谨代表公司股东、董事会及全体员工，向长期支持和关心我公司发展的各级领导、各界朋友、各协作单位及来到现场的各位嘉宾、各位朋友表示最诚挚的欢迎和最衷心的感谢！

我公司是长江三角洲地区的知名企业，以商贸地产和旅游地产为主要经营业务，目前正在向投资、经管等更为宽广的领域发展。今天，我们 ×× 国际大酒店的奠基仪式在此举行，我感到非常激动，这对我公司来说是一件大喜事。×× 国际大酒店是我市重点建设的项目之一，对推动我市经济发展、提高人民生活水平有着积极的推动作用。我公司会依托我市优良的自然生态资源，倾心为大家打造一个集温泉中心、五星级酒店、旅游度假村、企业会所、会议中心、森林浴场、SPA 馆、康疗中心、体育公园于一体的旅游度假胜地。×× 国际大酒店预计占地面积××万平方米，即将开工的一期工程主要是温泉中心和五星级酒店。经过我公司与各有关单位的协商与论证，一期工程施工方案已经确定。我相信，这个项目一定能够满足不同人群的各种需求。

满足客户需求是我们的宗旨，做中国商业地产和旅游地产的领跑者是我们一直以来的目标。为此，我公司将进一步加强公司内部的人员管理，完善企业运营中的各项规章制度，精心组织施工，力争又好又快地完成项目的建设，为长三角地区打造出一个高质量的旅游度假村，从而进一步扩大我公司的知名度。

我相信，在各级领导的支持和关爱下，在社会各界朋友的关心和帮助下，我们一定能够克服困难，保质保量地完成该项目的施工。

各位来宾，让我们共同期待一个引领时尚生活的旅游度假区，相信这一天很快就会到来！

谢谢大家！

范例评析

范例一围绕“城中村改造还建工程”这一事件进行，主题鲜明，内容全面。范例二语言慷慨激昂、振奋人心；不足之处在于，主体部分主要是对自己公司辉煌历史和“战绩”的描述，弱化了对奠基工程项目的介绍。

第十五节 烈士纪念碑园奠基仪式致辞

与其他奠基仪式一样，烈士纪念碑园奠基仪式也是在工程开工之前的一项揭幕仪式。不同的是，烈士纪念碑园的奠基具有重要的历史意义，因此此类致辞要庄严肃穆，切忌过分宣扬。致辞的开头首先要说明活动的内容，并对参与各方表示热烈的欢迎和衷心的感谢。主体部分首先要说明纪念碑园建设的原因（包括历史方面的、现实意义方面的）及目的；其次要介绍纪念碑园的建设情况；最后是对有关人士提出要求；结尾部分主要是“祝 ×× 早日竣工”之类的祝福语。

范例一

【致辞人】×× 县领导

【致辞背景】烈士纪念碑园工程奠基仪式

尊敬的各位领导，同志们：

今天，我们齐聚在此，庄严地举行烈士纪念碑园工程的奠基仪式。烈士纪念碑园的建设工程受到了市民政、国土等有关部门的关注，得到了社会各界人士的支持和帮助。在此，我代表县委、县政府向此项工程的各协作单位表示最热烈的欢迎和最衷心的感谢！

建立烈士纪念碑园，为的是让我们铭记革命先烈的丰功伟绩，激励我们更加充满激情地为祖国的发展贡献力量。

建成后的烈士纪念碑园占地总面积为 ×× 亩，预计总投资 ×× 万元，主要包括纪念碑和图书馆两个部分。但这个烈士纪念碑园不再单纯地以纪念活动为主，而是将集爱国主义教育、旅游休闲于一体，从而达到资源的有效利用。人们不仅可以在这里纪念烈士，还可以在这里了解到烈士的英雄事迹。

烈士纪念碑园的建设是一件弘扬爱国主义的大事，是城镇建设的一个方面。希望各有关部门在县政府的统一领导下，同心协力，努力解决好工程建设过程中出现的问题，高标准、高质量地完成工程建设任务。

我们不能忘记历史，更不能忘记英雄，是英雄的鲜血换来了今日的安宁，让我们将英雄的精神继承发扬下去，为全面建设小康社会而努力奋斗！

最后，衷心地祝愿烈士纪念碑园工程在各级领导的支持下早日启动，顺利竣工！

范例二

【致辞人】×× 省领导

【致辞背景】×× 省消防烈士纪念碑奠基仪式

尊敬的各位领导、各位消防战友、各位朋友：

大家上午好！

今天，我们在这里隆重举行我省消防烈士纪念碑奠基仪式。在此，我谨代表省委、省政府向光临现场的各级领导、消防官兵及部分烈士亲属表示热烈的欢迎！向支持消防烈士纪念碑建设的社会各界朋友表示衷心的感谢！

新中国成立以来，我省消防战线共有 200 名消防战士为保卫人民群众生命财产安全献出了年轻、宝贵的生命。他们用年轻的生命践行着“祖国利益高于一切”的信条，他们真正做到了“为人民服务”。在省委、省政府的大力支持下，在社会各界的帮助下，我省消防烈士纪念碑工程要动工了，它的动工有着重要的意义：一方面能让更多的人了解到我们身边有这样一群无私奉献的青年消防官兵，从而在全社会形成一种崇尚正义的浓厚氛围；另一方面能对广大消防官兵起到鞭策和鼓舞的作用，让广大官兵增强使命感和荣誉感。纪念碑由主碑、消防雕像及纪念广场三部分组成，占地面积约有 ×× 平方米。主碑高 ×× 米，长 ×× 米，宽 ×× 米，全碑以花岗石打造而成，以岩石的坚硬象征消防官兵坚强、刚毅的品质。主碑以消防部队的标志性元素斧头和水枪为题材，正面、侧面分别做成半斧形和水枪形；东西两侧是以灭火救灾与抢险救援为主题的大型浮雕，以生动的画面展现消防官兵在火灾现场、突发事故、自然灾害等人民群众生命财产安全受到威胁时，挺身而出、救民于水火的光辉形象。

最后，衷心地祝愿我省消防烈士纪念碑早日竣工！

范例评析

两篇范例的共同特点是庄重、肃穆，符合此类致辞的文风要求。但是范例一中强调烈士纪念碑的修建是城镇建设的一个方面，这是不恰当的，应该着重说明修建纪念碑的初衷是缅怀先烈。范例二主体部分具体介绍了纪念碑的情况，阐述了建碑的意义，在重点的突出上，比范例一做得好。

第十六节　成立挂牌仪式致辞

成立挂牌仪式致辞，开头部分要对各位来宾的到来表示热烈的欢迎，主体部分要对公司成立之前遇到的困难及现在做出的成绩进行介绍，结尾部分一般是表达祝愿。此类致辞要感情饱满、情绪激昂，能引起致辞对象的关注。

范例一

【致辞人】××党委书记

【致辞背景】新社区工作站挂牌仪式

尊敬的各位领导、各位来宾：

在这春暖花开的季节里，我们在此隆重举行新社区工作站挂牌仪式。首先，我谨代表党支部、工作站和社区全体居民对各位的到来表示热烈的欢迎！对为新社区工作站顺利挂牌做出贡献的朋友们表示诚挚的谢意！在这个令人激动的时刻，我对新社区工作站今后的工作提几点希望：

第一，希望新社区有新面貌。社区工作站对提升城市整体公共服务水平有着积极的促进作用。新社区工作站应该成为为群众排忧解难的阵地。我相信新社区工作站的全体干部职工都能认识到社区工作的重要性，并以崭新的精神面貌投入社会管理和公共服务的工作中去。

第二，希望新社区有新队伍。社区工作直接影响着人民群众的生活，所以，社区工作也要与时俱进。希望新社区工作站的干部职工能够精诚团结、上下一心，为社区居民提供更优质的服务。我们也希望有更多的年轻人加入社区工作中去，为社区工作队伍注入新的活力，使我们的社区工作上一个台阶。

第三，希望新社区有新成就。我们要在工作中不断探索新的、合理有效的工作方法，努力打造一支科学规范、高效运作的团队，大力开展惠民利民的社区服务，想人民之所想，急人民之所急，将我区的社区建设推到一个新的高度。

同志们，新工作站的设立是一项顺应民心、顺应城市发展、顺应时代潮流的惠民工程。我们要以建设和谐社会为目标，不断开拓进取，进一步完善社区管理体制和服务机制。我相信，在街道党工委的正确领导下，在大家的共同努力下，我们一定会给社区居民一个安定、和谐的生活环境！

谢谢大家！

范例二

【致辞人】×× 有限责任公司董事长

【致辞背景】×× 有限责任公司成立挂牌仪式

各位来宾、各位朋友：

大家上午好！

时光荏苒，岁月如歌，新的一年已悄然来临。今天，我们的心情是如此的激动，×× 有限责任公司今天成立了。在此，我代表公司全体员工向亲临我公司挂牌仪式进行指导工作的各位领导表示衷心的感谢！向前来祝贺的各兄弟单位和各位来宾表示热烈的欢迎！对一直关心、帮助我公司成立的各位朋友表示感谢！

在市委、市政府提出要做大做强 ×× 行业的号召下，我公司应运而生。按照市委、市政府的要求，结合我市市场的发展前景，我公司制定了“多产业相结合，提高科技含量，提升整体质量”的发展战略。未来的发展运营中，我们会不断加大科技投入，全面提高企业员工素质，使公司早日成为我市经济发展的新阵地。

“雄关漫道真如铁，而今迈步从头越。”今天的挂牌仪式是我公司发展的起点。面对未来，我们将坚持从实际出发，坚持以人为本，将我公司打造为具备强劲竞争力的现代企业，为我市经济社会的发展做出更大的贡献！

谢谢大家！

范例评析

此类致辞一定要表现出欣喜之感，并能够振奋人心。范例一的条理清晰，但语言略显干涩；此外，致辞人只是对以后的社区工作提出了希望，内容过于简单，应加入对社区工作取得成绩的介绍，这样会更加充实。

范例二的主体内容包括简述成立背景、庆贺仪式、表达决心三部分，层次十分清楚，逻辑严密，是一篇值得称道的致辞。

第十七节　公益活动致辞

公益活动致辞，开头部分要对参与方表示热烈的欢迎，主体部分一般通过说明本次活动的目的，向大家发出号召，希望大家都能参与到活动中来；结尾部分要进一步发出号召，提出希望。此类致辞的语言要有感染力和感召力，这样才能调动现场参与人员的积极性。

【致辞人】××县政府代表

【致辞背景】爱心助学仪式

××公司的领导、同志们，各位朋友：

今天，××公司与××乡在此隆重举行“××”爱心助学仪式。首先，我代表县委、县人大、县人民政府、县政协向××公司全体员工表示热烈的欢迎和亲切的问候，向你们无私帮助灾区失学儿童重返校园的行为表示诚挚的敬意！

下面，我对××乡被救助的少年儿童提几点希望：

希望全乡少年儿童从小树立远大的理想。少年儿童要树立为祖国、为人民服务的远大志向，把个人的前途同国家的命运紧紧地联系在一起，把个人的荣辱同人民的利益紧密联系起来，胸怀大志，努力奋斗。

希望全乡少年儿童拥有良好的品行。良好的品行是一个人成功的前提，你们要继承和发扬中华民族的传统美德，心系国家、集体和他人，做一个有益于社会、有益于人民的人。

希望全乡少年儿童学会用一颗感恩的心去善待你周围的人。今天，你们能坐在这样宽敞明亮的教室里，正是源于成百上千的好心人无私的帮助。你们不能忘记他们，你们要用优异的成绩来回报他们，不要辜负他们的期望。

希望全乡少年儿童努力提高自身的综合素质。学习是你们现在的首要任务，你们只有更加努力地学习，才能在科学技术飞速发展、竞争日趋激烈的现代社会立于不败之地。你们要珍惜今天这来之不易的上学机会，刻苦学习，努力提高自己的文化素养；同时，你们还要积极参加有益的社会实践活动，开阔眼界，增长见识，不断提高自己的实践能力。

今天 ×× 公司的这一善举，给 ×× 乡的受灾儿童带来了希望，在这里，我代表所有受资助的儿童，向你们道一声“谢谢”，我们会用更加优异的成绩来回报你们。

谢谢大家！

范例二

【致辞人】×× 市领导

【致辞背景】“低碳减排，绿色生活”大型公益活动

尊敬的各位来宾、各位朋友：

今天，我们欢聚在此，举行“低碳减排，绿色生活”大型公益活动，我感到非常荣幸。此次活动由市机关工委、市教育

局、团市委、×× 公司共同举办。首先我谨代表市委、市政府向参与此次活动的各位嘉宾表示热烈的欢迎！

环境保护是我国的一项基本国策，协调好环境保护与经济发展的关系是当前需要着重解决的问题。近年来，市委、市政府将保护我市环境放在了城市发展的战略高度上，加大综合整治环境问题的力度，从源头上整治污染，坚决不走破坏之后再补窟窿的老路子。在全市各部门的共同努力下，我市的生态环境不断得到改善。去年，市区空气质量优良天数达到 ×× 天，水质持续好转，植树造林面积达到 ×× 万公顷，圆满完成了去年环保工作的任务。

随着我市工业化、城镇化进程的不断加快，我市的环保任务十分艰巨。“绿色低碳生活”是以低能耗、低污染、低排放为基础的生活模式，对于减少污染物排放、改善环境具有极其重要的作用。我市将积极宣传和普及低碳知识，向民众倡导低能量、低消耗、低开支、低代价的低碳生活和工作方式，培养民众科学健康的生活理念，使低碳理念深入人心；坚决关闭或改造高消耗、低产出的老工厂，发展以高新技术和旅游业为主的第三产业；根据我市风力资源丰富的情况，尽快建立风能发电站。

借这次“低碳减排，绿色生活”大型公益活动的机会，我向大家发出倡议：从自身做起，从点滴做起，让节约、环保的消费新模式，简约、和谐的新风尚深入人心，让我们争做低碳生活的先行者和生态环境的守护者，为建设碧水蓝天的 ×× 市而共同奋斗。

范例评析

范例一是捐资助教公益活动的致辞，致辞人通过四个“希望”，表达了对孩子们的谆谆教诲和殷切期望，逻辑清晰，感情真挚。不足之处在于，对孩子的鼓励有些空洞，而且语言的选用上没有考虑到儿童的接受能力，显得严肃、刻板。

范例二是一篇环保公益活动的致辞，主要讲了节能减排的意义及我们应该采取的措施，从大意义到小行动的过渡十分自然，言语恳切，是一篇优秀的致辞。

第九章

纪念活动致辞

纪念活动通常是针对重要人物、重大事件进行的，旨在缅怀所纪念的人物或重申所纪念的重大事件，以达到激励、鼓舞等目的。纪念活动致辞要对所纪念人物、事件的意义、影响等进行阐述，并在此基础上发出号召。

一、篇幅

纪念活动致辞的篇幅可根据需要自行调整。通常情况下，致辞为演说稿，因此篇幅不会太长；如需要对纪念对象稍加详述，可增加篇幅，但是仍应控制在2000字以内。

二、开头

纪念活动致辞的开头包括三部分内容：标题，称呼，问候语或说明语。

1. 标题

这类致辞的标题通常是对纪念活动的概括，包括纪念对象和纪念原因。例如，《纪念××同志诞辰100周年》《××逝世100周年纪念活动上的讲话》《××成立50周年纪念致辞》。

2. 称呼

这类致辞要注意称呼的尊重性。比如，“尊敬的领导，各位来宾”“××的全体同志”“尊敬的各位来宾、各位朋友”等。

3. 问候语或说明语

此类致辞首先要在开头说明纪念活动的内容及性质。例如，“今天，我们在这里隆重集会，纪念××同志诞辰100

周年”“今天是 ×× 成立50周年的喜庆日子……”。有时也可在开头对活动的目的进行简单描述。比如，“今天我们在这里隆重集会，纪念 ××，以缅怀他的功绩，学习他的精神……”等。

三、主体

主体部分的内容一般包括三个方面：对纪念对象进行介绍，对活动意义进行说明，向人们发出号召。

首先，要对纪念对象进行详细介绍。如果纪念对象为人物，则要介绍他的生平、功绩等；如果纪念对象为纪念日，则要对自成立日起到现在的历程进行简述；如果纪念对象为重大事件，除了对事件进行简述外，还要阐述事件产生的影响。

其次，要对本次纪念活动的目的和意义进行说明。本次活动是学习某种精神、继承某种传统，还是吸取前人的教训，这一内容可以说是致辞的重中之重，要重点介绍。

最后，结尾部分要向人们发出号召。

四、结尾

致辞结尾可长可短，上文主体中发出号召的部分也可灵活放在此处。致辞最后通常是对参与人员的美好祝福。

第一节　纪念领导人致辞

纪念领导人致辞，开头一般包含两个内容：一是会议内容，二是对来宾的欢迎。主体通常要对所纪念的领导人的生平和丰功伟绩进行简单介绍，并通过领导人的事迹激励大家努力奋斗。结尾处可表达对来宾的美好祝愿。

【致辞人】×× 学校校长

【致辞背景】×× 学校老校长诞辰100周年纪念活动

尊敬的各位领导、老师，同学们：

今天是 ×× 老校长诞辰100周年的纪念日。我们怀着无比激动的心情，在此隆重举行纪念活动。我代表学校领导班子对各位领导的到来表示热烈的欢迎，向为这次活动忙碌了数周的老师和同学们表示衷心的感谢！

这是一片沐浴着人文精神与科学理念的土地，从这片土地上，走出了无数的文人墨客、豪杰志士，我们敬爱的 ×× 老校长就是其中的一位。

×× 老校长是平凡的，他出生在普通的工人家庭，但他却有一颗不平凡的心。当他树立了要改变家乡贫穷落后面貌的理想时，他注定要成就一番不平凡的事业。为了改变家乡教育落后、人才贫瘠的状况，他多次拒绝国外开出的优裕条件，坚持回国，靠着自己的勤奋和智慧，创办了我们学校。

×× 老校长学识渊博，勤奋朴实，乐于助人，这些品质令我们后辈敬佩、景仰。学校刚建起来的时候，无论是教师资源还是教学资源都十分匮乏，×× 老校长勇挑重担、敢为人先，自己承担起繁重的教学任务和科研任务，为广大师生树立了良好的榜样。他的一生都奉献给了学校的教学、科研工作，他将一腔热情倾注到为国家培养人才的事业中。他就这样影响着一代又一代的人投身到祖国的发展建设中去。

今天是 ×× 老校长诞辰100周年的日子，我们在缅怀 ×× 老校长丰功伟绩的同时，更要将他的精神继承、发扬下去，从今天起，我们要像他那样热爱自己的工作，努力进取，不断创新，为国家的建设和发展贡献力量。

范例评析

范例是一篇较为成功的纪念领导人的致辞：首先在开头表明了活动主旨；接着对所纪念人物的生平、事迹进行了较为详细的介绍，并对其取得的成绩给予了充分的肯定；最后号召大家向其学习。致辞表达准确，行文严谨，是一篇优秀的范文。

第二节　纪念专家致辞

纪念专家致辞，开头部分要说明纪念活动的内容及目的；致辞主体首先要对所纪念专家的生平、事迹进行介绍，然后总结所纪念专家的高尚品质，最后号召大家向其学习；结尾部分可以再次表达对专家的缅怀之意。

范例一

【致辞人】××医药协会领导

【致辞背景】纪念××医药专家活动

各位领导、各位同人，朋友们：

大家上午好！

今天，我们在此隆重集会，纪念著名的医药专家××。他为祖国医药事业的发展所做的贡献，我们有目共睹。我们要学习他孜孜以求的探索精神，学习他大公无私的奉献精神。

××同志在美国××大学获博士学位，毕业后，曾先后在美国的大学、医院、制药企业担任重要职务，是一位著名的医药专家。他的生活原本平静而富足，然而，当他看到祖国医药事业发展滞后时，他毅然放弃了在美国的优越条件，回到祖国，投身到祖国医药发展的事业中去。

××同志回国后，集中精力搞医药项目建设，他的多个科研项目成为国家重点项目。他引进美国的先进技术和理念，把我国的制药事业推到了一个新高度。为使祖国医药事业后继有人，他自己筹建了××制药研发室，用心培养了一大批优秀的医药人才，为祖国医药事业的继续发展提供了人才保障。

××同志工作忘我，常常不顾及自己的身体，即使生病了，他也坚守在工作第一线。他把全部的精力都奉献给了他的理想、他的事业、他的祖国。××同志这种热爱祖国、无私奉献、勇攀高峰的精神值得我们每一个人学习。我们要在××同志的精神指引下，积极探索我国医药事业发展的新模式，推动我国医药事业取得更好、更快的发展。

最后，让我们再次深切缅怀××同志！

谢谢大家！

范例二

【致辞人】××市教育部门领导

【致辞背景】纪念××教育专家活动

尊敬的各位领导、各位来宾，同志们、朋友们：

今天是一年一度的教师节，我们在此集会，隆重举行××教育专家的纪念活动。

教师是人类灵魂的工程师，担负着教书育人、为祖国培养人才的重任。我市历来重视教师队伍的培养，近年来，涌现出了一大批优秀的教育专家和人民教师。×× 同志便是一位优秀的教育专家，他为我市教育事业的发展做出了突出的贡献。

×× 同志在平凡的教师岗位上一干就是几十年。几十年来，×× 同志恪尽职守，努力探索教学新模式，研究出了一套能够调动学生积极性的教学方法，为我市培养了大批优秀人才。后来，他致力于教研项目的研究，为提高教师队伍的素质做出了巨大的贡献。我们把 ×× 同志探索的新方法广泛运用到我市的教育工作中，使我市的教育事业突飞猛进，并获得了市领导的认可和肯定。我们要感谢 ×× 同志，感谢他为我们所做的一切努力。

今天，我们在欢庆教师节的时候，不要忘了 ×× 同志等一大批优秀教育专家为教育事业所做的贡献。我们要学习他们勤奋进取、追求卓越的优秀品质，继续为教育事业的发展而努力奋斗！

谢谢大家！

范例评析

两篇致辞都是标准的范例：首先对纪念对象的生平、事迹和贡献进行了叙述，然后总结出专家们的优秀品质，并号召大家向他们学习。此类致辞的创新难度很大，在实际应用中，把每一个细节都考虑周到是致辞取得良好效果的关键。

第三节　纪念优秀干部致辞

优秀干部是党的好干部、老百姓的贴心人，因此纪念优秀干部致辞要体现出两种感情：一是对优秀干部的怀念之情，二是号召大家向优秀干部学习的激励之情。此类致辞，开头部分要说明纪念对象是谁；主体部分要对纪念对象的生平、事迹及其优秀的品质进行详述，并号召大家向优秀干部学习；结尾处可再次表达对优秀干部的缅怀之情。

范例一

【致辞人】×× 县纪委领导

【致辞背景】纪念优秀纪检监察干部活动

同志们：

今天，我们聚集在这里，为我们优秀的纪检监察干部 ×× 同志送行。

×× 同志走了，走得那么平静，那么安详！他生前的所作所为无愧于纪检干部的称号，无愧于党，无愧于人民。他的逝去，让党失去了一位优秀干部，让人民失去了一位贴心人。

×× 同志工作认真，忠于职守，踏踏实实地为群众解决困难，他没有做出什么惊天动地的大事，却真正帮助群众排忧解难，赢得了老百姓的赞誉。纪检工作是一项很容易得罪人的工作。很多时候，面对情况复杂的案件，有些同志便想应付了事，然而，无论面对多么复杂的案件，×× 同志从未马虎过。他经常说："邪不压正，我们必须还老百姓一个公道！"他始终坚守正义，与腐败分子斗争到底，让腐败分子胆战心惊。

这样一位人民的好干部走了，连山河都在为他默哀，天空都在为他落泪……

×× 同志走了，但是他永远活在我们心中。我们要学习 ×× 同志恪尽职守、认真工作、实事求是、清廉为官的优秀品质，从自身做起，早日成为一名优秀的纪检监察干部。

安息吧，×× 同志，全国无数纪检监察干部正在你未竟的事业上奋勇前进！

范例二

【致辞人】×× 公司领导

【致辞背景】纪念该公司优秀干部 ×× 活动

同志们：

今天，我们聚集在这里，隆重纪念我公司的优秀干部 ×× 同志。

×× 同志是我公司少有的优秀干部，是真正为公司谋发展、为员工谋福利的好干部。即使在他离任后，他依然关心和支持公司的发展，为我公司提出了很多宝贵的意见。

我们应学习 ×× 同志的优秀品质。×× 同志工作勤勤恳恳、兢兢业业、毫无怨言，一心一意为公司、员工办实事。×× 同志身为干部，本不需要亲临生产第一线，但为了获得有助于公司发展的一手资料，×× 同志经常深入到生产一线，与工人们吃住在一起，赢得了广大职工的爱戴。

由于 ×× 同志贡献突出，他有多次调离到其他机构工作的机会，但他为了公司的发展放弃了这些机会，继续投身到公司生产的第一线。

×× 同志也是一名优秀的共产党员，面对名利，他丝毫不为所动，依然保持着坚定的信念。×× 同志曾说，企业是他的“大家”，“大家”没有真正站立起来，哪有资格为“小家”谋私利。这样的表白，如何不让我们动容？这样的品质，这样的精神，值得我们每一个人学习！

×× 同志已经离开我们整整一年了，但他依然活在我们心中。这一年里，大家在他崇高精神的鼓舞下，在各自的岗位上踏实工作，共同谱写了公司发展的新篇章！

最后，让我们再次怀念我们的好干部 ×× 同志！

谢谢大家！

范例评析

与纪念优秀专家的致辞相仿，纪念优秀干部的致辞也要严肃。这类致辞，除了要简述优秀干部的生平、事迹之外，还要突出优秀干部的模范带头作用。致辞人可以根据具体情况，对优秀干部十分突出的一面进行重点讲述，以达到鼓舞致辞对象的目的。

第四节　纪念艺术家致辞

纪念艺术家致辞可参考纪念领导人致辞。致辞中要对所纪念艺术家的生平、做出的成绩等进行较为详细的介绍，通常从艺术家的生活、工作等方面进行叙述；然后是对其优秀品质的肯定，并号召人们向其学习。

范例一

【致辞人】×× 作协领导

【致辞背景】纪念 ×× 艺术家的活动

各位来宾，女士们、先生们：

今天是 ×× 先生诞辰 ×× 周年纪念日，我们聚集在这里，隆重纪念这位优秀的人民艺术家。

×× 先生生于 ×× 年，是 20 世纪中国文坛最具代表性的小说家、戏剧家和文学家，是 ×× 的骄傲，也是我们民族的骄傲。×× 先生是人民的艺术家，他的艺术创作深深地植根于人民大众，其作品大都取材于他所熟悉并深爱着的劳动人民。他的作品语言朴实、幽默，内容贴近百姓，深受人民群众的喜爱。因其高超的艺术造诣，×× 先生的小说已被译成多国文字，成为外国人了解中国文学、中国艺术和普通人生活的重要渠道。

作为优秀的人民艺术家，×× 先生对劳动人民的态度不仅仅是同情，更多的是尊重。无论是掏粪工还是送水工，他都能热情地与他们聊天、喝茶，这也是他深受人们喜爱的原因之一。×× 先生是真正的人民艺术家，他高尚的品德值得我们学习。

×× 先生真诚、正直，影响了他身边的每一个人。他也把自己高尚的品德带到了作品中，让我们在习读他的作品时，无形中也受到感染。

×× 先生是当之无愧的人民艺术家。在他诞辰 ×× 周年的日子里，让我们再次温习他的优秀作品，感受他作品的魅力。我们也要向他学习，深入基层，感受普通百姓的酸甜苦辣，创造出老百姓喜欢的作品。

最后，让我们再次缅怀 ×× 先生！

谢谢！

范例二

【致辞人】×× 协会理事

【致辞背景】纪念 ×× 歌唱艺术家的活动

同志们，朋友们：

大家上午好！

今天是我国著名歌唱艺术家、词曲作家 ×× 逝世 ×× 周年纪念日。我们在这里隆重集会，纪念这位优秀的人民艺术家，感受他的音乐魅力，铭记他的高尚品德。

××同志，××年生于××市，××年毕业于××大学。曾任××艺委会副主任、主任，××学会副会长，国家一级演员，荣获国务院授予突出贡献专家特殊津贴，其事迹被载入国内多种艺术家辞典。

××同志数十年坚守"向艺术高峰攀登"的自勉信条，深入多个地区体验生活，收集了许多当地的音乐素材，创作出了许多脍炙人口的作品，如音乐舞蹈史诗《××》，歌曲《××》《××》《××》。他的作品中蕴含了多种民族的演唱风格，体现了其对生命的热爱之情，深受广大人民群众的喜爱。他还曾多次出访国外，为弘扬我国优秀音乐文化做出了突出的贡献。

为了推动我国歌唱艺术的发展，弘扬我们优秀的民族文化，他成立了以其名字命名的艺术研究室。他不辞辛苦地到贫困边远地区免费为人们讲授艺术课程，并培养出一批优秀的少数民族歌手，为我国歌唱事业的发展提供了后备人才，为促进各民族之间的交流也做出了突出的贡献。

今天，我们在此纪念××歌唱艺术家，就是要学习他忠于艺术的优秀品质。尤其是青年歌手，更要发扬××同志的崇高精神，为我国歌唱艺术的发展贡献自己的力量！

谢谢大家！

范例评析

两篇范例层次清晰，语言质朴，是非常不错的致辞。但通过两者的比较，我们发现范例一中缺少了对艺术家作品的介绍，这一点是需要我们注意的。艺术家的成就更多地体现在他们的作品上，所以，这类致辞中要提到艺术家的作品，尤其是其代表作。

第五节　校庆纪念活动致辞

校庆纪念活动旨在宣传学校优势、总结办学成果、组织经验交流，从而使师生受到教育、鼓舞和激励。此类致辞，首先要回顾学校的发展历程，并介绍学校的优良传统、办学成果等；其次要展望学校的美好未来，并激励全体师生为之努力，或号召校友及其他各界人士关心、支持学校未来的发展；结尾处可对来宾表达美好祝愿。

【致辞人】×× 中学校长

【致辞背景】×× 中学 ×× 周年校庆活动

尊敬的各位领导、各位来宾，全校师生：

大家上午好！

斗转星移，沧海桑田。今天我们隆重地迎来了学校 ×× 周年校庆。弹指间，我们学校已经走过了 ×× 年的风雨历程。我们的 ×× 年是见证历史的 ×× 年，是成就梦想的 ×× 年，是积淀文化的 ×× 年，是顺应历史发展、紧随时代步伐、锐意进取的 ×× 年。

回顾历史，我们学校走过的每一步都留下了闪光的足迹，这让我们感到无比的自豪。我们学校的前身是成立于 1957 年的 ×× 小学，后于 1979 年升级为 ×× 中学，1999 年与 ×× 一中合并，正式更名为 ×× 中学。

近年来，我校已跻身国家强校之列。学校的基础设施建设得到了进一步的改善，学校师资力量、教学水平和教研能力都有大幅提高，教学成绩名列我省前茅，学校规模逐年扩大，教学质量稳步提升，受到了上级领导和广大家长的肯定。学校取得的这些成绩离不开无数建校功臣的无私奉献，离不开社会各界及校友们的慷慨捐助，更离不开全校师生的共同努力。

××年的风雨历程，××载的孜孜探求，我校已经积淀了深厚的文化底蕴，形成了自己独特的办学理念。展望未来，站在新的历史起点上，我们树立了新的目标：把我校建设成有一定影响力的示范中学。我相信，在上级领导部门的支持下，在我们××人的共同努力下，我们一定能够实现这个目标。

值此××周年校庆之际，我们要全面总结××年来的办学经验，集中精力抓好学校建设，提高办学质量，谋求我校新的发展，争创一流名校，广育优秀人才，为祖国的繁荣昌盛做出更大的贡献。我深信，在上级部门的正确领导下，在广大校友的关心和支持下，我们一定能够创造××中学更加美好的明天！

谢谢大家！

范例二

【致辞人】××市市长

【致辞背景】××市第二中学建校××周年庆祝大会

尊敬的各位来宾、各位校友，老师们、同学们：

大家上午好！

今天，我们满怀喜悦在这里隆重集会，热烈庆祝我市第二中学建校××周年。在此，我代表市委、市政府向第二中学的全体师生、员工、离退休老干部、广大校友表示热烈的祝贺！向长期以来关心、支持我市教育事业发展的各界朋友表示衷心的感谢，并向你们致以崇高的敬意！

××年来，一代代的二中人，秉承着××的精神，以“××”为校训，坚持“××、××”的办学理念，形成了第二中学的办学特色。因为这些特色，第二中学被选为全国素质教育实验学校。近年来，以争创优秀素质教育实验学校为契机，第二中学逐渐改善办学条件，逐步提高办学质量和办学水平，得到了社会各界的认可。

市委、市政府高度重视我市教育事业的发展，通过教育资源的整合、提高教师工资等一系列措施，推动了我市教育事业的发展。第二中学在上级领导的支持下，不断提高教学质量，已成为我市培养优秀人才的主阵地。

21世纪是知识经济时代，深化教育改革，提高国民素质是实现中华民族伟大复兴的必经之路。我们要优先发展教育事业，为祖国培养大批优秀的人才。市委、市政府将一如既往地重视我市教育事业的发展，并继续关心、支持第二中学的发展。同时，我们也希望第二中学深入贯彻落实党的教育方针，以人为本，与时俱进，深化教育改革，加强学校建设，提高办学品质。希望各位同学志存高远、奋勇争先，用真才实学回报社会。希望广大校友能继续关注母校的发展，并在各自的事业上有所成就，为母校增光添彩。

最后，祝各位来宾、各位校友及全体师生身体健康、万事如意！祝第二中学的明天更加美好！

谢谢大家！

范例评析

范例一的精彩之处在于用历史发展的主线展现学校的风貌。致辞主体分为三个部分：回顾历史、着眼当下、展望未来，每一部分都用生动的语言进行了描述，能够调动人们的积极性。结尾处具有号召力的语言更是画龙点睛，以情动人。范例二与范例一的内容、结构相同，对学校的发展历程进行了回顾，对学校的未来进行了展望。这两篇范例都值得我们在实际运用中借鉴。

第六节　公司成立纪念日致辞

公司成立纪念日致辞，开头部分要说明活动的内容和性质；主体部分要阐述公司的发展历程、未来规划，然后发出号召，内容一般为号召公司员工团结努力，再创辉煌。当然，在阐述公司的发展历程时，要肯定公司员工做出的努力和贡献，这样更能起到鼓舞人心的作用。结尾处可表达祝福。

范例一

【致辞人】×× 建设监理有限公司经理

【致辞背景】公司成立 ×× 周年的庆祝活动

各位公司同人，朋友们：

大家晚上好！

今天是我们 ×× 建设监理有限公司成立 ×× 周年纪念日。我们在此欢聚一堂，共同回顾曾经走过的 ×× 年。×× 年前，我们是一个只有 ×× 个人的小团队；×× 年后，我们是傲立群雄的大集团。×× 年的艰辛、泪水、收获、欢笑，只有我们 ×× 人才能体会。在此，我很高兴能够与大家分享我们的喜悦与收获。

自公司成立之日起，我们便抱着必胜的信念，公司上下不畏艰难，顽强拼搏，终于使公司从一个无名小公司，发展成为社会认可度高、信誉度好的甲级监理公司。×× 年创业，××

年发展，公司成长的两个阶段我们经受了无数考验，积累了宝贵的经验。目前公司无论在业务、效益、服务还是员工队伍建设上都在稳步、健康地向前发展，公司业务不断扩展，经济效益不断上升。

我公司 ×× 年来取得的成就，离不开广大员工的辛勤劳动和无私付出。×× 年来，公司有顺境，也有逆境，有收获，也有困惑。但无论遇到什么样的困难，大家都在不断变化的环境中，团结一心，共同走过了 ×× 年的风雨历程。员工们，我相信正是有了你们的热情、智慧和无私的付出，才有了我们的今天，而你们的智慧和经验也是我们以后发展的宝贵财富。相信有你们，公司的明天会更加美好！在此，我代表公司向你们致以衷心的感谢！

过去的 ×× 年精彩不断，未来的日子里，我们还要创造更多的精彩。当然，我们公司也将面临新的机遇和挑战，因此，我们更要团结一心，积极进取，与时俱进，让企业在变幻莫测的市场中永立不败之地。让我们努力吧，为了 ×× 更加辉煌灿烂的未来！

再次感谢各位的努力和付出，祝大家度过一个美好而难忘的夜晚！

谢谢大家！

范例二

【致辞人】×× 市委领导

【致辞背景】×× 汽车修理公司成立 20 周年纪念活动

各位来宾，同志们、朋友们：

晚上好！

首先我代表市委、市政府，向××汽车修理公司成立20周年表示热烈的祝贺！向长期以来关心和支持××汽车修理公司发展的各位来宾及全体职工表示衷心的感谢！

××汽车修理公司的前身是××年成立的市第三汽车服务公司的机动车修理厂。发展至今已整整20个年头。20年间，它从一个业务简单的工厂发展到如今成为我省汽修行业的主力军之一，这期间充满了创业的辛酸和收获的喜悦。可以说，××汽车修理公司的20年是艰苦奋斗的20年，是奋力拼搏的20年，是团结一致、战胜困难的20年，是不骄不躁、稳步发展的20年。目前，公司总产值已突破2亿元，业务已涵盖汽车修理、销售、配件、装饰、管理等多个项目，真正成为一家实力雄厚、前景广阔的汽车修理公司，是我省汽车服务行业的龙头企业。××汽车修理公司的20年也是一批批的××人任劳任怨、艰苦奋斗的20年，是全体员工开拓创新、积极进取的20年。20年间，公司员工换了好几批，然而公司的经营理念和优良的文化传统却被传承了下来，并且被赋予了新的时代意义，成为指引××人继续前进的明灯！

我衷心地希望××汽车修理公司能树雄心、立大志，瞄准市场、壮大力量，在企业的管理、技术的创新、服务的完善等方面下足工夫，争取在下一个20年里谱写出更加辉煌的篇章，为促进我省汽车服务行业的发展做出更大的贡献！

祝各位来宾及朋友们身体健康、工作顺利、万事如意！

范例评析

公司成立纪念日对于任何一个公司来说都是值得庆祝的事，因此这类致辞感情要饱满，情绪要高昂。范例二在情感表达上比范例一来得更加直接、迅速。在此类致辞中，简述公司发展历程、肯定员工的努力都是必不可少的内容。根据个人的语言风格，在实际运用中可以选择以上任一范例来学习。

第七节　社团组织成立纪念日致辞

社团组织通常是民间组织，它们为社会的发展进步做出了突出的贡献，因此在此类致辞中，要对社团组织的贡献进行详述。结尾处可表达对社团组织的美好祝愿，并号召人们共同努力，实现美好的愿景。

范例一

【致辞人】××省领导

【致辞背景】××省“海洋环保组织”成立××周年纪念活动

各位来宾，同志们，“海洋环保组织”的成员们：

大家上午好！

在此，我谨代表省委、省政府向“海洋环保组织”成立××周年表示热烈的祝贺，向一直以来关心我省海洋保护事业，支持和关心我省“海洋环保组织”的社会各界人士表示衷心的感谢！

我省是一个海洋大省，海洋在我省的经济发展中发挥着不可替代的作用。然而随着经济的迅猛发展，近年来，我省周边海洋环境遭到日益严重的破坏：海水受到污染，海洋生物日趋减少。海洋环境的污染和破坏，严重影响着人民群众的生活，也对我省的可持续发展造成了不良影响。为了保护海洋，我省“海洋环保组织”应运而生。它是一个绿色和平组织，主张远离海洋污染，保护海洋动物，反对以破坏海洋生态为手段的商业活动，反对往海里倾倒有毒废料，等等。

成立至今，“海洋环保组织”已经走过了××个年头。在这××年里，该组织不惧艰难，积极行动，为我省的海洋环保事业做出了突出贡献。特别是该组织定期举办的深入社区、单位的海洋环保宣讲活动，更是让海洋环保观念深入每个市民的心中，积极带动了市民参与海洋环保事业，形成了我省海洋环保事业的新局面。

今天是“海洋环保组织”成立××周年的日子，在这里，我们也希望该组织能继续发扬优良的工作作风，将海洋环保事业进行到底。也希望各位来宾、各界朋友能够继续关心我省海洋环保事业的发展，关注和支持我省“海洋环保组织”的发展，让我们共同携手，为我省海洋环保事业做出更大的贡献！

谢谢大家！

范例二

【致辞人】××县县委书记

【致辞背景】××村“爱心协会”成立××周年纪念活动

各位来宾，朋友们：

今天，我们在这里集会，是要为一个特殊的组织庆祝××周年的生日。之所以说它特殊，是因为这个组织是由我县××村村民自发组织成立的，它就是××村的“爱心协会”。

××村地理位置偏僻，经济相对落后，然而就是在这样艰苦的环境中，××村“爱心协会”成立了，它的帮扶对象主要是村里缺少照顾的老人。随着社会的快速发展，村里越来越多的年轻人开始外出务工，很多老人留守家中无人照顾。为了这些老人能够安享晚年，××村村民自发成立了“爱心协会”，日复一日地为留守老人送温暖，使这些老人不再孤独，能够快乐地享受晚年生活。“爱心协会”的成员都是普通的村民，他们的爱心温暖了许多老人的心，也带动了其他村民自发地照顾老人。他们的平凡，他们的付出，怎能不让我们感动？

如今，县委、县政府也加入他们的爱心队伍中，为 ×× 村“爱心协会”提供人力、物力和财力的支持。在庆祝“爱心协会”成立 ×× 周年纪念日之际，我代表县委、县政府对村民提出希望，希望你们能一如既往地将爱心活动进行下去，并将爱心传递到更远的地方，让每一个需要帮助的人都能得到帮助，让我县每一处地方都充满爱！

我们也鼓励大家成立更多这样的组织，为建设和谐文明的 ×× 县而努力！

最后，让我们再次祝贺 ×× 村“爱心协会”成立 ×× 周年。祝每位来宾身体健康、工作顺利！

谢谢大家！

范例评析

这类致辞，领导要对社团组织做出的贡献予以肯定，并积极鼓励社会上有爱心的人士参与其中。范例二在讲述社团工作和成果的时候更加细致一些，范例一则稍显简略。两篇范例层次清晰，读者在借鉴的时候，可以结合自己的主题自行调整。

第八节　纪念五四运动致辞

纪念五四运动致辞，主体部分对五四运动的介绍可省略，但要重点介绍五四运动的伟大意义、深远影响及五四精神。“五四”也是青年人的节日，青年是国家发展的希望，是祖国的未来，因此，致辞结尾要向广大青年发出号召，号召他们继承五四传统，发扬五四精神，为祖国的发展做出积极贡献。

【致辞人】×× 县团县委书记

【致辞背景】纪念五四运动 ×× 周年活动

各位来宾，同志们，青年朋友们：

大家上午好！

×× 年前，一场波澜壮阔的五四爱国主义运动推动了中国历史前进的车轮，并产生了“爱国、进步、民主、科学”的五四精神。今天是这场伟大的爱国主义运动 ×× 周年纪念日，我们在这里隆重举行庆祝活动，就是为了不忘历史，继续发扬五四精神，使其成为实现中华民族伟大复兴的动力。

现在，我国已进入全面建设小康社会、加快社会主义现代化建设的新阶段。当前，全县上下也紧跟新形势，围绕新目标、新任务，努力推进三大产业的发展，为我县各项事业的全面发展而努力着。发展之路必将充满坎坷，我们已经做好了迎接挑战的准备。作为新时代的青年，我们要树立远大的理想和抱负，要承担起时代赋予我们的重任，要弘扬优秀的五四精神，牢记党和人民的重托，在小康社会和和谐社会的建设中实现自身的价值。

现阶段弘扬五四爱国主义精神，就是要在中国特色社会主义理论的引领下，大力加强青少年的思想政治教育，鼓励青年将个人理想与国家的富强、民族的振兴结合起来，努力成长为社会主义建设的主力军。

全县各级团组织要把思想和认识统一到县委、县政府新阶段的发展思路上来，认真围绕党政大局开展团工作。具体工作如下：

首先，要充分发挥青年人在高新技术等方面的优势。我们要让青年在推动我县经济转型过程中担当重任，要鼓励广大青年不断强化创新意识，努力提升自身的创新能力。

其次，要大力开展安全生产教育工作。我们要创建“青年示范岗”，组织青年在推动安全生产中争做表率，最大限度地消除发展中的安全隐患，以青年的安全生产促进全县安全生产工作的开展。

最后，要深入开展“青年志愿者”“青年文明号”等工作。我们要组织青年人积极行动起来，努力展现当代青年的精神风貌，以青年的文明和谐促进全县和谐社会的建设。

青年是祖国的希望，承担着时代赋予的重任，为了尽快实现我县经济的快速发展，青年朋友们要积极贡献自己的力量，为了我县更加美好的未来而努力奋斗！

范例二

【致辞人】×× 省团省委书记

【致辞背景】纪念五四运动 ×× 周年的大会

各位领导，同志们，青年朋友们：

今天是五四青年节，在此，我谨代表共青团 ×× 省委、×× 省青年联合会、×× 省学生联合会，向长期以来关心和支持共青团和青年工作的各级领导及社会各界人士表示衷心的感谢！向全省青年朋友致以节日的问候！

×× 年前的今天，伟大的五四运动爆发了。这次爱国主义运动，开辟了中国青年运动的新纪元，迎来了中华民族伟大复兴的曙光。五四运动不仅是中国新民主主义革命的伟大开端，也是中国青年运动与国家、民族的前途和命运紧相连、齐奋进的起点。“爱国、进步、民主、科学”的五四精神，也成为激励一代代青年追求真理的不竭动力和精神支柱。

五四运动之后××年来，无数青年为了国家的未来、民族的希望和家乡的发展，挥洒着自己的热血、智慧和青春，无数青年将自己的发展与祖国的前途、命运联系在一起，用热血和汗水谱写了不朽的篇章。爱国主义作为五四精神的核心，始终激励着广大青年，它是旗帜，是号角，是青年追求理想、报效祖国的不竭动力！

广大青年要高举五四精神的伟大旗帜，以报效祖国为己任，自觉用中国特色社会主义理论武装头脑，坚定不移地跟着党走。在实践中，要勤奋学习、努力进取、勇于担当、甘于奉献，把爱国之情转化为报国之志，以饱满的热情、昂扬的斗志，为全面实现小康社会贡献力量，在时代发展的洪流中，实现个人的价值。

同志们，青年朋友们，伟大的事业在召唤着你们，你们要肩负起身上的重任，不要辜负国家和人民的重托。我相信，在省委的正确领导下，你们一定能用你们的聪明才智谱写我省更加壮丽的篇章！

范例评析

两篇范例的内容安排都很合理：首先是对五四运动及五四精神的阐述；其次是结合实际，提出弘扬五四精神的具体行动；最后，对青年提出希望，号召他们积极投身到社会主义建设事业中去。此外，两篇范例的语言具有极强的感染力，让听者无不精神振奋，达到了此类致辞的目的。

第九节　纪念“九一八”事变致辞

“九一八”事变是中华民族的耻辱，在纪念“九一八”事变的致辞中，要把这种沉痛的心情表达出来，但更多的是要号召国民不忘国耻、奋发图强。在这类致辞中，也可以对青少年提出希望，因为他们是祖国的希望、民族的未来，肩负着振兴中华民族的历史使命；要在他们心中种下自强不息、为祖国的繁荣昌盛而努力的种子。

范例一

【致辞人】××中学校长

【致辞背景】纪念“九一八”事变活动

各位老师，各位同学：

上午好！

今天是9月18日，是每一个中国人必须牢记的日子。××年前的9月18日，日本帝国主义猖狂地挑衅我国军队，无耻地进攻驻扎在沈阳的军队，炮轰沈阳城，蓄意制造了“九一八”事变。这是一段不容忘却的民族耻辱史。

历史已行进了××年，经过中华儿女的奋力拼搏，我们已经摆脱了当初贫困落后、任人宰割的困境；然而国耻不能忘，振兴中华民族的使命不能忘。

虽然和平与发展已成为当今世界的两大主题，但各国之间的激烈竞争并未终结，世界局势也并未真正稳定。对于当年罪恶的侵华战争，还有部分日本民众没有认识到战争的罪恶，仍有一部分日本右翼分子对侵华战争持肯定态度，他们不断制造事端，挑衅中日关系。

历史的耻辱激励着我们每一位中华儿女自强不息，勇往直前，努力实现国家的繁荣昌盛。只有我们的国家富强、民族强大，我们才能免遭侵略。尤其是各位同学，你们是国家和民族的希望，肩负着振兴中华民族的神圣使命。你们要努力学习、积极进取、顽强拼搏，让我们伟大的中华民族傲立于东方，傲立于世界！

面对历史，我们不应该仅仅是沉痛地悼念，更应该不断地前行。让我们团结起来，为中华民族的伟大复兴努力奋斗！

我们的民族，虽然曾经受挫，一度跌倒，但是我坚信，我们每一个有血有肉的中华儿女，都不会让历史重演。让我们努力吧，让我们拼搏吧！

谢谢大家！

范例二

【致辞人】××县委领导

【致辞背景】××中学纪念“九一八”事变活动

各位老师，同学们：

今天是9月18日，我们不能忘记的日子。××年前的今天，我们的祖国、我们的民族遭受了日本帝国主义的侵略，从此开始了一段刻骨铭心的耻辱史，一段不容忘却的民族耻辱史。

今天我们不仅要以沉痛的心情纪念这段国耻，更应以此为激励，树立振兴中华的伟大理想。尤其是各位同学，你们是祖国的未来，是民族的希望。只有你们努力进取，中华民族才能真正强大，才能不再被侵略，才能真正成为一个独立、自强的民族！

又到9月18日，再谈血泪史。为了我们的国家不再挨打，为了我们的人民不再受屈辱，我们要吸取历史教训，树立中华民族伟大复兴的信念，并为此努力，努力，再努力！

“少年强则国强，少年弱则国弱”，这是一个亘古不变的真理。一个国家的未来如何，要看这个国家青年人的精神面貌怎么样。作为肩负着民族希望的青年朋友们，你们应该树立远大的理想，将自己的人生理想与祖国的发展联系起来，奋发图强，努力上进，为祖国的繁荣昌盛而努力！相信有你们的努力，侵略不再，国耻不再！

历史仍在前行，我们仍需努力！在这个国耻纪念日，我们要把长鸣的警报声作为催促我们继续前行的动力。同学们，努力吧！努力学习知识，报效祖国！你们要为中华民族的崛起而读书，你们是希望，你们是力量！

最后，让我们再次沉痛纪念国耻，努力前行！

谢谢大家！

范例评析

两篇范例都起到了振奋人心的作用，对学生有着极强的鼓舞作用。相比而言，范例二更具有鼓动性：通篇使用简洁而有力的短句，让人为之振奋；此外，引用经典语句“少年强则国强，少年弱则国弱”“为中华民族的崛起而读书”，这种具有警醒作用又让人热血沸腾的语言，可以引发同学们的深刻思考。

第十节　纪念红军长征致辞

长征是中国历史上的一座丰碑，是共产党人坚强不屈、顽强拼搏的革命精神的集中体现。纪念红军长征致辞，开头一般要对这段历史进行简单的回顾，包括长征活动的历史背景及意义，并向参加过红军长征和为红军长征作出贡献的老战士、老同志表示深切的问候；主体部分要阐述红军长征所体现的崇高精神、举办此次纪念活动的意义，以及在长征精神指引下对今后的工作安排；结尾部分一般是发出号召。这类致辞要做到严肃而又不失激昂。

范例一

【致辞人】××高校校长

【致辞背景】纪念红军长征胜利××周年活动

各位来宾，师生朋友们：

大家上午好！

今天，我们在这里隆重纪念红军长征胜利××周年。长征是一座丰碑，闪耀地屹立在中华民族伟大复兴的史册中，已成为中国共产党领导中国人民发愤图强、积极进取、战胜困难的精神力量。

事实证明，中国共产党在长征中得到了锻炼，从稚嫩走向了成熟。也正是凭着这样一种长征精神，中国共产党领导下的人民军队，才能战胜无数的艰难险阻，取得了长征的胜利，取得了抗日战争和解放战争的胜利，最终建立了中华人民共和国。此后，长征精神更激励着一代又一代的青年朋友们，为社会主义现代化建设事业而不懈奋斗。

在社会主义建设的和平时期，我们依然要传承长征精神，不断创造新的辉煌！

传承长征精神，我们要忠于祖国、忠于人民。广大青年要将自己的远大理想与祖国的命运紧密联系起来，将宏伟的抱负同实现中华民族的伟大复兴相结合，顽强拼搏、艰苦奋斗，为实现民族的复兴而努力奋斗！

传承长征精神，我们要解放思想，实事求是。青年人是富有创造力的一群人，在社会主义建设过程中，青年人要始终保持创造的激情和活力，开拓进取，勇于尝试，不怕失败，在失败中总结经验教训，探索出最适合自己、有利于社会进步的发展道路。

传承长征精神，我们要始终保持艰苦奋斗、百折不挠的精神。不论是一个民族，还是一个国家，或者是每一个人，想要成就一番事业，就必须艰苦奋斗、勇往直前。广大青年要主动投身到建设社会主义事业的伟大洪流中，主动去最艰苦的地方锻炼，到人民最需要的地方成长，为中华民族的伟大复兴而奉献力量。

青年兴则国家兴，青年强则国家强。21 世纪的中国青年，接过前辈长征的火炬，传承伟大的长征精神，一定能够实现中华民族的伟大复兴，谱写更加壮美的青春之歌！

范例二

【致辞人】×× 自治区领导

【致辞背景】红军长征胜利 ×× 周年座谈会

尊敬的各位老红军，同志们：

今天，我们在这里召开座谈会，纪念红军长征胜利 ×× 周年。借此机会，我代表自治区党委和自治区人民政府，向在座的和全区所有健在的功勋卓著的红军老战士，致以最崇高的敬意！

红军长征是一次惊心动魄的远征历史，是一场重要的战略转移活动。20 世纪 30 年代初，国民党反动派置民族危亡于不顾，推行“攘外必先安内”的政策，接连向革命根据地实施“围剿”行动，在党和红军生死存亡的关键时刻，党领导红军进行战略转移，最终取得了长征的胜利。红军长征的胜利充分展示了中国共产党人卓越的领导能力，充分体现了红军战士为民族独立和人民解放勇于牺牲的大无畏精神，充分证明了人民革命战争是不会失败的。

我们自治区有着光荣的革命传统，也是当年红军西路军左支队经过和进驻的地方。自治区自成立以来，坚持党的领导，坚持以经济建设为中心，坚持以人为本，坚持以红军长征精神为指导，从我区实际情况出发，克服顽固守旧思想，不断开拓进取，制定适合我区发展的方针政策，在各族干部群众的共同努力下，经济建设和社会各项事业取得了显著成绩。全区城镇人均可支配收入不断提高，已经达到 ×× 元。今年，全区经济发展势头良好，上半年全区生产总值比去年同期增长 ××%，全社会固定资产投资增长 ×× 万元，财政收入增长 ×× 万元。

同志们，我们不能忘记过去，我们要时刻回顾历史，从历史中获取前进的动力。回首往事，我们无限感慨；展望未来，我们充满信心。让我们高举邓小平理论和“三个代表”重要思想的伟大旗帜，全面贯彻落实科学发展观，大力弘扬长征精神，满怀信心地投身到建设中国特色社会主义的伟大事业中去，为实现全面建设小康社会的宏伟目标，为建设繁荣、富裕、文明、和谐的社会主义 ×× 自治区而努力奋斗！

范例评析

范例一篇幅短小，在整体结构上使用了排比的手法，用“传承长征精神”作为主体内容每一段的首句，使得文章层次清晰、逻辑严密。

范例二是一篇较为典型的政府领导致辞，篇幅较长，一般用于大型的、重要的纪念活动。致辞将长征精神与实际工作紧密结合，并运用了排比的修辞方式，使致辞显得气势恢弘。

第十一节　纪念“一二·九”运动致辞

纪念“一二·九”运动致辞，开头要说明今年是“一二·九”运动多少周年纪念日；主旨部分要介绍此次运动的背景、内容及意义，并勉励当代人牢记历史，为中华民族更加美好的未来而努力奋斗；结尾部分要向与会者送上美好的祝福。

范例一

【致辞人】×× 学校党委书记

【致辞背景】纪念“一二·九”运动 ×× 周年大合唱比赛

各位老师，同学们：

今天是“一二·九”爱国运动 ×× 周年纪念日，同时今年也是中国人民抗日战争暨世界反法西斯战争胜利 ×× 周年。今天，我们在这里隆重举行纪念“一二·九”爱国运动 ×× 周年大合唱比赛，以纪念这一爱国事件。

×× 年前，北平学生举行了声势浩大的抗日救亡运动，公开揭露日本帝国主义侵略中国、预谋吞并华北的阴谋，强烈地痛斥了国民党政府的妥协政策，唤醒了民众的爱国之情。“一二·九”运动是中华民族有志青年为了国家的独立、民族的解放而进行的一场艰苦卓绝的运动，体现了中华民族不畏强敌、可歌可泣的民族精神。正是有了这种精神，中国人民在中国共产党的领导下，最终取得了胜利。

××年过去了，“一二·九”运动的烽火虽已熄灭，然而先辈们发出的呐喊，依旧震撼着每一个中华儿女的心灵；先烈们的英勇行为，依然激励着每一位中华儿女！“一二·九”精神就是中华民族的爱国主义精神！

在改革开放的今天，我们依然要继承和发扬前辈们在运动中表现出的崇高精神，将自身价值的实现建立在为祖国的强大而努力奋斗中，报答前辈们用鲜血换来的安定和繁荣。我们要时刻铭记历史，发奋学习，不断开拓创新，争做民族复兴的践行者。

同学们、同志们，中华民族的伟大复兴需要你们。充满希望和挑战的21世纪将成为你们施展抱负，创造美好人生，报效祖国和人民的舞台。希望全校同学自觉地在思想上、行动上与党委保持一致，做改革与发展的行动派，培养自己的主人翁意识，以最大的爱国热情、过硬的本领，在人生最绚烂的时刻同祖国一起，与学校一道，共同唱响胜利的欢歌！

最后预祝合唱比赛圆满成功！

谢谢大家！

范例二

【致辞人】××学校校长

【致辞背景】纪念“一二·九”运动晚会

尊敬的各位来宾，老师们、同学们：

晚上好！

历史上的今天，面对着华北危急的局势，北平学子群情激愤，在中国共产党的领导下，展开了一系列艰苦卓绝的抗日救亡运动。无数的爱国学生挥动手臂，高呼口号，在城市中举行声势浩大的示威游行和演讲集会。面对国民党反动派的枪口，没有一个学生退缩。北平学子们用鲜血缔造了“一二·九”运动，使得全国各地掀起了抗日救亡运动的浪潮。

勿忘国耻，勿忘前人的鲜血与嘶吼。

忘记历史代表着背叛，在这个国与国之间竞争日趋激烈的时代，作为国家的未来与希望，你们要记住历史的伤痛、前人的激愤，要努力拼搏，奋发图强，为祖国的强大而学习，为了不让历史重演而学习，这就是我们在此纪念“一二·九”运动的意义所在。

在纪念“一二·九”运动的同时，我们也要牢牢记住“三个代表”，践行社会主义荣辱观、科学发展观、社会主义核心价值观等当代党的思想精髓，以其为指导，以爱国主义精神为内核，为祖国的繁荣、富强而不懈努力。

最后，祝各位度过一个愉快而难忘的夜晚！谢谢大家！

范例评析

范例一是一篇十分规矩的例文：层次清晰、内容全面、措辞准确。

范例二的篇幅短一些，但是全文情绪激昂、掷地有声、感染力强，能够最大限度地调动学生的爱国热情；不足之处在于全篇一个调子，感情上没有变化。

第十章

岗位变动致辞

岗位变动可分为三种情况：一是竞聘上岗，二是调动申请，三是就职上任。竞聘上岗是考核选拔人才的一种方式，如果用于内部招聘，即为内部竞聘上岗，也就是公司全体员工，不论职务高低、贡献大小，都站在同一起跑线上，重新接受公司的挑选和任用；调动申请是指员工本人根据自身特点与岗位的要求，提出自己想要调动的岗位；就职上任比较好理解，就不进行详细论述了。岗位变动致辞一定要体现出致辞人积极乐观的态度，具体内容可以根据岗位变动后的工作内容合理安排。

一、篇幅

岗位变动致辞的篇幅一般控制在2000字左右，太长了容易使评委厌烦，太短了则不能充分显示致辞人的诚意。

二、开头

开头主要包括以下几方面内容：

1. 标题

标题部分可以只标注“竞聘演讲辞”或“就职演讲辞”；也可以采用《关于竞聘 ×× 公司经理的演讲》《关于 ×× 就职 ×× 的演讲》这种形式，由竞聘人和文种或竞聘职务和文种构成。

2. 称谓

竞聘致辞一般用“各位评委”“各位听众”，调动或就职致辞一般用“各位领导”“各位同志”。

3. 其他

为制造良好的开场气氛，开篇应以“感谢 ×× 给我这样的机会让我进入答辩阶段”“恳请评委及与会同行指教”等礼节性感谢语导入正题；紧接着阐发自己的竞聘理由，如果是调动后的离职致辞，那么要表达自己依依不舍的心情。

三、主体

竞聘上岗致辞的主体一般包括以下几个方面：竞聘人的基本情况，包括姓名、学历、工作情况等；其次是竞聘人的竞争优势，此外，最好另起一段对自己的不足做一个简单的总结；最后，竞聘人谈谈对即将进入岗位的设想，以及对以后工作的计划。

调动后的离职致辞主要是对以前工作的总结。

就职致辞的主体则主要谈以后的工作，表明自己努力工作的决心。

四、结尾

竞聘上岗致辞的结尾一般要表明自己竞聘的信心。

就职致辞的结尾一般是表明决心，期待大家的考验。

调动、离职致辞的结尾一般是再次表达不舍之意，并表达自己对原来公司或者原来同事的美好祝愿。

第一节　竞聘招商局领导致辞

竞聘招商局领导致辞，主要是围绕致辞人自身的情况及竞聘岗位来写，要突出竞聘者竞聘这一岗位的优势所在；如果没有什么优势，可以谈谈自己的决心，或者对以后如何展开工作的设想。这类致辞，要注意内容上的详略得当，既要把自己的优势体现出来，还要适当地、巧妙地提及一下自己的缺点；通过分析自己的缺点，可以巧妙地转换话题，表明自己在今后的工作中克服缺点的决心。

范例一

【致辞人】竞聘者

【致辞背景】竞聘招商局副局长的活动

尊敬的各位领导、各位评委：

大家好！

今天，我站在这里，怀着激动的心情，参加招商局副局长的竞聘活动。在此，我首先要感谢多年来关心和支持我工作的领导和同事们。没有你们对我的悉心指导和帮助，我不可能取得今天的成绩，更不可能站在这里参加竞聘。所以，我要衷心地对你们说一声“谢谢”。我会珍惜这次竞聘的机会，向所有参选的朋友学习，在一个开放的平台上，接受大家的检阅。

我叫 ××，×× 年出生……（自我介绍，略）

今天，我竞聘的是县招商局副局长一职。对于竞聘这一职位，我有以下几点优势：

第一，我有着坚忍不拔、永不言败的坚强性格。困难压力我能扛，遇到难题我肯钻。平凡的工作不是我因循守旧、故步自封、谨小慎微的借口，无论什么样的工作，只要努力创新，勇于开拓，都会呈现不一样的精彩。面对困难，我最大的武器就是战略上蔑视它，战术上重视它。

第二，工作中有很强的沟通能力。沟通能力是做好工作不可或缺的一项技能，我的优势在于沟通时，既能保持亲和力，又能保持冷静的头脑和清晰的思路。从进入公务员岗位到现在，我在许多不同的岗位上任过职，这使得我了解了很多部门的岗位职责，也锻炼了我的沟通能力。就是在这一点一滴的工作中，我一步步地走向了成熟。

第三，工作作风严谨，具有丰富的工作经验。我长期从事与财务相关的工作，养成了一丝不苟、细致认真、沉着冷静的工作作风，这为我以后的工作奠定了良好的基础。

以上是我从事招商工作的优势，当然，在总结优势时，我也能清楚地认识到自身的不足：我对招商工作还不是很了解，工作经验较少；自己还比较年轻，工作中还存在不稳定的因素。但是，我相信通过我的努力，一定能把这种不足转化为优势：因为招商工作经验少，能够更为灵活地考虑问题，不会被条条框框框住手脚；因为年轻，有更多的精力学习相关知识，能够更快地融入到工作中去。招商引资是推动区域经济快速发展的重要手段和有效途径，招商引资工作的成败关系到地区群众能否增收。因此，如果我竞聘成功，将从以下几个方面开展工作：

第一，认清位置，做好参谋工作。作为副局长，要明确自己的位置，当好局长的助手。在招商局这一全新的职位上，我将尽快熟悉业务，多向老职工请教，多向领导请教。我要发挥我的专业优势，多站在全局的角度思考问题，切实履行好自己作为助手的职责。

第二，加强专业学习，提高业务能力。招商工作竞争激烈，形势多变，这就需要我们时刻关注新鲜事物，时刻保持学习的状态，让自己成为一个吃不饱知识的胖子，尽其所能地吸收知识的养分。在招商引资过程中，我们不仅需要了解招商政策、业务知识，还要了解市场大环境和我市经济建设的状况，了解了这些，我们才能有针对性地选择项目。所以，我要多向周围的人学习，用自己的热情与专业素养打动客商。

第三，充实项目库建设和对外宣传工作。项目库质量的好坏、数量的多少，是对外招商能否取得成效的决定性因素。我会结合我地经济发展的特点和未来发展的方向，把一大批有潜力、收益好的项目充实到项目库中。此外，我会做好招商工作的宣传工作，让客商对于我县招商情况一目了然。

第四，为客商营造良好的招商投资环境。我认为应该按照“客商无小事、诚信打动人”的理念来营造良好的招商引资环境，把诚实守信和高效服务作为招商部门的工作重点，为客商提供全天候、全方位的服务，在投资商与政府各部门之间建立“绿色通道”。只要是对客商作出的承诺，不论大小，我们一定要落实到位。对于无法提供的服务和目前不能办到的事情，我们要坦诚说明情况，耐心解释，绝不轻易许诺。不论招商成功与否，都要与客商成为朋友，在接待、咨询、洽谈中要做到热情、灵活、细致、周到、感人，以优质的服务和极大的诚意赢得客商、留住客商。

以上就是我的竞聘演讲，谢谢大家！

范例二

【致辞人】竞聘者

【致辞背景】竞聘招商局科长的活动

尊敬的各位领导、各位评委：

大家好！

首先，非常感谢领导和同志们给我这次学习、锻炼的机会。我竞聘的是招商局综合业务科科长这一职务，首先请允许我自我介绍一下：

我叫××，××年出生……（简介，略）

××年前，我从××财校毕业后，分配到××工作，其间被任命为乡财政所副所长。后来，通过公开选拔考试，我进入县财政局××部门，先后担任办公室副主任、主任等职。

竞聘这一职务，我深感任务艰巨，责任重大。假如这次我能够竞聘成功，我一定不会辜负组织和人民的厚望，我将从以下几个方面提高自己：

第一，正确定位，做好领导的左膀右臂。作为下级，我会深刻领会上级的指示和精神，提出合理化的意见和建议。作为科长，我会做好与下级的沟通工作，最大限度地发挥自己的主观能动性，做好领导的左膀右臂。同时，我还要明确自己的角色，树立大局观念，不越级，不推卸责任。

第二，认清责任，履行职责。作为科长，要肩负起领导科室人员共同进步的责任，要带动科室人员积极主动参与到工作当中去，要争做科室人员的榜样。

第三，从实际出发，创造性地开展工作。在工作中要实践“三个代表”重要思想，深入贯彻科学发展观，把全心全意为人民服务作为工作的宗旨。要深入到群众中去，从全局把握各项工作，并尽己所能协调好各方面的关系，真正为群众解决困难，让人民群众满意。

第四，修身、立德，提高自己的综合素质。本着“己所不欲，勿施于人”的态度，凡是要求别人做好的事情，自己首先要做好，先严格要求自己，再严格要求别人；此外，还要注意工作的方式、方法，既能树立自己的威信，又能让别人愿意亲近自己。

以上就是我的竞聘演讲。我会严格要求自己，努力工作，做到言行一致。

谢谢大家！

范例评析

两篇范例都是很成功的竞聘上岗致辞。

范例一清晰地把致辞内容分为两大块：自己的性格特点、

竞聘优势和对今后工作的计划。这样安排的好处是既让人清楚地认识到竞聘者的优势，也让人看到其对今后工作的计划。稍显不足的是致辞篇幅较长，如能再精简一下会更加完美。

范例二不同于范例一，致辞人通过叙述他的工作经历表现其优势，然后对自己提出了几点要求，从侧面强调了其竞聘本职务的决心。

第二节 竞聘法院领导致辞

竞聘法院领导致辞，内容要体现出竞聘者的优势；语言、语调等方面要体现出竞聘者的自信、从容。

【致辞人】竞聘者

【致辞背景】竞聘法院副院长的活动

各位主任、各位副主任、秘书长、各位委员：

我很荣幸在这次会议上被提名为××省高级人民法院副院长候选人。我非常感谢组织上对我的培养和信任，我一定不辜负党和人民对我的期望与重托。现在请允许我介绍一下自己：

我叫××，××年××月出生，法律本科学历，工作20多年来，我一直从事着与法律相关的工作。当然，法院工作对我来说还是一项全新的事业，不过，我相信，如果这次我能竞聘成功，我一定不辜负组织和人民的厚望。我将从以下几个方面努力提高自己，做好本职工作：

第一，加强专业知识的学习，提高自身素质，尽快熟悉法院工作。我将继续加强自身的政治修养，加强党性修养，增强政治敏锐性，提高政治鉴别力。同时，我还会虚心向同事请教，了解法院工作的方方面面，迅速进入工作状态。

第二，以服务群众为宗旨，竭力维护法律的公平。在今后的工作中，我会牢记自己是人民的法官，将以“为人民服务”为宗旨，以法律为准则，密切联系群众，踏实工作，公正执法，全力维护国家法律的尊严。

第三，与法院同志搞好关系。工作中我将端正自己的态度，处理好个人与组织，个人与同事之间的关系。我会认真贯彻集体决议制度，群策群力做好本职工作，在法院内部形成和谐、融洽的工作氛围，切实为人民群众解决难题。

第四，接受群众监督，虚心听取批评。在工作中，我将自觉接受党和人民群众的监督，将自己的工作置于社会的监督之下，广泛听取各方意见。我会本着知错必改、犯错必究的态度开展工作，争取使我院的工作迈上一个新的台阶。

第五，清正廉洁，严于律己，宽以待人。在工作和生活中，我会严格要求自己，坚决杜绝思想腐化现象的出现，做到情为民所系，利为民所谋，权为民所用，成为一名让党放心、让人民满意的好干部。

各位领导，各位同事，法院工作关乎法律尊严和人民群众的安全，这是一份沉甸甸的责任。假如我能够竞聘成功，我将遵守我所说的一切，勇担重任，履行好自己的职责。假如我未能竞聘成功，我一定会认真寻找不足，以更加严格的标准来要求自己，一如既往地做好自己的本职工作，提高自己的能力。

谢谢大家！

范例二

【致辞人】竞聘者

【致辞背景】竞聘法院中层副职的活动

尊敬的各位领导、各位评委，同志们：

你们好！

首先，非常感谢领导和同志们对我的信任与支持，这对我来说是一次十分难得的学习、锻炼的机会，我会珍惜这次机会，不断提高自己的能力。

我叫××，××年××月出生，法律本科学历，××年分配至我院工作，曾先后在××法庭、××法庭、执行局和办公室任书记员和主审法官工作，××年通过国家司法考试，今年××月被任命为审判员。

参加这次竞选，我认为自己有以下几方面的优势：

第一，我具备扎实的法律基本功和良好的政治素养。我是法律专业科班毕业，在学校里已打下了扎实的法学理论基础，并且在这几年的法律工作中，积累了丰富的工作经验。此外，我个人的政治觉悟较高，有着良好的政治素养。

第二，我有着高度的责任心和强烈的事业心。工作中，我始终坚持以大局为重，不计较个人得失；遇到困难我会迎难而上，不妥协、不惧怕，把困难当作不断进步的动力，并且我会积极学习有关的法律知识，努力提高自己的专业水平，以便更好地为人民服务。

第三，我具备较强的适应能力。无论到什么岗位上工作，我都能很快地理清思路、摸清方向、迅速进入工作状态，并能取得良好的成绩。

第四，我具备积极乐观的心态，并重视团队合作。工作中，我始终保持热情、乐观、敬业的工作态度，经常参加院里组织的各项活动。此外，我还特别重视团队合作，能够和同事们齐心协力地完成上级安排的所有任务。

这次我的竞选目标是中层副职，如果能够竞选成功，我将恪尽职守、勤奋工作，不辜负大家对我的信任。如果这次我不能竞选成功，说明我还不具备从事这项神圣工作的条件，我将愉快地服从组织安排，不断提高自己，在其他工作岗位上继续努力工作。

谢谢大家！

范例评析

范例一和范例二的开头部分都是先从自我介绍开始的：自我介绍其实也是展示竞聘者优势的一个重要环节，例如竞聘者的学历优势、工作经验优势等，因此，竞聘者要重视自我介绍的内容，尽量把自己的优势展现出来。两篇范例不同的是，在自我介绍后，范例一主要讲了竞聘者在今后工作中要努力提高的几个方面；而范例二则是竞聘者对自己优势的详细介绍。

第三节　竞聘省委办公厅领导致辞

竞聘省委办公厅领导致辞，内容上要体现出竞聘者的优势，比如写作方面的优势、管理方面的优势、协调方面的优势等，让各位评委能够感受到竞聘者能够胜任“参谋”“助手”这样的职务；除此之外，因为竞聘的是办公厅领导一职，致辞可以适当的幽默、风趣一些，但是这种幽默、风趣必须是有涵养的，这样才能给评委留下深刻的印象。

【致辞人】竞聘者

【致辞背景】竞聘省委办公厅处长的活动

尊敬的各位领导、各位同事：

上午好！

我怀着十分激动的心情站在这里，竞聘省委办公厅处长一职。在这里，我要感谢上级领导给我这次提高自己的机会。

首先我认真、诚恳地向各位汇报一下本人的基本情况，以便加深大家对我的了解。

我叫 ××，今年 ×× 岁，中共党员，大学本科学历，从 ×× 年到 ×× 年我一直在省委接待办从事政工、文秘工作。

竞争这个职务，我认为我有如下优势：

第一，具备良好的政治素养和良好的个人品行。工作中，我有着坚定的政治立场和较强的政治敏感，坚持学习政治理论知识，不断提高自己的政治素养；我能够服从领导安排，从来不抱怨工作的辛苦，并能与同事和睦相处。

第二，具备扎实的文字功底。我大学所学专业是中文，在校期间，我就具备了良好的文字功底，并多次在各类杂志上发表作品。参加工作后，我也一直从事公文起草、写作等工作，并担任我省《×× 日报》的特约记者，发表了 20 余篇文章。

第三，具有丰富的管理经验。在担任 ×× 主任时，我积累了大量的管理经验。首先是规范管理制度、用制度管人，按制度办事，取得了不错的成绩；其次是要对科室员工多鼓励，不要老批评；最后要以身作则，不论是多复杂的工作，我都会积极参与进去，继而影响身边的同事。

回顾过去，是为了更好地创造未来。我还有很多不足，希望以此次竞聘为契机，能得到各位领导和同事的批评指正。

省委办公厅处长，不只是一个有吸引力的职位，更是一份沉甸甸的责任。如果我能够竞聘成功，我将在以下几个方面展开工作：

第一，加强科室干部的政治思想建设。深入学习社会主义核心价值观，开展形式多样的活动，全面提高干部的政治素养。

第二，搞好科室业务工作。在全科室开展岗位练兵、业务比赛等活动，让每一位成员都参与进来，营造科室内部“比、帮、赶、超”的氛围。全科室要发挥部门优势，写出有真情实感、有深度的文章，争取每年都能在核心期刊上发表。

第三，加强科室人才建设。人才是部门发展的动力和源泉。假如我能够当上处长，我会坚持以人为本，从实际出发，关心科室每一位成员的成长，努力提高他们的专业技能和政治素养，让他们成为优秀的职工，为我科室的发展贡献力量。

第四，搞好科室的福利工作。我们科室的工作是十分烦琐的，职工们都很辛苦，怎样让他们没有后顾之忧地投入到工作中呢？这不仅需要我们时刻关心他们的生活，还需要我们尽最大努力提高他们的待遇，用实际行动，回报各位职工的辛勤付出。

最后，祝在座的各位身体健康，事业有成！祝参加这次竞争上岗的同志们，每个人都能竞聘成功，都有一个更加光辉灿烂的明天！

谢谢大家！

范例二

【致辞人】竞聘者

【致辞背景】竞聘省委办公厅秘书处处长的活动

尊敬的各位领导、各位评委，同志们：

大家好！

感谢各位领导和同事给我这次学习、锻炼的机会，借此机会，我要向所有帮助过我的各位领导、各位同志表示衷心的感谢！首先，我将自己的情况向大家汇报一下：

我叫××，今年××岁，中共党员，毕业于××大学，曾任职于××办公厅……（自我介绍，略）

我之所以想要竞聘省委办公厅秘书处处长这一职位，主要有以下几个方面的原因：

第一，希望能够深入基层工作，深入人民群众中去。我在办公厅工作××年，学到了很多专业知识，积累了丰富的工作经验，但是缺少将这些知识付诸实践的机会，而在秘书处，我有到基层工作的机会，这就可以将我所学的知识应用于实践，帮助群众做更多的事情。

第二，希望能够参与文字方面的工作。我拥有丰富的文字工作经验，在××党办担任副主任期间，分管文字工作，对起草报告、讲话有着丰富的经验。如果可以在秘书处工作，我相信我的写作水平会在以往的基础上得到更大的提高，能够更好地为秘书处贡献自己的力量。

第三，对秘书处工作的热爱。××年××月，由于工作需要，我受命到秘书处主持工作。在主持工作期间，我熟悉了秘书处的工作职责和工作流程，顺利完成了领导交给我的任务。

在这个过程中，我也喜欢上了秘书处的工作。因此，我希望以后还能去那里工作。

现在谈谈我对省委办公厅秘书处处长工作的设想，如果我能够被选中，我将做好以下三方面的工作。

第一，抓好文稿质量，加强政务服务。秘书处的一项重要工作就是写作各种文章，提高文稿的质量对于秘书处来说极为重要，我们可以从以下几个方面入手：首先要加强政治理论学习，提高自己的政治敏感；其次要认真领会领导意图；最后要对文稿进行润色、加工，精益求精。

第二，搞好调查研究，切实当好领导的参谋。要围绕领导分管的各项工作进行调查研究，提前做好各种准备，为领导提供决策依据。在工作中，要思维敏捷、反应迅速、办事果断，还要有无私的奉献精神。

第三，处理好领导的日常事务，真正当好领导的助手。根据活动计划和领导意见，科学安排好领导的各项活动；在处理日常工作中，要分清轻重缓急，每天的来文、来电、来访要在第一时间向主要领导汇报，以使领导及时掌握最新情况；周到细致地为领导的出差、下乡、开会等外出活动提供服务。

以上汇报，有不妥之处请同志们批评指正。谢谢大家！

范例评析

范例一是最常见的竞聘上岗致辞：竞聘者从自己的优势和对未来工作的计划两方面进行了阐述，表明了自己的决心和信心。

范例二最大的特点是竞聘者对其竞聘原因进行了阐述：轻松愉快的叙述，风趣的表态，既渗透感情，又蕴含哲理，更能打动人心。

第四节 竞聘党校领导致辞

竞聘党校领导致辞，重点要说明自己担任党校领导工作的优势所在，态度要诚恳，感情要充沛。竞聘者在致辞前要尽量熟悉党校各方面的工作，以使自己的致辞能够切中要害，赢得评委的好感。

范例一

【致辞人】竞聘者

【致辞背景】竞聘党校副校长的活动

各位领导、各位评委：

你们好！

今天，能站在这里参加这次竞聘活动，我感到非常激动。首先，我要向多年来给予我帮助和支持的各位领导和同事表示衷心的感谢！

下面我向各位领导、评委介绍一下我的个人情况。

我叫××，今年××岁，中共党员，大学本科学历，教授职称，大学毕业后分配到党校任教，××年调任办公室副主任，后又担任办公室主任。此次竞聘党校副校长，我认为我具备以下三个方面的优势：

第一，思想政治方面的优势。我充分抓住在党校工作的良好机会，在浓厚的学习氛围中抓紧理论学习与钻研，先后承担过多个培训班的教学任务，并取得了不错的成绩；此外，我还坚持写论文，在省级刊物上发表过十余篇论文，其中《××》一文获得中央党校《××时报》与××省委党校联合举办的党校教育研究征文一等奖。

第二，管理方面的优势。我在党校办公室担任负责工作多年，并协助校领导开展工作，拥有丰富的管理经验，能够很好地协调各部门之间，同事与同事之间的关系，有利于顺利地完成各项工作。

第三，性格方面的优势。坎坷的成长经历塑造了我坚强的性格，无论遇到什么困难，我都能够以积极乐观的态度面对；工作中，我能够与同事和睦相处，并能很好地化解同事之间的矛盾，是团队中的调解人。

以上优势决定了我能胜任党校副校长这个职位，如果这次能够竞聘成功，我将从以下三个方面开展工作。

一是严于律己，发挥模范带头作用，带动党校进行改革。在新形势下，党校工作面临着新的任务和挑战，我认为要完成新形势下党校的历史任务，就必须拥有开拓创新的精神，走统筹整合的道路，重视人才培养、发展科研项目，充分发挥党校在培养党员、干部、预备党员、入党积极分子等方面的作用。

二是明确角色，做好本职工作。对于当选者来说，必须作两个方面的转变：首先，要明确自己身份的转变，由执行者向领导者转变，要在创建工作中为校长出谋划策，做好参谋工作；其次，要明确思想上的转变，由办事员向负责人转变，要有强烈的责任感，把自己负责的每项工作都要落实到位。

三是严谨务实，做好后勤保障工作。在党校中，一切工作都围绕着教学活动进行，都是为教学工作服务的，后勤工作更是如此。对于当选者来说，及时、全面地了解教职工的工作要求、生活需要是非常有必要的。了解了这些，才能及时帮助教职工解决问题，从而让教职工没有顾虑，能够全身心地投入到党校日常教学工作中去。

各位评委、各位领导，虽然我对自己有着很大的信心，但是竞聘有上有下，没有人有十足的把握，无论是否竞聘到这个职位，我都会继续以饱满的热情来对待日后的生活与工作。

谢谢大家！

范例二

【致辞人】竞聘者

【致辞背景】竞聘党校工作联络处副处长的活动

各位领导、各位同事：

下午好！

今天，我能站在这里参加竞聘活动，我感到非常激动，感谢组织上对我的信任。首先，请允许我做一个简单的自我介绍。

我叫 ××，毕业于 ×× 大学，今天竞聘的是党校工作联络处副处长一职。

竞聘该职位，我认为我具备以下优势：

第一，热情待人，诚信做事。我是一个地道的农民的儿子，黄土地塑造了我热情、奔放、朴实、憨厚的性格。我把这些优秀的品质融入工作中，踏实工作，从没有任何怨言，深得领导和同事们的好评。

第二，有着较强的工作能力。我从事过多种职业，教过书，做过编辑，当过记者，做过办公室主任。我的这些经历大大开阔了我的视野，让我能站在更高的层次上看待问题、解决问题。两年前，我调到党校工作，这份工作让我对党校教学和行政后勤管理工作有了深入的了解，这对我做好党校联络处副处长一职有着极大的帮助。

第三，勇于担当、敢于创新。在工作中，我一直不避重就轻，该挑的担子一定会挑起来。面对新事物，我也本着多学习、多了解的态度，以便从这些新事物中汲取养分，找到解决问题的新方法。当年，我对于全国旅游形势进行了分析，并对我县的旅游资源进行了调研，提出了我县成立旅游局的大胆设想，经过上级领导的论证，这一设想最终变成了现实。

如果竞聘成功，我将从以下几个方面努力：

第一，实行绩效考核制度，调动全体员工的积极性。逐步实行工作完成情况与奖金挂钩制度，调动广大干部职工的积极性。处室内部要加强团结，实行集体决策制度，激发所有人员的工作热情，形成一种积极、进取、民主的工作氛围。

第二，运用多种方式，推进党校全面发展。在基层党校开展评估达标活动，让各基层党校有一个相互学习、相互赶超、共同进步的机会，切实为基层党校解决实际问题。

第三，做好调研工作，解决实际难题，使党校联络工作再上新台阶。要将党校的联络工作建立在实事求是的调研基础上，以科学发展观为指导，多为党校解决实际问题；要不断加强与各地方党政领导与职能部门的沟通，为党校的交流活动提供更为广阔的平台，使党校联络工作再上一个新台阶。

谢谢各位的支持！

范例评析

范例一与范例二在内容安排上非常相似：首先进行了自我介绍，然后说明了自己的优势和对以后工作的设想。两者比较而言，范例一整体显得较为积极；范例二的亮点在于情感表达得非常到位，语言具有感染力，容易引起人们的共鸣。

第五节　高速公路公司领导就职致辞

领导就职致辞，开头部分一般对来此工作表示荣幸，并简要介绍已经了解到的就职地的发展情况；主体部分要表明对搞好高速公路工作的决心，号召同事们携手并进，共同为高速公路事业的发展努力奋斗，如能在这部分提出怎样应对未来的工作，则更能彰显致辞人的个人魅力；结尾部分要送出对与会者的良好祝愿。

此类致辞的语言要真挚，感情要饱满，要充分体现出致辞人对做好该工作的信心。

【致辞人】××领导

【致辞背景】就职仪式

同志们：

省委领导安排我担任高速公路公司××领导一职，是对我的巨大信任，我也深感这份担子的沉重。

我在省高速公路系统已经工作了十几个年头，得到了许多领导和同事的支持和帮助，正是有了你们的帮助，我才有今天的成就。在这里，我要对一直以来帮助、信任我的领导表示感谢，对与我朝夕相处了十几年的同事表示感谢，对默默支持我的家人、朋友表示感谢，对给了我发展、进步平台的高速公路局表示感谢。现在，我肩上的担子更重了，我要从前任的手中，接过高速公路事业发展的“接力棒”，对此，我深感使命光荣、责任重大。

高速公路事业能否发展好直接影响着富民强省的目标能否实现，可以说高速公路事业的发展具有举足轻重的地位。当前我省高速公路事业发展势头良好，我们要趁着这大好的势头，抓住机遇，紧跟省委、省政府的步伐，调动广大干部职工的工作积极性，积极进取，开拓创新，开创我省高速公路事业的新局面。

就职后，我会不断提高自己的政治理论素养，同时带领我局干部不断提高业务水平。我相信，在省委、省政府的领导下，在全局干部职工的努力奋斗下，我们一定能做好每一个项目的建设工作，打造出更多精品工程。

高速公路事业发展的道路是曲折的，前途是光明的。我一定会在这个岗位上，挑好重担，开拓进取，为我省高速公路事业的发展贡献全部的力量。

最后祝大家工作顺利，万事如意！

范例二

【致辞人】×× 领导

【致辞背景】就职仪式

尊敬的各位集团领导、省高的各位领导和各位员工：

大家好！

感谢组织上安排我来省高速公路公司工作，非常高兴能够得到与大家共事的机会。我一定不会辜负领导和同事们对我的信任，努力做好本职工作。

在 ×× 工作时，我便得到了各位领导和同事的帮助，借今天这个机会，我向大家表示由衷的感谢！虽然之前大家都是在集团内部工作，但是今后我们将会更加亲近，联系也会更加紧密，希望大家在以后的工作中能够一如既往地支持和帮助我。

我为能够来到省高速公路公司工作而感到荣幸，有以下几个理由：

第一，我省高速公路公司在交通集团中的地位举足轻重。无论在规模上，还是在经济效益上，我省高速公路公司在行业内都有着极强的影响力。我来工作，能迅速提高我的协调能力和管理能力，对我来说是个难得的锻炼机会。

第二，我省高速公路公司拥有自己的品牌。从成立至今，高速公路公司无论在投资领域、金融领域，还是在工程建设领域都取得了骄人的成绩，打响了自己的品牌，得到了广大客户的认可。

第三，我省高速公路公司拥有团结、进取、务实、向上的工作作风。从上级领导到普通职工，每个人都具备优良的工作作风。有这样一支高素质的团队做保障，我们一定能够攻克难关，再创佳绩。

一切有利条件让我感到来这里工作万分荣幸，但投资、管理工作经验的缺乏也让我心生忐忑。但是，我相信在各位领导与同事的帮助和支持下，我能够尽快熟悉我的工作，担负起我应负的责任。

我向广大干部职工郑重承诺，我将坚决服从省交通集团的正确领导，要以前任 ×× 同志为榜样，继续发扬前任 ×× 同志的奉献精神，埋头苦干，勇担重任，为高速公路系统培养一支能够不断学习和超越自我的高速公路新队伍，确保我省高速公路事业得到又好又快的发展。

最后祝大家工作顺利，身体健康！

范例评析

两篇范例都符合新任领导就职讲话的要求，既表明了就职的荣幸，也表明了对于做好该工作的信心。

范例一的内容简洁明了，思路清晰，感情朴实、真挚；范例二的结构清晰，感情饱满、热烈，并分条指出了省高速公路公司的优势，在内容安排上更胜一筹。

第六节　劳动局领导就职致辞

劳动局领导就职致辞，开头要提出是什么组织安排的，然后对来此工作表示荣幸；主体部分主要是对未来工作的表态、发言；结尾部分要表达对参与者的美好祝愿。

范例一

【致辞人】××劳动局局长

【致辞背景】就职仪式

各位主任、各位委员：

我受县政府的任命，担任我县劳动局局长一职。衷心感谢各位领导对我的信任，我深感肩上责任的重大。面对这沉甸甸的责任，我一定会不辱使命，主持好我县劳动局工作，履行好局长的职责，向党和人民交一份满意的答卷。借此发表就职演说的机会，我向县委、县政府及各位领导和同志表个态，我一定会努力完成劳动局的各项工作。在以后的工作中，我将会从以下几个方面努力：

第一，牢固树立全心全意为人民服务的理念。在工作中，要时刻牢记为人民服务的理念，以为人民群众排忧解难为己任，时刻关心人民群众的疾苦，充分发挥劳动局为劳动者保驾护航、解决困难的作用；发挥好党和政府联系群众、关心群众、服务群众、凝聚群众的桥梁和纽带作用。

第二，加强业务学习，提高个人政治素养。在工作中，我要树立终身学习的观念，不断加强业务学习；牢记执政为民的理念，深刻领会党的十九大精神，争做一名政治上合格、业务上过硬的领导干部。

第三，抓好班子，带好队伍，树立劳动部门的良好形象。劳动局是人民政府主管全县劳动就业的重要职能部门，劳动局工作开展的好坏关系到党和政府与人民群众的联系是否紧密，关系到经济社会发展的好坏。因此，我将以身作则，在提高自身能力的同时，努力培养出一支高水平、高素质的团队，尽心尽责地完成上级领导安排的各项任务，树立劳动部门的良好形象。

各位领导、各位同志，我一定会全力以赴，积极进取，为我县实现“××”宏伟目标，做出自己应有的贡献。

最后祝大家一切顺利！

范例二

【致辞人】××劳动局局长

【致辞背景】就职仪式

各位领导、同志们：

此次市政府安排我来担任市劳动局局长一职，是市委、市政府对我的信任。我定不辜负市领导及广大干部职工的期望，带领市劳动局全体工作人员勤政务实，与时俱进，开拓进取，扎实工作，不断开创劳动工作的新局面。在我任职期间，我将从以下几方面来展开工作：

第一，提高自身理论水平和业务水平。虽然我在基层工作多年，但是面对新的挑战，我必须认真学习理论知识，不断提高自己的业务水平。首先要抓好政治理论的学习，要认真学习马列主义、毛泽东思想、邓小平理论、“三个代表”重要思想、社会主义核心价值观等一系列理论知识，坚持用科学的理论武装自己，树立正确的世界观、人生观和价值观；其次要努力提高业务水平，要做内行的领导干部，不能依照主观“断案”，要根据工作、岗位职责认真学习相关知识，并将其运用到实际工作中去。

第二，依法执政，保障民生，接受社会及人大监督。作为劳动局的主要负责人，我对劳动局工作的任务之艰巨、责任之重大有着深刻的体会和清醒的认识。这种体会和认识让我在日常工作中极其重视对法律知识的学习，不断强化自己的法律意识；工作中，我会重视监察与监督工作的制度化、规范化、法制化，使劳动局的工作更好地开展；我会自觉接受人大及其常委会的监督，摆正自己的位置，不辜负党和人民的信任；我会坚决贯彻人大及其常委会做出的决议；我会定期向人大及其常委会汇报工作，积极配合人大代表的视察、调查、检查和评议活动，并认真听取和采纳人大代表提出的建议，及时处理、结办人大及其常委会交办的信访案件。

第三，围绕本职工作，与时俱进，创造更好的工作业绩。今年是极为关键的一年，是“××”计划付诸实施的第一年，我们要做好本职工作，明确劳动工作的意义所在。根据市委、市政府的工作会议精神，我们的工作要做到围绕中心、服务大局、抓好基础、有所突破，为“××”计划的顺利开展而努力。下一步，我将立足本职工作，带领劳动系统广大干部职工，开拓进取，扎实工作，勇往直前，确保完成本年度的工作任务。

第四，做好反腐工作，保证党员干部队伍的纯洁性。劳动工作与人民群众的利益密切相关，我们不可掉以轻心。我们要清醒地认识到，人民赋予我们的权力是为了让我们更好地为人民服务，为人民谋福利。我们绝不可为一己之私利罔顾全局，辜负了党和人民的信任和重托。无论是工作人员自身还是其亲属、朋友都要严于律己，时刻警惕各种思想的腐化，做一个真正的人民公仆。我一定会做到情为民所系，利为民所谋，权为民所用，自觉遵守党风廉政建设的各项规定，勤政为民，做一个让党放心、让人民满意的好干部！

各位领导、同志们，我一定会大力发扬敢为人先的创新精神，一步一个脚印地努力前进，为实现我市和谐发展做出自己应有的贡献。

最后祝大家身体健康，阖家幸福！

范例评析

两篇范例都比较规矩，符合此类致辞的基本要求。两者相比，范例二更胜一筹：文中恰当运用了排比句，既增强了文章的气势，也表明了致辞者的决心和信心；政治术语的使用也很到位，很好地体现了致辞者的政治素养和理论水平。

第七节　文联主席就职致辞

文联主席就职致辞，内容上与前面的就职致辞没有大的区别。需要注意的是，文联是主导文化工作的部门，所以文联主席的致辞必须有文采；但也要注意句子的通俗易懂，不要使用生僻的词语。

范例一

【致辞人】××县文联主席

【致辞背景】就职仪式

各位领导、各位代表，同志们、朋友们：

我很高兴被推选为县文联第××届委员会主席。在此，我衷心地感谢各位领导和文艺界朋友们对我的信任，将这项重任交给我。同时，我也感到身上的担子很重，责任很大。但我不会退缩、不会畏惧，我将迎难而上，开拓进取，与文联干部们同心同德，为搞好我县文联工作贡献自己的力量。

我将从以下几个方面开展今后的工作：

一是要树立大局意识。现在正是和谐社会建设的关键时期，正是塑造我县××形象的机遇期，和谐社会的建设离不开文化事业的蓬勃发展，地区形象的塑造离不开文化事业的发展与进步。我们要树立大局意识，以县委、县政府的工作为重心，巩固好文化、舆论、宣传阵地，艰苦奋斗，务实进取，为全县经济社会又好又快地发展提供有力的精神支持，为把我县打造成文化大县而不懈努力。

二是着力打造文艺精品。围绕县委、县政府提出的核心任务，我们要从实际出发，团结全县的文艺工作者和有志于文艺工作的群众，立足于现实生活，为满足人民群众不断增长的精神需求，为建设文化大县，努力创作，早日推出好的作品。

三是着力加强各地文化联络工作，致力于文化协会建设。在文联的日常工作中，我们要将为文艺工作者服务作为第一要务，积极听取他们的意见，让文联成为他们最贴心的家园、最可靠的阵地。我们要积极争取资金，做好各机关与文艺工作者间的联系工作，为我县文化事业的发展创造最有力的发展环境。

文化事业的发展需要县委、县政府各位领导的大力支持，需要社会各界人士的鼎力相助，需要我们自己不懈的努力。我相信，在大家的共同努力下，我县的文化事业一定会取得更大的进步，更好的发展。

范例二

【致辞人】××文联主席

【致辞背景】就职仪式

各位领导、各位代表，同志们、朋友们：

今天，在第6届文联换届选举大会上，我被广大文艺工作者推举为新一届文联主席，这是各位领导和广大文艺工作者对我的信任和鼓励。在今后的工作中，我决不辜负大家的重托，认真履行职责，协调好文联内部工作，切实为广大文艺工作者服务。任职期间，我将从以下几方面来展开工作：

第一，做好基层群众的文化建设工作。我要利用好文联拥有的丰富资源，开设各种文艺培训班、艺术品鉴赏讲座等活动，满足人民群众日益增长的精神需求，让人民群众也能了解艺术、参与艺术创作。

第二，加强人才队伍建设，明确服务对象。文联肩负着培养文艺界新人的责任，我们要重视人才的培养，可以采用以老带新的方式，不断提高文艺新人的艺术水平；文联要成为文艺工作者的坚强后盾，要经常开展多种多样的文艺创作研讨和文艺评奖活动，给文艺工作者提供交流的平台；文联还要切实保护文艺工作者的知识产权，保障文艺工作者的合法权益。

第三，加强我市文化品牌建设。我市文联将通过网络平台展示我市文艺工作者的风采，使之成为文艺工作者推介、展示自我的重要平台；在未来的几年中，我们要加强文化品牌建设，打造几个核心品牌，使我市文化建设再上一个新的台阶。

各位领导，各位同事，我一定不会辜负你们对我的信任，努力做好自己的工作。我也希望在今后的工作中能继续得到大家的帮助。让我们一起努力，共创我市文联的美好未来！

范例评析

范例一是一篇不错的致辞，写作规范，结构完整：首先表达了对大家的感谢；接着直奔主题，向与会者宣读自己的工作计划；最后再次表达了自己坚定的信念。美中不足的是，从开头向主体的过渡显得很生硬，不够自然。范例二自然段之间的过渡很好，但是篇幅过于短小，显得致辞人态度不够真诚。

第八节　油田公司领导离职致辞

油田公司领导离职致辞，开头要表达自己依依不舍的心情；主体则主要回顾以前的工作经历；结尾则主要总结自己在本公司的工作情况，并对自己进行简单的评价。

【致辞人】××油田领导

【致辞背景】离职仪式

各位同志，朋友们：

大家好！

今天，我就要离开××油田、离开大家了，真是舍不得。××年的风风雨雨培养了我与××油田的深厚感情，这里的山山水水、一草一木都让人难忘。

早在××年前，我在开始研究××地质问题时便与××油田产生了深厚的感情。后来，我又多次来到××油田进行调研工作。第一次到这里的时候，满目的荒凉与极其艰苦的工作环境让我震惊，而 ×× 人艰苦奋斗、勇于奉献、朴实无华的工作作风也给我留下了深刻的印象。又过了两年，我离开了机关，来到 ×× 油田工作，开始了我在油田的工作生涯。我很荣幸能够赶上 ×× 油田发展的大好时机，在这里，我实现了事业上的腾飞。在 ×× 油田的 ×× 年是我此生最幸福的时光。

×× 油田承载了我的梦想，也成就了我的一生。现在，我可以很骄傲地说："此生无憾！"虽然我已经步入花甲之年，即将离开这里，但是我亲爱的同事们，我敬爱的领导们，我将时刻关注你们，关注 ×× 油田的发展。

我衷心地祝愿你们拥有更辉煌的明天！

范例二

【致辞人】×× 油田领导

【致辞背景】离职仪式

×× 油田的各位领导，各位同事：

不知不觉，我已经在 ×× 油田走过了 ×× 个年头。今天，我就要和各位告别，真是舍不得。我舍不得这里的一草一木，舍不得这里可亲的同事们，也舍不得给予我帮助的职工家属们。

回首过去，往事历历在目。在 ×× 油田的这 ×× 年里，我与同事们共同品尝创业的苦涩，共同体会收获的喜悦。这里是我收获知识的地方，是我收获感情的地方，我永远都不会忘记这里的一切。在 ×× 油田精神的感染下，在油田领导和同事们的帮助下，我很快熟悉油田工作，并取得了不错的成绩。今天我就要离开，我深感愧疚，因为我为油田所做的贡献与油田给予我的回报相比，实在是太少太少。

我在××油田工作的××年是我人生最宝贵的财富。××油田的精神已经深入我的骨髓，成为我生命的一部分。无论今后我走到哪里，都会继续发扬这种精神，让它成为我前进的动力。我一定会牢记××油田领导对我的教诲，继承××油田人身上默默奉献、无怨无悔的高尚品格，我将永远是你们的一份子，我的心与你们同在！

我将始终以曾经在××油田工作而自豪，始终以自己是一名××石油人而骄傲！

在此，我发自肺腑地向油田各届领导、全体职工及职工家属表示衷心的感谢，也衷心祝愿油田的明天更加美好！

范例评析

两篇范例的感情都十分真挚，用发自肺腑的语言表达了对××油田的热爱和不舍。美中不足的是，两篇范例在阐述离职人员工作内容时太过简略。

第九节　烟草局领导调动致辞

烟草局领导调动致辞，既要说明在即将离开的单位的工作情况，又要阐述将去任职的单位的基本情况。致辞中既要表达出对原来单位、同事的不舍和感激，又要表达出对从事以后工作的信心和决心。

【致辞人】××烟草局领导

【致辞背景】调动职务仪式

各位领导，同志们：

你们好！

今天是我在××烟草局的最后一次讲话。借此机会，我要跟各位领导和同志们说上几句心里话。

首先我要感谢烟草局领导和同事这些年来对我的关怀和帮助，我能有今天的成绩，离不开你们一直以来对我的鞭策与鼓励。在烟草局工作的这些年来，我与同事们建立了深厚的友谊；在烟草局这个团结、务实的团队中，我的个人素质与业务水平都得到了提高；在上级领导的带领下，我局各职能部门互相配合，全体干部团结奋进、齐心协力，保质保量地完成了市委、市政府给我们安排的各项任务，得到了上级领导的高度赞扬。

对于工作上的调任，我将坚决服从组织的安排，同时感谢上级领导对我的信任，给我这次去省城工作的机会，这是各级领导对我这些年工作的肯定。在今后的工作中，我会在新的岗位上做出更大的贡献，不辜负各位领导对我的厚望。

我很快就要离开这里奔赴新的岗位了，我将牢记在烟草局这些年与同事们在一起奋斗的时光。各位同事，希望你们经常与我联系，共叙友谊。

谢谢大家！

范例二

【致辞人】×× 烟草局领导

【致辞背景】调动职务仪式

各位领导、各位同志：

我受到上级任命，将要调到 ×× 去工作了，今天在这里和大家告个别。此刻，我的心情十分激动，千言万语也表达不出我的不舍之情。蓦然回首，我在 ×× 烟草局与大家朝夕相处了 ×× 个年头，在这 ×× 年里，我们在一起的时间甚至比和家人在一起的时间还长，正是在这日复一日的相处中，我们建立了深厚的友谊。如今我就要离开了，往事一幕幕浮现在眼前。

我记得我是 ×× 年 ×× 月 ×× 日来到这里的，刚来的时候，我一点儿都不熟悉烟草局的工作，心里别提有多紧张了。幸运的是，我得到了局领导的悉心教导，得到了同志们真诚的帮助，经过几个月的锻炼，我逐渐熟悉了业务流程，并在工作中取得了不错的成绩。×× 烟草局给了我一个成长、进步的平台，给了我学习、锻炼的机会，我与所有同事一起见证了 ×× 烟草局的发展和变革。在这里的 ×× 年让我受益终生，我一定会将这里朴实、勤奋的良好作风继承下去，在新的岗位上，做出新的成绩，不辜负各位领导和同事对我的期望。我也永远不会忘记这里的同事，不会忘记在这里奋斗过的岁月。

能够到新的工作岗位接受锻炼，我由衷地感谢组织对我的信任和关爱，我会尽快适应新的岗位，肩负起自己应负的责任。请各位领导放心，在新的岗位上，我将以饱满的热情、昂扬的斗志，迎接新的挑战、接受新的考验。

最后，祝大家工作顺利，万事如意！

范例评析

两篇范例都详细地说明了调任者在原来工作单位的情况，充分表达了自己对原单位同事的不舍之情，并对今后的工作进行了展望，表明了自己的决心。

两篇范例相比，范例二在文采上更胜一筹，语言也比较简约。

第十一章

电视广播致辞

电视广播致辞，虽然没有其他致辞的盛大场面，但却有着数量最多的致辞对象，因此，这类致辞的写作要求很高。其没有固定的致辞背景，但有一个固定的致辞目的，就是将致辞内容传播到更广泛的人群中去。

一、篇幅

电视广播致辞面向的是最广泛的致辞对象，往往要涉及很多内容，因此篇幅较长，通常都在千字以上。但篇幅长不代表内容就可以繁冗、拖沓；内容乏味、篇幅冗长的致辞是不被人们喜欢和接受的，也不能达到致辞的目的。

二、开头

电视广播致辞没有固定的致辞背景，但是无论哪种致辞，开头都要有称呼，以及符合致辞背景的问候语。有些致辞不需要问候语，可以只写称呼。

称呼和问候语之后，要点明致辞背景，即活动内容、意义、目的等，也可根据相应的致辞背景对相关人员致以问候或表达谢意。

三、主体

致辞的主体通常包含多项内容，首先应详述致辞背景、活动意义等；接着可针对致辞主题，对政府、单位在这方面工作中取得的成绩及存在的不足进行叙述；最后可针对致辞主题，对以后的工作提出具体的要求或希望。

四、结尾

致辞的结尾通常以极具号召力的语言号召人们积极参与 ×× 活动，为实现致辞目的而努力。

因为电视广播致辞没有特定的致辞背景，这里只对致辞内容、结构进行了简要的说明；致辞过程中，致辞人可根据实际需要具体安排致辞内容。

第一节　创建卫生城市的电视致辞

创建卫生城市的电视致辞，一般包括以下内容：开头要点明致辞背景；主体要分别对创建活动的基本情况、已取得的成绩、仍需开展的工作进行较为详细的叙述，并提出具体的工作要求；结尾处发出号召，号召大家一起参与到创建活动中来。

广大人民群众是创建卫生城市的主力军，因此，致辞人要肯定广大群众在创建活动中的重要作用，使人们意识到自己的重要性，提高其参与创建活动的积极性。

范例一

【致辞人】×× 市市长

【致辞背景】创建卫生城市

市各机关单位干部职工，广大市民：

争做文明人，共创卫生城。全市各部门正在积极开展创建卫生城市的工作，在此，我代表市委、市政府向在创建活动中做出贡献的各级干部和广大市民表示亲切的问候和衷心的感谢！同时，希望大家再接再厉，统一思想，鼓足干劲，早日完成此次创建任务。

随着经济社会的飞速发展，人们对于环境、生态的认识越来越深入，对城市的环境和卫生提出了更高的要求。我市开展创建卫生城市的活动不仅仅是为了树立良好的城市形象，更是为了满足广大市民对于良好城市卫生的需求。

自我市开展创建活动以来，在市各机关单位和全市人民的共同努力下，我们的创建工作取得了显著成效。今年，我市将继续把创建卫生城市当作市委、市政府的重点工作来抓，我们将从以下三个方面开展工作：

第一，加大宣传力度。创建卫生城市是一项需要全民参与的工作，因此，全市有关部门要做好宣传工作，要在全市范围内普及卫生知识，宣传健康生活的理念，强化每个市民的卫生意识，培养市民文明、健康的生活方式；发动群众，在全市形成争做创建卫生城市监督员的氛围；增强市民爱环境、讲卫生、树文明的自觉性和积极性，从而促进创建活动的顺利开展。

第二，要加大对卫生死角和公共场所的整治力度。有关部门要加大对各街道、小巷、小区及河道沟渠的垃圾清运力度，消除卫生死角；要加大公共卫生设施的建设力度，如在公共场所继续兴建公共厕所、增设果皮箱，如整治火车站、菜市场“脏乱差”的卫生状况，从整体上改善城区的环境卫生状况。

第三，有关部门要加大卫生检查管理力度，确保各项措施真正落到实处。

创建卫生城市是市政府的重点工作之一，也是符合每位市民需求的惠民工程。希望每一位市民都树立起城市主人翁的意识，从自己做起，从小事做起，争当文明市民。全市各级部门和××万群众积极行动起来吧，用我们的智慧和汗水，为创建我们美丽、卫生、文明的家园贡献力量，争取创建卫生城市的最后胜利！

谢谢大家！

范例二

【致辞人】××市市长

【致辞背景】创建卫生城市

同志们，广大市民朋友：

今天是我们创建卫生城市活动一周年的日子。回顾一年来的工作，我们取得了一些成绩，也存在一些问题。在以后的工作中，我们要总结成功的经验，吸取失败的教训，再接再厉，继续推动此项工作的开展。

下面我讲三点意见。

第一，继续发扬艰苦奋斗的优良作风。

自创建工作开展以来，我们取得了阶段性的成果：共拆除违章建筑××万平方米，对××条主要干道进行了修复，维修路面××公里，补栽树苗近××万株，新建绿地××万平方米，疏通排水管道××万米，维修下水道××米。这些成绩的取得，离不开市委、市政府的正确领导，离不开全市各有关部门与全市人民的共同努力。在此，我向大家表示衷心的感谢！

此次创建活动，各有关部门从一开始就进行了一系列的宣传、动员活动，营造出了全民参与的良好氛围；各有关部门严格按照省政府的要求和市委、市政府的统一部署，根据各区、各街道的实际情况，开展集中整顿、修复、建设等工作，从而改善了公共场所及城市死角的环境卫生，使创建工作取得了阶段性进展。今后的工作中，我们要继续发扬艰苦奋斗的优良作风，把各项工作落到实处，为取得创建工作的最后胜利而努力。

第二，要正视工作中存在的问题和不足。

虽然我们的创建工作取得了一定成绩，但是仍存在不足，面临着更加严峻的考验。其中拆迁工作进展困难及拆迁过程中出现的纠纷是我们亟须解决的问题。拆迁工作是创建卫生城市工作的一个重要内容，从之前的工作中，我们发现，专项整改行动迟缓、各区之间沟通不到位是影响拆迁工作的主要因素。在以后的工作中，各部门要加强联系，落实政策，以宣传、动员为先导，做好宣传和说服工作，做到依法拆除，拆建结合，建设长效的管理机制。

第三，再鼓干劲，夺取创建卫生城市的最后胜利。

创建卫生城市工作已经开展了一年，我们取得了阶段性的胜利，但在接下来的工作中，我们将面临更加严峻的形势。面对今后的工作，我们要坚定信心、鼓足干劲、加强各部门之间的协同配合，扎实开展各项工作。我们要不断加强各项专项治理工作，明确目标，落实责任，确保各项工作顺利进行。

同志们，市民朋友们，创建卫生城市是一项长期且艰巨的任务，我们还有很长的一段路要走。我们要认真总结经验、吸取教训，切实做好我市这项惠民工程。

最后，让我们再接再厉、克难攻坚、真抓实干，争取“创卫”工作的最后胜利！

范例评析

两篇范例内容充实，逻辑清晰，但两者风格不同：范例一令人感觉很亲切，范例二行文严肃、谨慎，亲和力稍差。

第二节　做好防汛工作的电视致辞

做好防汛工作的电视致辞，重点内容应放在如何做好防汛工作上。具体写作中，首先要对面临的防汛形势进行说明，并结合实际情况，强调防汛工作所面临的挑战；其次，要对接下来的防汛工作进行具体安排，内容上可涉及从制度到执行上的各个方面；最后要号召大家共同努力，取得防汛工作的最后胜利。

范例一

【致辞人】××县县长

【致辞背景】做好全县防汛工作

各位父老乡亲，同志们：

在我县主汛期即将到来之际，为了让大家明确抗洪防汛形势，提高大家的防汛意识，下面，我就抓好防汛工作讲以下几点：

第一，认清形势，狠抓落实。

今年春季以来，我县降水量比去年同期增长了70%，且降水集中，雷雨天气频频出现，局部地方发生了洪水灾害。据气象部门预测，今年汛期降水明显要多于往年，未来强雷阵雨天气较多，降水强度大，容易引发山洪和泥石流等自然灾害。目前，我们面临着抗灾基础设施薄弱、部分水库“带病”运行、中小河流防洪能力差的不利局面。为此，我们必须认清形势，细化防灾方案，狠抓落实，牢牢把握防汛工作的主动权。

第二，围绕重点，强化措施。

各相关部门要广泛宣传《防洪法》《防汛条例》等法律法

规，提高全社会防洪减灾的意识；要全面实行防汛责任制，健全防汛指挥网络体系，真正把防汛责任落到实处，把防汛工作做到实处，为防汛抢险工作提供强有力的组织和制度保证。

各级、各部门要把责任制贯彻到防汛工作的方方面面，根据具体情况及时研究和部署有关防汛工作。同时要建立防汛责任追究制，遇到因失职或渎职造成重大责任事故的，要依法追究当事人和相关负责人的责任。另外，从现在起要严格执行24小时值班制度和领导带班制度，防汛办要随时进行抽查。

相关单位要加强巡查力度，保证及时发现灾情隐患。要密切监视天气和水情、雨情变化，遇到险情，要以人为本，组织群众安全撤离。各乡镇近期要开展一次彻底的专项治理活动，清除泄洪障碍，保证河道畅通，提高河道泄洪能力。各单位要坚持“宁可备而不用，不可用而无备”的原则，切实做好防汛物资的储备工作，做好人员逃生知识的教育工作，做好重点河段的监察工作，做好信息沟通工作，确保遇到重大险情时能及时应对。

第三，协调配合，积极应对。

虽然我们面临着严峻的防洪防汛形势，但我们不能畏惧困难，要坚定防灾、抗灾的信心，加强各部门的协调配合。各单位要认真履行职责，从健全防汛设施、完善相关制度、协调各方工作等方面开展工作，我们一定能打赢防汛攻坚战。

同志们，今年我县面临着严峻的防汛形势。各乡镇、各部门、各单位一定要严格按照县委、县政府和县抗旱防汛指挥部的统一部署和安排，认真落实各项政策，调动一切可利用的资源，全力以赴做好今年的防汛工作，确保人民生命和财产安全，为我县各项事业的稳步发展做出积极的贡献！

范例二

【致辞人】×× 省领导

【致辞背景】防汛工作指导

同志们：

随着我省主汛期的到来，我们将面临严峻的防汛形势。不久前，中央领导在防汛抗洪工作会议上再次指出，当前我国大部分地区已进入主汛期，防汛抗洪救灾任务十分繁重。各级党委和政府要统筹兼顾，周密部署，扎实工作，毫不放松经济建设，千方百计做好防汛抗洪各项工作，努力实现全年经济社会发展目标。

同志们，在中央领导的正确指导下，在各级政府和主管部门的多方努力下，今年我省的防汛抗洪工作取得了阶段性的胜利，但是我们仍然要清醒地看到防汛抗洪工作的严峻性。今年入汛以来，我国各地先后出现多次大范围强降雨。洪涝灾害不仅严重威胁着广大人民群众的生命安全，同时也给各地带来了巨大的经济损失，我们要高度警惕。从地理位置上看，我省位居高原，在历史上没有发生过大的洪涝灾害，但是我们仍然要保持清醒的头脑，各级政府、水利部门及防汛抗洪职能单位一定要提高认识，抓住关键环节，确保防汛安全。各职能部门要特别关注汛限水位，绝不允许超限运行。河道管理单位也要做好清障工作，对阻碍泄洪的砂石、废料等要及时清除。

为进一步落实中央对防汛抗洪工作的重要指示，确保防汛有准备、抗洪有步骤、安全有保障，根据中央领导的重要讲话精神，省委、省政府要求各地政府一定要做好以下工作；

第一，认真贯彻落实国家防汛抗旱总指挥部对防汛抗洪工作的重要指示，要在主汛期到来之前，以最快的速度全方位贯彻落实指示，不留死角。

第二，按照中央的部署和要求，各级党委和政府要统筹兼顾，周密部署，扎实工作，以高度的责任感认真排查所属区域；努力增加水利投入，重点搞好中小河流治理和小型水库除险加固工作，进一步夯实水利基础，提高抗灾减灾能力。

第三，各级责任人严格履行职责，做到层层把关、处处设防。第一责任人要及时转移当地群众，确保人民群众的生命安全。对那些领导无方、措施不力的责任人要坚决撤查，因责任人玩忽职守造成人员死亡的，要追究其刑事责任。

第四，加强部门之间的联动，加强气象预报预警工作。气象部门要及时通报雨情、风情、水情的变化，当好防汛工作的参谋；物资部门要及时调拨抗洪物资；武警消防部队要随时待命，做好“战斗”的准备；医疗卫生单位要做好防暑降温和防疫准备，确保“参战”人员的身体健康。

第五，做好应急准备。险情一旦发生，一要及时疏散群众；二要做好灾后群众的安置工作；三要抓紧农田排涝和农业生产补种、改种工作。努力把灾害造成的损失减少到最低。

同志们，防汛抗洪工作刻不容缓，我们一定要遵照上级指示，再接再厉，扎实工作，千方百计做好防汛抗洪的各项工作，努力实现我省经济社会的发展目标。

范例评析

两篇范例结构类似，先说明了防汛工作面临的形势，接着对以后的工作进行了安排，并对责任人做出了要求。两者的差别在于，范例二对防汛工作的重要性做了较为详细的说明。

第三节 在“全国助残日”发表的电视致辞

助残日是为了使残疾人得到更多帮助和扶持而设立的，有关部门会根据当年残疾人事业的发展重点来确定当年助残日的主题。因此“全国助残日”的电视致辞一般按照以下顺序来撰写：首先对残疾人朋友和相关人员表达问候、祝福或感谢；其次，简单介绍当地残疾人的状况；再次，对当地残疾人工作的开展及残疾人事业的发展进行详述，其中要包括经验的总结、问题的发现、改善的措施、发展的规划等多方面内容；最后，以呼告语的形式鼓励残疾人自助自救，并号召社会各界都来帮助残疾人。

【致辞人】×× 市领导

【致辞背景】“全国助残日”

广大市民朋友、残疾人朋友：

大家好！

今天是第 ×× 个法定“全国助残日”。首先，请允许我代表市委、市政府向全市的残疾人朋友及其亲属，向全市残疾人工作者致以节日的问候，向一直关心和支持残疾人事业发展的社会各界朋友表示衷心的感谢，并致以崇高的敬意！

残疾人事业的发展水平是衡量一个国家或地区文明程度的重要标准之一；残疾人事业发展的成熟与否，残疾人生活是否便捷、权益能否得到保障已成为一个国家或地区经济发展、社会文明的重要标志；我国正处于建设社会主义和谐社会的关键阶段，残疾人能否融入社会，是和谐社会能否顺利实现的重点问题。今年，第××个“全国助残日”的主题是“××、××”，当前残疾人工作的重要内容是尊重残疾人及帮助他们就业。就业可以让更多的残疾人融入社会，实现自身价值，从而更阳光、乐观地生活在社会之中。

近几年，我市残疾人工作取得了一些成绩，形成了全市各部门统一配合、明确职责的良好局面，营造了全市残疾人积极自助、全市各族人民关心并支持残疾人工作的良好风气。但我们也要清醒地认识到，残疾人工作是一项需要持久坚持、关注的工作。要想真正提高残疾人的地位，改善残疾人的生活状况，实现残疾人全面就业，切实保障残疾人权益，我们还有很长的路要走。我市还有很大一部分有劳动能力的残疾人没有实现就业，还有很多残疾人的权益没有得到保障。这些问题关系着我市××万残疾人，××万个家庭的幸福，亟须我们解决。

残疾人事业的发展需要全社会参与，全市各级党政机关、企事业单位要结合这次助残日“××、××”的主题，动员全社会的力量，在政府部门的组织领导下，让更多的人关注、支持、投身于残疾人工作；要解残疾人之忧，在求医、求学及就业问题上对残疾人采取帮扶措施，实行优惠政策；要发扬中华民族扶弱济困的优良传统，主动给予残疾人帮助；更希望广大的残疾人朋友自强不息，以顽强不屈的坚强意志和乐观精神直面生活，满怀信心地去创造美好未来。我相信，通过全社会的关注，残疾人的权益一定能得到更好的保障。

同志们，残疾人事业是崇高而又伟大的，做好残疾人工作，责任重大，任重道远。我们的心始终与残疾人朋友在一起，我们将携手开创残疾人事业的新局面，共同迎接更美好的未来！

谢谢大家！

【致辞人】×× 省领导

【致辞背景】第 ×× 个“全国助残日”

残疾人朋友们，同志们：

今年的 5 月 20 日是我国第 ×× 个法定“全国助残日”，此次助残日的主题是“××”。在此，我代表省政府向全省 ×× 万残疾人及其家属表示亲切的问候！向长期关心、支持残疾人事业发展的社会各界人士以及残疾人工作者表示诚挚的感谢，并向你们致以崇高的敬意！

此次为期一个月的助残活动，是根据国务院残疾人工作委员会、中宣部等部门的要求和指示，由我省残工委、省委宣传部等 20 个部门共同参与举办的。我们希望此次活动能够有效推动和健全我省残疾人权益保障的相关法规，为残疾人营造一个维护自身权益的法制化环境，增强残疾人的维权意识和法律知识。为实现这个目标，各级政府需要从以下两方面开展工作：

第一，明确责任，加强组织领导。我省有 ×× 万残疾人，这一庞大的弱势群体在生活、就业、教育、康复等方面存在着很大的压力和困难。希望我省各级政府、各组织单位能够从实际出发，明确自身责任，将维护和保障残疾人的合法权益、解决残疾人的实际困难和需求作为政府和有关部门义不容辞的责任。政府应明确残疾人工作的重要意义，其是构建社会主义和谐社会的必然要求，也是民生建设的重要内容之一。

第二，以切实保障残疾人权益为根本。维护和保障残疾人权益，解决残疾人在生活中的实际困难，是开展残疾人工作的重点。各级政府、各有关单位要严格按照省里的统一部署，宣传、教育、民政、司法各部门要相互协调，加强宣传力度，确保宣传质量，对残疾人自强不息的感人事迹、对残疾人事业的发展成就做重点宣传，对为解决残疾人失业问题做出重要贡献的人进行宣传；开展内容丰富、效果显著的助残帮残活动，以法律法规为依据，确保残疾人在生活、医疗、就业、教育等方面的权益得到法律保障；要投入更多的社会力量，组织更多的志愿者加入帮助残疾人维权的队伍中来。真正形成全社会都维护残疾人利益、关心残疾人事业发展、解决残疾人实际困难的帮残、助残的大好局面。

同志们，当下我们国家正在努力建设社会主义和谐社会。发展残疾人事业，维护和保障残疾人权益，改善残疾人整体的生活、就业状况，是建设社会主义和谐社会的重要内容之一，其关系着社会能否和谐发展、人民能否安居乐业。让全省各族人民在党的××全会精神的鼓舞下，坚持以科学发展观为指导，以人为本，从实际出发，共同创造“尊重残疾人、保障残疾人权益、体现残疾人价值”的良好社会环境，使残疾人朋友同我们一起创造幸福生活，分享我省经济发展的硕果！

谢谢大家！

范例评析

两篇范例都是典型的电视致辞，不同之处在于范例一行文较为轻松，而范例二行文较为严肃。范例一中既对残疾人工作的责任单位提出要求，也对全社会提出了扶残助残的希望，更鼓励残疾人自强不息、顽强拼搏，内容积极，鼓舞性强。范例二则是对各残疾人工作单位和部门提出了要求，显得庄重而严肃。

第四节 消防日宣传活动电视致辞

消防日同助残日一样为国家法定活动日，致辞中可对消防日这一概念及其意义进行简述，也可省去这一内容。此类致辞一般为政府领导发表，致辞的重点内容，一是认清形势，即要对消防工作取得的成绩及存在的问题进行说明，使人们对消防工作的现状和面临的形势有一个大致的了解；二是提出要求，即在认清形势的基础上，要求各部门履行职责，做好相关工作；三是发出号召，即号召广大市民及社会各界共同加入到消防工作的行列中来，形成全民消防的良好局面。

范例一

【致辞人】×× 县县长

【致辞背景】消防日宣传活动

同志们、朋友们：

每年的 11 月 9 日，全国都会统一开展“119”消防日宣传活动，今年是“119”消防日宣传活动开展的第 ×× 个年头。在这个具有里程碑意义的日子里，县委、县政府开展以“××”为主题的系列宣传活动，希望通过活动的开展，提高全县人民的消防安全意识。县委、县政府一直高度重视消防安全工作，统筹安排消防工作，进一步强化城乡基础设施建设，完善消防安全监督职能，开展一系列消防专项整治活动，不断推进消防安全的普及和深化，取得了显著成效。在此，我谨代表县委、县政府向战斗在消防一线的消防官兵们表示亲切的慰问，并致以崇高的敬意！向一直以来关心和支持我县消防工作的社会各界人士表示衷心的感谢！

我县消防工作近年来有了不小的进步，取得了一定的成绩，然而，伴随着经济社会快速发展而来的，是我县消防工作面临的严峻形势。据统计，今年上半年我县共发生大小火灾××起，造成直接经济损失××万元。这些火灾的发生，说明我们的消防工作仍然存在着不足，仍有一些薄弱环节，也说明我县广大人民群众安全意识较弱，缺乏基本的防火、灭火和逃生知识。

为了加强我县人民群众的安全意识和法律观念，提高群众的自护、自救能力，县委、县政府决定在全县范围内开展此次消防宣传活动。各级部门要开动脑筋，积极参与，全面探索宣传消防安全的新思路、新方法。全县各行业、各部门要积极配合，统一思想，达成共识。要充分发挥新闻媒体的舆论监督作用，对典型案例进行报道，并对消防安全整治不力、有重大火灾隐患的单位进行曝光批评。将消防法律法规、火灾逃生技能等消防知识宣传到每一个社区、每一所学校、每一家企业、每一个村庄。在“119”消防日宣传活动期间，全县各级各部门要专门召开消防安全工作会议，对消防工作加强领导，将责任落实到各部门，提高人民群众的自我保护能力。希望通过此次消防宣传活动，让更多人参与到消防宣传的工作中来，为我县经济建设创造稳定的环境。

同志们，消防工作是关系到改革、发展、稳定大局的重要工作，是关乎全县人民切身利益的大事。做好消防安全的宣传和教育工作，有利于维护社会安定、保护人民生命财产安全、促进全县经济发展。全县各部门、各单位要按照县委、县政府的统一安排，从实际出发，实事求是地开展消防工作，为加快我县的经济发展、构建一个安全和谐的消防环境而努力！

谢谢大家！

范例二

【致辞人】×× 市副市长

【致辞背景】“119”消防日

同志们、朋友们：

值此“119”消防日到来之际，我谨代表市委、市政府向长期工作在消防一线的消防官兵和消防工作者致以亲切的问候和崇高的敬意！向一直关心和支持我市消防工作的社会各界人士表示诚挚的感谢！

我市一直高度重视消防工作，各单位都将消防工作作为日常工作的重点之一。近年来，我市不断加大消防工作的力度，加强公共消防基础设施建设，通过各种渠道宣传消防安全观念，让群众从多角度了解消防工作，提高群众参与消防工作的热情，并且整改了一批重大火灾隐患单位，使我市在高火险季节没有发生重大事故。

消防工作是一项需要长期坚持的工作，我们不能只看到眼前取得的成绩，关键是要看到依然存在的不足及不断出现的问题。这些问题如果不能解决，势必会影响我市经济社会的发展，势必会威胁人民群众的生命财产安全。

“119”消防日正是提高全社会消防安全意识的一次重要契机，能增强人们对消防工作及面临的严峻形势的认识。全市各部门、各单位要以此为契机，进一步加强消防宣传工作，把消防工作落到实处，并努力开拓新路子，用实事求是的原则探索出适应新时期消防工作的新方式。各单位，尤其是幼儿园、各中小学、大型企业等人员密集单位，要加强消防安全知识的学习及火灾现场灭火、逃生等自救知识的培训，形成“人人懂消防、人人会消防”的良好局面，预防和减少火灾事故的发生，降低火灾造成的生命财产损失，为我市经济发展创造一个安全的消防环境。

消防工作在维护社会和谐稳定、促进经济健康平稳发展和保障人民群众的生命财产安全等方面有着举足轻重的作用，各部门、各单位要坚持不懈地把消防工作作为工作的重点，在工作中做到细致、专业。全社会要紧紧围绕“关注消防安全，共筑和谐社会”这个中心，以人人参与消防的热情，共同为构建和谐安全的生活、构建社会主义和谐社会而努力！

谢谢大家！

范例评析

范例一与范例二在写作思路和规范上没有多大差别，都是围绕消防工作的意义及全民参与的重要性等方面进行叙述。这里对范例一进行重点评析。首先，内容全面，既肯定了消防工作取得的成绩，也指出了问题所在；既对各级各部门的工作提出了要求，也号召群众参与到消防活动中来。其次，数据使用恰当，第二段中用量化的数据将消防工作面临的严峻形势呈现出来，使大家对消防工作的重要性有了一个很清晰的认识，可以有效地提高人们的消防意识。

第五节　救助农民工的电视致辞

救助农民工要体现出对农民工的尊重及对其权益的维护和保障。因此，致辞中首先要肯定农民工在城市建设和发展中的重要作用，然后提出具体的维护农民工权益的办法。如果致辞人是政府领导，还要号召社会各界关心、帮助、尊重农民工，使他们的权益不受侵害，使整个城市更加和谐。

【致辞人】××县司法局党组书记

【致辞背景】救助农民工

同志们：

随着社会的发展进步，越来越多的农民从农村进入城市谋求发展。人们对农民工的关注程度越来越高，农民工的权益问题也越来越受瞩目，农民工的救助工作已经成为政府工作的一项重要内容。根据省、市、县各级政法委的安排部署，我谈一下我县司法局救助农民工的具体工作安排。

社会经济发展、城市建设都离不开农民工的辛勤劳动，农民工是全面建设小康社会及和谐社会的生力军，他们所作的贡献得到了社会的肯定。然而，在越来越多的农民工投入经济建设时，损害农民工权益的不和谐事件也随之出现了。由于农民工法律知识的缺乏，在权益受到侵害时，他们要么没有发现，要么发现了却不知道如何维护。

农民工一般受到以下几方面的权益损害：强制延长劳动时间，薪资不按时发放，福利得不到保障，工伤保险得不到落实，等等。针对农民工面临的这些问题，作为担负着维护群众合法权益的司法行政机关，我们必须肩负起保障和落实农民工权益的责任。如何让农民工的合法权益得到最切实的保护及最妥善的解决，是我们面临的最关键也是最重要的任务。我们司法行政部门及所有的律师、法律工作者，要给予农民工朋友法律上的支持和援助。为此，我们实施了多项救助措施。在实施过程中，我们坚持受理优先、办理优先、服务优先的“三优先”原则及收费优惠的“一优惠”政策。最高人民法院曾做出重要通知，针对拖欠农民工工资的官司，有关司法部门要快立案、快审判、快执行，以确保农民工权益得到保障，从而维护城市的稳定。我局在实施法律援助的过程中，将按照上级的指示和要求，确保每一个有需要的农民工都能得到及时、高效、方便、优惠的法律维权服务，切实保障农民工的权益。

各位同志，面对此次法律援助工作的全面启动，我们每位工作人员都要拿出全部的热情与精力，为民普法，服务大众，落实各项政策，切实维护和保障好农民工权益，让法律与公正、关怀与温暖滋润每个农民工的心田，为我县经济社会又好又快地发展打下良好基础。

范例二

【致辞人】×× 市领导

【致辞背景】救助农民工

同志们、朋友们：

根据国务院做出的切实做好农民工工作的决策部署，我们在此学习并贯彻落实决策，下面我就做好农民工工作、救助农民工讲几点内容：

第一，农民工援助行动具有极其重要的意义。

农民工是城镇化进程中的一支新型的劳动大军。在社会主义现代化建设过程中，农民工在各个领域都做出了重大的贡献。我市共有农民工近 ×× 万，近年来农民工数量还在不断地上升。随着大量农民工进入城市谋生，寻求发展，不可避免地会产生农民工就业供需的矛盾。只有正确地处理这个矛盾，才能让我市社会经济得到稳定长久的发展。

第二，从实际出发，把农民工援助工作落到实处。

解决农民工就业问题是救助农民工的重要内容之一，我市在解决农民工就业问题上主要采取监测农民工动态、开展农民工技能培训、提供就业信息、开展农民工专场招聘会等措施，切实做好农民工的救助工作。

维护农民工权益是近几年社会发展中迫切需要解决的问题，我市在农民工工资、福利、工伤及子女上学等问题上给予农民工及时、高效、便捷、优惠的服务，并对农民工开展一系列关于权益维护、道德法制、安全生产等方面的培训和指导，为农民工加入当地工会给予便利和支持，给农民工以强有力的支持。这些措施对提高农民工融入城市生活的综合能力有着极大的帮助。

第三，有计划、有组织地开展援助工作。

要成立农民工援助行动领导小组，小组对每一步的工作都要进行周密的安排、精心的策划，并制订出具体的实施方案，将责任落实到细处，将计划落实到实处。

领导小组要加强对援助农民工工作的宣传，动员社会各方面力量为农民工提供各项援助服务，建立援助工作中的监管制度，使资金使用透明，能够用到真正需要帮助的人身上。

第四，运用媒体，加强宣传力度。

要加大宣传力度，让广大农民工了解政府为他们制定的新政策，了解自身享受的权利，让农民工树立良好的法律意识和维权意识。

同志们，农民工援助行动是社会主义和谐社会建设中的一项重要任务。我们要认真学习领会党的十九大精神，坚持以人为本，深入贯彻落实科学发展观，切实做好农民工援助工作，为我市的经济发展、社会安定做出积极贡献！

范例评析

两则范例的致辞人身份不同，一个是司法局领导，一个是市领导，因此，他们致辞的内容和侧重点有所不同。范例一侧重从司法角度对农民工给予救助，范例二则是从政府统一安排部署的高度对有关部门提出了要求。

第六节　安全生产的电视致辞

此类致辞要紧密围绕安全生产这个主题展开，在致辞的开头可对安全生产的重要性进行说明；然后在下文可做出工作部署、提出工作要求，也可号召全民参与到安全生产、安全监督的行动中来。具体写作技巧可参考以下两则范例。

【致辞人】××县副县长

【致辞背景】××县××年度“安全生产月”活动

同志们：

安全生产工作直接关系到人民群众的生命财产安全，影响到社会经济的健康发展。抓好安全生产工作对于我县经济建设、保障人民群众的生命财产安全、建设社会主义和谐社会具有十分重要的意义。随着社会经济的不断发展，一些地区盲目追求经济利益，安全事故频发，并呈现多样化的发展态势，安全监管工作和任务显得更加繁重。今年1—5月份，全县共发生各类生产安全事故9起、死亡8人，安全生产形势十分严峻。

明天，第××个全国“安全生产月”活动将正式启动，这次活动的主题是“安全发展、预防为主”。在为期一个月的“安全生产月”活动中，我县要深入贯彻落实此次活动方针政策，以预防为主，提高安全意识，排查安全隐患，做到防患于未然。

全县广大生产经营单位要加强领导、细心组织，按照“谁主管，谁负责”的原则，把责任落实到每个人身上。要加大宣传力度，普及安全知识和安全操作规程，促使广大从业人员自觉遵守安全生产规程，杜绝违章作业、违章指挥和违反劳动纪律的现象，从源头上减少因马虎大意、操作失误产生的安全事故。各单位要重视员工的生命价值，多举办安全技能竞赛、应急救援演练活动，为从业人员提供安全教育和安全培训，使其提高自身安全意识，防止各类安全事故发生。

同志们，“千里之堤，溃于蚁穴”，让我们积极行动起来，大力弘扬“安全发展、预防为主”的主旋律，居安思危，提高警惕性，推进“安全生产月”各项任务的完成，为构建和谐××、营造平安和谐的发展环境而努力。

预祝我县第××个“安全生产月”活动圆满成功！

谢谢大家！

范例二

【致辞人】××市副市长

【致辞背景】“安全生产月”活动

同志们：

今年全国“安全生产月”的主题是“安全发展，关爱生命”。这一主题体现了“三个代表”的重要思想和科学发展观的要求，体现了党和国家对人民生命安全的高度重视。

全市上下要以此为契机，按照“重基层、广宣传、强监管”的工作思路，扎实推进执法行动、宣传教育行动和治理行动，抓好安全生产，整治安全隐患，确保事故总量下降，确保伤亡人数减少，确保无重大事故发生，确保全市安全生产形势持续稳定，努力为全市科学、和谐、跨越发展提供安全保障。下面，就具体工作，我讲几点要求。

一是要提高认识，精心组织，加强领导。全市各部门要深入贯彻落实“安全生产月”实施意见，成立“安全生产月”活动指导办公室，制订具体方案，加强领导，精心部署，组织实施，确保安全生产工作取得实实在在的效果。

二是要围绕主题，开展多种形式的活动。要紧扣“安全发展，关爱生命”的主题，开展生动活泼、贴近生活、形式多样的宣传教育活动，通过悬挂横幅、张贴标语、公益广告，以及播放安全生产的电影等方式让群众了解到安全生产工作重于泰山。做好日常宣传活动，宣传安全文化，普及安全知识，营造关注安全及关爱生命的舆论氛围。

三是要总结经验，查找不足。我市要以“安全生产月”为契机，查找不足，总结经验，最大限度地发挥“安全生产月”活动的作用，让安全意识、安全理念真正植根于市民心中，落实在工作行动上，融入到我市经济建设的每一个细节当中，全面构建安全防范体系。

安全生产事关生命安全和社会稳定，值此“安全生产月”，全市各部门要扎实做好安全生产工作，促进我市经济的进一步发展。最后我谨代表市政府向广大市民致以美好的祝愿，祝大家身体健康，万事如意！

范例评析

两篇范例各有侧重。范例一首先介绍了“安全生产月”的主题及意义，重点对各部门、各单位及广大干部群众提出了履行职责、完成安全生产的要求和希望，动员全社会参与到安全生产的工作中来。范例二重点对“安全生产月”活动的目的及具体工作的安排进行了说明，条理清晰，行文严谨。

第七节 征兵广播致辞

征兵是国家的一项重要工作，应征入伍也是每个适龄青年的义务。征兵致辞首先要阐述开展征兵工作及广大适龄青年参军的重大意义，其次要表达出适龄青年参军入伍是符合时代需要、符合祖国需要、符合个人发展需要的行为。家长是推动适龄青年应征的重要因素之一，因此，致辞人也要鼓励和号召广大家长支持自己的子女投身国防，为祖国建设做出积极贡献。

【致辞人】×× 市市长

【致辞背景】征兵工作

全市适龄青年，各位家长、同志们：

根据国务院、中央军委征兵命令，我市征兵工作将于 11 月 1 日正式展开。我谨代表市委、市政府和 ×× 军分区向积极报名应征入伍的适龄青年及其家长致以崇高的敬意！在这里，我号召全市各级部门积极行动起来，为完成今年的征兵工作打下良好的基础。

《中华人民共和国宪法》规定："保卫祖国、抵抗侵略是中华人民共和国每一个公民的神圣职责。依照法律服兵役和参加民兵组织是中华人民共和国公民的光荣义务。"征兵工作是国防和军队建设的一项基础工程，是事关国家安全和人民生活安定的大事。我国全面建设社会主义和谐社会和全面实现小康社会，都需要更为稳定的内部环境。然而，纵观世界局势，霸权主义、强权政治、恐怖威胁、地区冲突依然存在。我们要想应对这些问题，就必须有一个强有力的军事力量作为保障。每一位有责任感的青年，都应该心系祖国，与祖国共命运、共发展，承担起历史赋予的责任，积极投身到祖国的国防建设中去。

在征兵工作中，各级党委、各级政府要密切配合，紧密联系宣传部门、学校、媒体，加大宣传力度，加强对征兵工作的组织领导，动员适龄青年积极报名应征；认真贯彻落实《征兵工作条例》和上级有关廉洁征兵的政策，建立健全征兵工作的监管制度，杜绝走门子、走关系等情况的出现；坚持以兵源质量为核心，把好兵源质量关，真正为部队挑选出合格、优秀的青年士兵。

青年朋友们，部队是一个大熔炉，想要变成好钢，投身到部队这个大熔炉是最好的选择。部队能够给你们提供一个广阔的平台及实现理想的环境。在那里，你们可以磨炼意志、锻炼体魄，定能大展宏图、有所作为。我代表××市人民政府号召全市广大青年踊跃报名应征，立志献身国防，把火热的青春献给英勇的人民军队，以实际行动报效祖国，接受祖国的检阅，为巩固国防安全、维护国家稳定、建设和谐社会贡献自己的青春和力量！

范例二

【致辞人】××警备区司令员

【致辞背景】征兵工作

同志们，全市的适龄青年及各位家长：

全市一年一度的征兵工作又开始了。在此，我号召广大适龄青年积极参军入伍，做一名有志于祖国国防事业建设的优秀青年，同时，我也要对今年的征兵工作提出一些要求。

征兵工作对于国家国防能力的建设起着重要的作用，是一项非常严肃的政治任务。全市各部门要认真履行职责，做好征兵工作，以极高的政治责任感，高标准、高质量地完成今年的征兵任务。

各级政府和相关的兵役机关，在征兵工作中，要以科学发展观为指导，严格遵守征兵规章制度，严格执行国务院、中央军委的征兵命令；要大力宣传《兵役法》《征兵工作条例》等兵役法规，坚持征兵工作依法进行；要对应征青年加大审查力度，严格把关，努力提高兵源质量，努力为部队征好兵、选精兵，并把征召大学应届毕业生作为今年及今后工作的重点，在源头上把好质量关，加强部队的整体素质，以满足部队应对多种安全威胁、完成多样化军事任务的需要。

参军入伍是每个适龄青年热爱祖国、保卫祖国的具体体现，是锻炼意志、学习本领、提高自己的重要途径。我市有着悠久的爱国拥军的光荣传统，我市人民有着很强的国防观念和大局意识。不论是在战争年代还是在和平年代，我市都涌现了无数投身国防的有志青年，为国家安全和军队建设奉献了自己的青春和力量。

新的国际形势下，我们面对的威胁更多，形势也更为严峻，要想打赢这场新时期的“战争”，就要提高军队的科技实力。目前我军正向着建设信息化、部队现代化的目标努力前进，部队新时期的建设需要更多有理想、有智慧、有能力的青年参与进来。也希望广大适龄青年的家长积极支持和鼓励子女参军报国，到部队这个大家庭、大熔炉中接受锻炼、获得成长。

范例评析

两则范例相比，可以明显感觉到范例一的感情色彩更为浓厚，范例二则显得较为严肃，这是由于致辞人身份不同造成的。实际致辞中，往往多使用范例一的形式。

祝 酒 辞

第十二章

佳节祝酒辞

佳节祝酒辞既包含政府、企业借节日召开宴会以总结工作、表彰先进、提出祝愿等内容，也包含一些具有地方特色的节日开幕式或闭幕式宴会上的祝福等内容，如特色旅游节等。领导干部在这些节日上的祝酒辞是一种礼仪性的致辞，其核心内容是表达对参与者的美好祝福。因此，此类致辞要热情洋溢，感情真挚，具有鼓舞性。

一、篇幅

佳节祝酒辞的篇幅较短，祝酒辞的发表一般在宴会之前，致辞人要以简短、精练的语言调动起参与者的情绪，充满感情、短小精悍的文章最适合这种场合。

二、开头

佳节祝酒辞的发表依托的是重要节日，所以祝酒辞开头部分要点明是什么节日，并对到场者致以诚挚的问候以及衷心的感谢。

三、主体

佳节祝酒辞的主体通常包含活动背景、活动意义等内容。在说明背景、意义之后，可以对以后的工作提出具体的要求或希望。在一些特定的节日，如教师节、建军节等节日，致辞人还要将表彰先进工作者作为一项重要内容加以阐述。

四、结尾

佳节祝酒辞的结尾一般的表述方式为："祝愿××，干杯！"或"现在，我提议，为……干杯！"

第一节　国庆节祝酒辞

国庆节祝酒辞分为两种情况：一种是政府领导致祝酒辞，一种是公司领导致祝酒辞。

如果是政府领导进行的祝酒辞，那么在开头部分除了表达对来宾的欢迎、对来宾节日的祝贺及对支持和关心本地建设的社会各界朋友的感激外，还要对驻守本地的军队致以亲切的问候；主体部分主要是谈成绩、发号召、表决心；结尾部分是对来宾的祝福。

如果是公司领导进行的祝酒辞，一般是表达公司与祖国共庆佳节的喜悦之情，表达公司对国家给予支持的感激之情。

无论是哪种情况下的致辞，致辞人都应该感情充沛，情绪激昂，营造出喜悦、欢庆的气氛。

【致辞人】××市市委领导

【致辞背景】国庆节庆祝大会

尊敬的各位来宾、各位朋友，同志们：

大家好！

在这硕果累累的金秋时节，我市各界朋友欢聚一堂，共同庆祝中华人民共和国成立××周年！在此，我谨代表市委、市人大、市政府、市政协，向全市各族人民致以节日的祝贺！向奋战在一线的驻地部队指战员、武警官兵、政法干警，致以诚挚的问候！向所有关心和支持我市经济发展和社会建设的各界人士，表示衷心的感谢！

今年以来，我市在经济发展和社会建设方面取得了长足的进步。今年上半年，全市实现国内生产总值××亿元，同比增长××%，比预期目标高××个百分点。财政总收入××亿元，同比增长××%。农民人均收入××元，同比增长××%。近年来，我市大力开展招商引资工作，以旅游业作为经济发展的支柱产业，以优质的环境吸引了大批投资商，培育了新的经济增长点。今年上半年，全市就新引进市外投资项目××个，总投资达到××亿元，实际到位市外资金××亿元。

成绩是喜人的，困难也是存在的。我们想完成今年省里下达的国内生产总值增长××%、达到××亿元，财政收入增长××%、达到××亿元的任务，还要克服不少的困难。

但是，我坚信，只要我们坚持以邓小平理论和“三个代表”重要思想、社会主义核心价值观为指导，深入贯彻科学发展观，以人为本，牢固树立全面、协调、可持续的发展观，始终坚持以经济建设为中心，紧紧抓住发展机遇，扎扎实实做好各项工作，就一定能够战胜前进道路上的任何艰难险阻，就一定能顺利完成今年的各项任务！

各位来宾、各位朋友，同志们！值此祖国生日之际，让我们坚定信心，开拓进取，为我市的经济发展再立新功。

现在，我提议，为祖国的繁荣富强和各族人民的幸福安康，为我市经济的腾飞和社会的进步，为在座各位来宾、各位朋友和同志们的健康，干杯！

范例二

【致辞人】×× 公司领导

【致辞背景】公司国庆节庆祝大会

亲爱的同志们：

大家晚上好！

值此中华人民共和国成立 ×× 周年之际，我们 ×× 有限公司的全体员工欢聚一堂，共庆祖国华诞。此时此刻，我十分激动。我是祖国的同龄人，我的成长与祖国的成长交织在了一起，这也是此刻我如此激动的原因。

祖国走过了 ×× 年的风风雨雨，今天的硕果离不开几代人的艰苦奋斗和辛勤付出。今天，我们能在这种和谐的社会环境下与祖国共享改革开放和经济发展带来的硕果，是多么的幸运啊！短短几十年，祖国就摘掉了贫穷落后的帽子，现如今已经成为世界第二大经济体，作为中国人，我们是如此的骄傲和自豪！

我们每一位公民的成长与发展都是与祖国的命运紧紧联系在一起的，只有祖国强盛，才会有国家和社会的安定，继而才会有个人的幸福。企业也是如此，只有心怀祖国、具有社会责任感的企业，才能真正地做大做强；也只有祖国稳定了，才能为企业发展提供更稳定的社会环境、更优惠的经济政策。

我们作为中华人民共和国的公民，要与祖国共荣辱，与祖国同进退。我们要常怀感恩之心，为了祖国的强盛而努力奋斗！

现在，我提议，让我们举起酒杯，共同祝愿我们伟大的祖国繁荣昌盛，共同祝愿我们的公司明天更美好，共同祝愿我们的人生更精彩、我们的家庭更幸福，干杯！

范例评析

两篇范例都比较成功，都能够根据致辞人的身份选择合适的角度展开内容。范例一的主体主要阐述了本市所取得的成绩，并表达了坚决执行国家政策的决心。范例二的主体则更多的是表达对祖国的感恩之情及回报祖国的意愿。两篇范例的结尾，都对祖国表达了美好的祝福。

第二节　中秋节祝酒辞

中秋节祝酒辞，开头部分要对来宾的到来表示热烈的欢迎和节日的问候；主体部分，无论致辞人是公司领导还是政府领导，都要对工作人员的成绩及其工作中表现出来的精神品质进行赞扬，并且在主体即将结束时发出号召，提出希望；结尾部分则是表达对来宾的美好祝愿和节日的祝福。这类祝酒辞，致辞人态度要热情、亲切，让来宾有“家”的感觉，能感受到亲情的温暖。

【致辞人】×× 县县委领导

【致辞背景】中秋节庆祝晚会

尊敬的各位同志，朋友们：

大家晚上好！

又是一年中秋佳节，又是一度月圆时分。在今天这个阖家团圆的日子里，×× 公司的一线员工依然奋战在自己的岗位上，这是多么得难能可贵，令人感动呀！在此，我代表中共 ×× 县委、县政府对 ×× 公司多年来为我县经济做出的贡献表示衷心的感谢！向参与我县建设的各位同志致以最真挚的节日问候和美好的祝福！

近几年，我县经济持续发展，社会稳定，人民生活水平逐步得到提高。这些成绩的取得，离不开社会各界的关注和支持，更离不开在前线参与建设的各位同志的付出。你们舍小家、顾大家，全心全意地扑在工作上，勇于挑战，吃苦耐劳，甘受清贫，积极进取，正是有了你们的努力，才有了我们今天的成绩。这片美丽的土地上，处处都有你们的汗水和心血，处处都种下了你们智慧的果实。你们所做的一切，×× 人民看在眼里，感动在心里，我代表全县人民向你们表示衷心的感谢！

我县的建设离不开你们，我们的人民不会忘记你们！这片土地上需要更多像你们一样甘于奉献的人，需要你们坚定的决心和勇往直前的勇气。这里的人民会为你们骄傲，更会为你们喝彩！

让我们携起手来，共谋发展，也愿你们在 ×× 县的大家庭里，挥洒青春，成就未来！

最后，我再一次向大家致以最美好的祝愿，并通过你们，向你们的家人致以亲切的问候。

我提议，为了 ×× 县建设事业的顺利开展，为了各位同志的健康快乐，也为 ×× 县辉煌灿烂的明天，干杯！

范例二

【致辞人】×× 集团领导

【致辞背景】集团中秋节庆祝宴会

同志们：

中秋好！

“明月几时有，把酒问青天。”我们又迎来了一年一度的中秋佳节，这是一个收获的日子，也是一个团圆的日子。今天，集团全体员工欢聚在这里，共度中秋佳节，共叙亲情友谊，共盼团圆。在此，我代表 ×× 集团向所有员工及你们的家人致以最诚挚的祝福，祝大家中秋快乐，家庭幸福！

经过 ×× 年的发展，×× 集团取得了今天这样令人赞叹的成绩。这份成绩的取得，与领导班子的高瞻远瞩、正确决策是分不开的。但是，更大的荣誉应该授予我们集团的全体员工，因为有了你们的勤勤恳恳，风雨兼程，默默奉献，辛勤劳动，精诚合作，群策群力，勇挑重担，无怨无悔，集团才保持了高速增长的态势，才取得了丰硕的成果。在这里，我代表 ×× 集团向你们表示由衷的感谢！

和志同道合的人一起奋斗是幸福的，我们这样一大群志同道合的人为了集团的发展同心协力，共同奋斗，为创造一个美好的未来而共同努力，也是幸福的。虽然我们之前取得了巨大的成绩，但是下一步的工作任重而道远。我们不要畏惧前方的困难，因为集团里有你们这样一批高素质的人才，你们是集团发展的动力和源泉。我相信，集团全体员工一定会携手并肩，共谋发展，相信××集团的明天会更加辉煌！

同志们，让我们齐心协力，同舟共济，为了我们××集团美好的明天，为了同志们的家庭幸福，干杯！

范例评析

这两篇范例的共同特点是内容充实，层次分明，感情强烈。不同的是，范例一的祝酒对象是参与县城建设的朋友们，因此，致辞开头和结尾都要对他们表示感谢和祝福。范例二的致辞对象是集团内部员工，致辞的重点是对员工们的付出和努力给予肯定。两篇范例在祝愿的内容上都比较全面，都能够根据致辞人的身份展开内容，值得我们借鉴。

第三节　重阳节祝酒辞

重阳节是老年人的节日，这类祝酒辞要体现出对老年人的敬重之意。致辞开头与其他节日祝酒辞一样，首先要向相关人员致以节日的问候；致辞主体则是针对不同祝酒对象展开不同的内容；结尾一般用“晚年幸福、身体健康、健康长寿”等词句表达对出席活动的老年人的祝愿。

【致辞人】×× 学校领导

【致辞背景】重阳节看望老教职工的活动

尊敬的各位老教职工：

古枫吐艳，晚菊傲霜。在这个收获的季节里，我们与各位老教职工欢聚一堂，共庆我国传统节日——重阳佳节，我感到由衷的高兴。在此，我代表 ×× 学校全体教职工向你们致以亲切的问候，并致以崇高的敬意！

各位退休老职工，你们从学校建立之初就与学校同荣辱、共进退。我校能取得今天的成绩，离不开你们的兢兢业业和勤奋耕耘，你们是学校发展的基石。你们为学校奉献了一生，你们教育出了一批又一批投入祖国建设的高素质人才。今天，学校已经成为省级示范学校，教学质量连年上升，你们的辛苦没有白费。在这里，我代表 ×× 学校全体教职工对各位的付出表示最真诚的感谢！

尊老爱幼是中华民族的传统美德，我们要把这种美德融入到血液当中，爱护老同志，敬重老同志。我代表学校向退休老同志保证，在以后的工作中，我们会一如既往地关怀离退休教职工，不仅要保障你们的基本生活，更要丰富你们的精神生活，将敬老、爱老、尊老的传统美德传承和发扬下去！

最后，衷心地祝愿你们晚年幸福，身体健康，万事如意！

现在，我提议，为各位老教职工的生活幸福、健康长寿，干杯！

范例二

【致辞人】×× 市政府领导

【致辞背景】重阳节看望老领导的活动

尊敬的各位老领导、老同志：

在这个秋风徐徐、菊花争艳的季节，我们很高兴与各位老领导、老同志欢聚一堂，共庆佳节。在此，我代表 ×× 市委、市政府对你们为我市所做的贡献表示衷心的感谢，并向你们致以节日的问候！

九九重阳节是老年人的节日，我们要尊重老前辈的劳动成果，更要传承每一位老前辈的崇高精神。各位老领导、老同志是我市发展的奠基人和见证人，这座城市的每一步发展、取得的每一点成绩都倾注了各位老领导和老同志的心血和汗水。你们艰苦创业、爱岗敬业、无私奉献，几十年的辛勤付出造就了我市辉煌的今天，我们不会忘记你们为这座城市做出的贡献！我们要切实解决老领导、老同志生活上的困难，想老同志之所想，忧老同志之所忧，坚持为老领导、老同志服务！

今天，虽然你们已经退出了生产建设的一线，但是，我代表 ×× 市政府，恳请各位老领导、老同志一如既往地关心我市的发展，继续为我们建言献策。我们一定秉承你们的优良传统，团结一致，为 ×× 市更美好的明天而奋斗！

最后，我们衷心祝愿各位老领导、老同志身体健康，万事如意，晚年幸福！也希望各位老领导、老同志老有所乐，老有所为，继续发挥余热，一如既往地支持、关心我市的发展。

现在，我提议，让我们举起酒杯，为各位老领导、老同志的健康，干杯！

范例评析

范例一用热情洋溢的语言，表达了对老教职工们的深深敬意和衷心感谢，送上了最亲切、最真挚的节日祝福。范例二则是用坚定的态度来表达关怀老领导、老同志的决心，为老年人送上了政府领导的温暖与关怀。

第四节 其他节日祝酒辞

节庆祝酒辞，情绪要激昂，感情要饱满。行文时，句式的表达可灵活运用，但是最好多使用短句，明快有力，可以很好地营造欢乐的节庆气氛。祝酒辞在内容上一般表述的是节庆活动的意义。

范例一

【致辞人】×× 学校校长

【致辞背景】庆祝教师节活动

各位老师们：

晚上好！

今天晚上，我们相聚在学校礼堂，共同庆祝第 ×× 个教师节。首先我代表全校师生对本次教师节庆祝活动的顺利开幕表示热烈的祝贺！向辛勤工作在教育战线的广大教育工作者，致以节日的祝贺和亲切的问候！向所有关心、支持我校教育事业发展的朋友表示衷心的感谢！

春蚕到死丝方尽，蜡炬成灰泪始干。教师是这样一份无私的职业，你们把自己所有的知识毫无保留地传授给学生；你们辛勤耕耘，爱岗敬业，关爱学生，为社会培养了一批又一批的人才，并且将我校教育事业推向了一个又一个高峰。在第××个教师节到来之际，我要真诚地向学校各位教职工道一声："你们辛苦了！"我为学校有你们这样优秀的教师而自豪和骄傲。

最后，我提议，让我们共同举杯，为祝贺第××个教师节庆祝活动的顺利开幕，为老师无私地燃烧自己、照亮他人的精神，干杯！

范例二

【致辞人】××县领导

【致辞背景】旅游节开幕晚宴

尊敬的各位领导、各位来宾，女士们、先生们：

在这杨柳飘飘、春色暖人的美好时节，我县第××届××旅游节迎来了各位贵宾的光临。在此，我谨代表县委、县人大、县政府、县政协，对本届旅游节的顺利开幕表示热烈的祝贺！对各位领导和各界朋友的到来，表示最热烈的欢迎！为各位领导和同志们、朋友们对我县经济发展的关心和支持，表示衷心的感谢！

我县历史悠久、文化灿烂，并且拥有秀美的风景、富饶的物产，是闻名遐迩的旅游度假胜地。（县情介绍，略）

此次旅游节是以我县最有名的××湖为载体，以"××，××"为活动主题，希望以此扩大对外开放，结交更多的朋友，从而扩大我县的知名度。我相信，通过举办此次活动，能够加深我县与各界朋友的友谊，能够让更多的人看到我县独特的魅力，让各位来宾被我县的美景所吸引，被我县淳朴的民风所感染。我县也会以此为契机，以旅游带动全县经济进一步的发展，让群众生活水平进一步提升。

××的大门永远为各位朋友开放，让我们共同举杯，祝愿第××届××旅游节顺利开幕，祝愿我县的明天会更美好，祝愿各位来宾能在我县度过美妙的一周，祝愿各位朋友及你们的家人心情愉快、身体健康、事事如意，干杯！

范例评析

两篇致辞的感情色彩都很浓重，句式的变化错落有致，这是值得我们学习的技巧。美中不足的是，致辞中缺乏对活动内容的介绍，不符合致辞规范，应该在文中适当增加对活动内容的介绍，这样可以使后文的活动意义更加合理，更具有说服力。

第十三章

迎宾、送行祝酒辞

中华民族热情好客，经常会通过宴会的方式欢迎或欢送一些重要人物，或者纪念一些重要事件。

欢迎祝酒辞要体现出致辞人对来宾的尊重，对来宾能够前来的喜悦之情，以及对活动顺利举办的祝福之情。

欢送祝酒辞要表达致辞人对送别人员的欢送和惜别之意，要表现出依依不舍之情。

一、篇幅

迎宾、送行祝酒辞的发表一般在宴会前，致辞人要以简短、精练的语言调动起参与者的情绪，所以充满感情、短小精悍的致辞最适合这种场合。

二、开头

迎宾、送行祝酒辞要在开头部分点明宾客是来参加什么活动的，并对迎来的宾客或送别的客人致以简单的问候。

三、主体

迎宾、送行祝酒辞一般分为两种：一种是阐述活动背景、活动意义等内容，并对活动产生的积极影响和美好的未来进行憧憬，表达良好的祝愿；另一种是对欢迎或欢送的人员进行介绍，并对其表达良好的祝愿。

四、结尾

迎宾、送行祝酒辞的结尾一般是以“祝愿活动的开幕式圆满成功”或“闭幕式顺利举行”等简短有力的话语结束。

第一节 招待宴祝酒辞

招待宴，一般是指为了庆祝某项活动的成功举办、表达对某人的感谢，或是为某人接风洗尘而举办的宴会。招待宴的祝酒辞，开头要对出席招待宴的各位嘉宾表示热烈的欢迎，主体的内容可视招待的目的而定，结尾要表达对各位嘉宾的祝福。注意，招待宴上的祝酒辞必须篇幅短小，语言精练。

范例一

【致辞人】×× 市市委书记

【致辞背景】民营企业商务发展高级研讨会招待晚宴

尊敬的各位领导、各位来宾，女士们、先生们：

大家晚上好！

今天，中国民营企业商务发展高级研讨会圆满地落下了帷幕。此刻，我们在这里隆重举办招待晚宴，以此来表达对社会各界人士的感谢。请允许我代表市委、市政府，对研讨会的成功举办表示热烈的祝贺！对社会各界的帮助和支持表示衷心的感谢，并向出席宴会的各位领导、各位来宾致以诚挚的问候！

我市近年来经济发展势头良好，综合实力稳步攀升，社会影响力进一步扩大，呈现出社会民主、富强，市场繁荣、昌盛的良好局面。

民营企业商务发展高级研讨会是一场有利于增强各民营企业交流、合作的盛会。今年，研讨会在我市召开，这对我市的经济发展有着极强的推动作用。研讨会的成功举办加快了我市民营企业走向全省、全国的步伐，极大地推动和促进了我市民营经济的发展，造福了地方百姓。在这里，我再一次感谢各位专家、领导的到来，希望你们能一如既往地关心我市的经济发展和社会建设，与我市共享发展所取得的成果。

现在，我友好地提议，为中国民营企业商务发展高级研讨会的圆满成功，为 ×× 市的和谐、持续、稳定发展，为各位领导、各位来宾的身体健康、事业顺利，干杯！

范例二

【致辞人】×× 县领导

【致辞背景】中国 ×× 国际摄影展招待晚宴

女士们、先生们：

晚上好！

中国 ×× 国际摄影展今天在我县开幕了。现在，我谨代表 ×× 县全体人民对各位外国朋友光临我们的招待晚宴，表示热烈的欢迎！

中国 ×× 国际摄影展一直是为外国朋友展示我县美妙自然风光和淳朴民风的重要途径之一，也是为摄影爱好者提供技术交流的广阔平台。摄影展举办的这几年来，以摄影为媒，我县与广大外国友人结下了深厚的友谊，让广大外国友人领略了我县的自然风光，并且促进了我县摄影爱好者的技术进步以及各国文化之间的交流。

今夜，各国朋友欢聚一堂，交流经验，共叙友情，希望大家在这里度过一个愉快的夜晚。

最后，请大家举杯，预祝本届中国 ×× 国际摄影展取得圆满成功，并为我们今日的相聚，为各国朋友们的健康，干杯！

范例评析

范例一格式规范，内容充实，感情也很充沛。范例二在格式上比较规范，只是主体的内容过少，如果能详细介绍中国 ×× 国际摄影展的具体情况，那么内容会更加充实。

第二节 庆祝活动迎宾祝酒辞

庆祝活动的迎宾祝酒辞，开头和主体部分与招待宴的迎宾辞基本一致：开头都是用热情的语言表达对来宾的欢迎，用喜悦的心情表达对活动的祝贺；主体部分简单介绍活动的具体情况、目的及意义。

范例一

【致辞人】×× 市领导

【致辞背景】×× 国际学术交流会庆祝晚宴

尊敬的各位领导，各位来宾，朋友们：

今晚，华灯璀璨，美酒飘香，×× 国际学术交流会在我市盛大召开。我谨代表市委、市政府以及 ×× 万热情好客的 ×× 人民，向各位领导、各位来宾、各位专家学者的到来表示热烈的欢迎！向长期以来关心和支持我市社会经济发展的各界朋友表示衷心的感谢！对今日的 ×× 国际学术交流会的举办表示热烈的祝贺！

×× 文化在我市有着悠久的历史，在新时期下，×× 文化也正以新的姿态展现在世人的面前。×× 国际学术交流会就是新时期下，促进 ×× 文化发展的交流盛会。此次活动，我们邀请到了国内、国际 ×× 文化领域专家 ×× 名，活动将围绕“继承、发展、创新”的主题进行探讨交流。希望在座的各位领导、专家能够以弘扬 ×× 文化为己任，开创出 ×× 文化发展的新模式。我相信，此次交流活动一定可以推动 ×× 文化的发展，为我市的经济发展提供新的增长点。

现在，我提议，为 ×× 国际学术交流活动的成功举办，为 ×× 市更加美好的明天，为各位朋友们健康幸福，干杯！

范例二

【致辞人】×× 县领导

【致辞背景】“×× 县农业产业发展论坛”庆祝晚宴

尊敬的各位领导，各位来宾，朋友们：

今晚，高朋满座，嘉宾云集。我谨代表 ×× 县四大班子，×× 万人民，向在座的各位领导、各位嘉宾，表示热烈的欢迎和衷心的感谢！向为了本届论坛专程来到 ×× 县进行采访、采风的媒体朋友们表示亲切的慰问！

我县是农业大县，县委、县政府一直把农业发展作为工作的重中之重。近几年，我县利用高新技术发展农业，使得农产品质量有了很大的提升，经济作物种植面积与产量均有了很大的增加，并且形成了农产品种植、加工、销售一条龙的产业链。此次论坛以“交流、发展、科技、创新”为主题，论坛的召开能够对我县农业的科学化、一体化、产业化发展起到全面的促进作用，并为我县进一步扩大对外交流搭建有力的平台。今天，全省农业和经济领域的专家共聚我县，我们感到非常荣幸，相信这次含金量非常高的论坛将会对我县农业产业发展乃至县域经济发展产生积极影响。

最后，让我们共同举杯，预祝“××县农业产业发展论坛”取得圆满成功，并祝在座各位身体健康，事业有成！

范例评析

感情真挚是这两篇范例的最大优点，文章都用简短的四字成语开头，突出了盛会的华丽，为全场营造了热烈的气氛。尤其是范例一，热情洋溢，语言抑扬顿挫，让人倍感喜悦。

第三节 工作会议迎宾祝酒辞

工作会议迎宾祝酒辞，开头一般是这样表述，“很高兴，××会议能在我市举行，这是对××的厚爱和关心，感谢各位……”；主体部分简单介绍与本次会议主题相关的本市发展状况，然后提出希望；结尾部分要预祝会议圆满成功，并表达对来宾的美好祝愿。

范例一

【致辞人】×× 市市长

【致辞背景】省政府推进小城镇建设工作会议迎宾酒会

尊敬的各位领导、各位嘉宾：

大家晚上好！

很高兴 ×× 省政府推进小城镇建设工作会议能在我市召开，这是省委、省政府对我市的厚爱和信任。在这里，我首先代表市委、市政府对各位领导、各位嘉宾的莅临表示热烈的欢迎！

市委、市政府始终把城市建设作为政府的一项重要工作来抓，在小城镇建设上，摸索出了一套适合我市发展的方法和路子。如今，在省有关部门的支持下，在兄弟市的帮助和关心下，无论是经济建设还是社会发展，我市都取得了一定的成绩。在这里，我代表 ×× 市委、市政府对各位领导、各位朋友的支持表示最诚挚的感谢！

我市地处沿海，区位优势明显，对外开放程度较高，有着坚实的经济基础和优越的地理位置。近年来，我市在经济发展中不忘生态保护与建设，大力发展以旅游业为代表的绿色产业，并将旅游业打造成为我市新的经济增长点。希望各位领导、各位嘉宾借着省政府推进小城镇建设工作会议的召开，能够在我市多走走、多看看，为我市的发展多提宝贵意见。我相信本次会议将为全省的小城镇提档升级提供一个更为广阔的平台，全省经济必将得到进一步发展。

最后，让我们共同举杯，预祝省政府推进小城镇建设工作会议胜利召开，并祝愿各位领导、各位嘉宾身体健康、工作顺利！

范例二

【致辞人】×× 市市委书记

【致辞背景】投资项目洽谈会庆祝晚宴

尊敬的各位领导、各位嘉宾、各位朋友：

大家晚上好！

今晚，×× 酒店宾朋满座，贵宾云集。能与参加投资项目洽谈会的各位领导、各位朋友欢聚一堂，我感到非常荣幸。首先，我代表 ×× 市委、市人大、市政府、市政协和 ×× 万热情好客的 ×× 人民，对各位领导、嘉宾表示热烈的欢迎，向所有关心和支持我市发展的海内外朋友表示衷心的感谢！

近年来，我市的发展得到了省委、省政府的大力支持和悉心指导，得到了海内外朋友的大力支持和帮助。在国家鼓励东部地区率先发展、支持海峡西岸经济区发展和继续关心支持老区发展的三大机遇下，我市人民同心协力，不断开拓创新，以我市优势产业带动经济发展，大力发展新型产业，寻找到一条适合我市发展的科学道路，使我市经济发展水平得到进一步提高。与去年相比，今年我市的 GDP 从全省第 ×× 位上升到第 ×× 位，增速从第 ×× 位上升到第 ×× 位；财政总收入保持全省第 ×× 位，增速从第 ×× 位上升到第 ×× 位。我市工业经济效益综合指数连续 × 个月居全省首位。在全省投资环境监测评价中，我市连续两年居全省第 ×× 位。居民收入持续增长，全市资本市场十分活跃。我市的发展不但得到了省委、省政府的肯定，还得到了人民群众的肯定，这是对我们市委、市政府最大的褒奖。我们必将继续努力奋斗，艰苦创业，把我市建设成为一个适合投资兴业、充满无限商机的新型活跃型城市。今天的××投资项目洽谈会正是一个良好的契机，我相信有省委、省政府的正确领导，有海内外朋友的关心和支持，我市一定会得到更好更快的发展，此次洽谈会必将结出丰硕的果实。

各位领导、各位朋友，现在，我提议，让我们共同举起这醇香的美酒，为投资项目洽谈会的顺利开展，为××市的灿烂明天，为各位领导、各位嘉宾的身体健康、万事顺达，干杯！

范例评析

两篇范例在内容的表达上都能紧抓要害，条理清晰，文辞庄重，值得我们学习。

第四节　迎接上级领导祝酒辞

迎接上级领导祝酒辞，态度要真诚，感情要真挚，在措辞上要体现出对上级领导的尊重。此类祝酒辞，开头一般要对领导的到来表示热烈的欢迎；主体部分首先要简单介绍该地区的情况或是公司取得的成绩，然后对领导来指导工作表示感谢；结尾部分要对领导表达美好的祝愿。

【致辞人】××政府领导

【致辞背景】迎接上级领导视察工作晚宴

尊敬的厅长，各位领导、各位来宾、各位同志：

大家晚上好！

在这个快乐的夜晚，高朋满座，贵宾云集。我们以隆重而简朴的仪式，热烈欢迎各位领导、各位嘉宾莅临××市指导工作。你们的到来，是对我们工作的肯定，更是我市人民的荣幸！在这里，我谨代表我市人民政府和全市人民，对各位的光临表示热烈的欢迎，对各位的指导表示诚挚的感谢！

近年来，我市经济发展势头良好，社会各项事业都取得了长足的进步，GDP总量居全省首位，人民生活水平有了大幅度的提高。这些成绩的取得，离不开各位领导、各位朋友对我市经济发展的倾力帮助、大力支持及深切关怀。你们为我市的改革开放和现代化建设指明了方向，为我市的经济发展和社会建设提供了动力支持。你们所做的一切，我们始终铭记在心，我们一定不辜负你们的期望，用我们的实际行动及未来更强有力的发展来表达我们最诚挚的感谢！希望在座各位领导、朋友能够一如既往地关心我市、支持我市，与我市一同分享累累硕果！

我相信，在上级领导的正确指导下，在全市人民的共同努力下，××市的明天将会更加灿烂！

各位领导、各位嘉宾，让我们共同举杯，共同祝愿××市拥有更美好的未来，共同祝愿各位领导身体健康、生活幸福！

范例二

【致辞人】××分公司领导

【致辞背景】迎接上级领导视察工作晚宴

尊敬的各位领导、各位嘉宾，朋友们：

晚上好！今天，××总公司的各位领导在百忙之中抽出时间来到我分公司视察工作，我们感到万分荣幸。在这里，我谨代表××分公司的全体员工对各位领导的光临表示热烈的欢迎，对总公司一直以来的关心和指导表示由衷的感谢！

××总公司一直是我公司建设发展的坚实后盾，总公司的一大批敬业的领导、专家、技术骨干一直给予我分公司很大的帮助，各位专家给我们带来了先进的管理理念和技术支持。在你们的真诚帮助下，我分公司在技术创新与公司建设等方面都取得了巨大的成绩。你们身上积极务实、开拓进取的精神值得我们每一个人学习。此次与各位领导、专家的交流，让我们提高了自己的专业水平，也开阔了视野。在这里，我再次对总公司领导、专家的莅临指导表示最真挚的谢意！

近几年，我分公司在企业建设、技术创新等方面取得了一定的成绩，公司利润总额也翻了几番。但是，公司的发展仍然面临着严峻的考验。所以我们一定要坚持总公司的指导思想，全体员工齐心协力，积极面对新挑战，勇于开拓进取，努力拼搏，争取在新的阶段取得更好的成绩。

最后，我提议，让我们共同举杯，为我们××分公司的美好明天，为××总公司更加灿烂辉煌的未来，为在座各位的身体健康，干杯！

范例评析

两篇范例用语准确，恰当地表达出了对上级领导的尊重。范例一的开头用“你们的到来，是对我们工作的肯定，更是我市人民的荣幸”，把对领导莅临本市指导工作的感激和荣幸之情充分地表达了出来。范例二的主体部分高度赞扬了总公司的指导对分公司的发展所起到的作用，同样表达了对总公司领导的感激之情。

第五节　欢迎外宾祝酒辞

欢迎外宾祝酒辞，语言要简明扼要，情绪要饱满，要让外宾感受到致辞人的热情好客。必要的时候，可以使用外宾的语言进行致辞，以显示对外宾的重视，增加外宾对致辞人的好感。

【致辞人】×× 政府领导

【致辞背景】欢迎外宾的宴会

尊敬的 ×× 先生、代表团全体成员：

在这鲜花盛开、草长莺飞的美好季节里，我们荣幸地迎来了以 ×× 为首的 ×× 市政府代表团。为此，我们特意在这里举行欢迎宴，热烈欢迎 ×× 市政府代表团的到来，祝贺《×× 友好城市协议》顺利签订。

我市与 ×× 市颇有渊源，两市素来关系友好，有着良好的合作基础。近年来，我市与 ×× 市在多个领域有较为深入的合作，两市人民交往越来越频繁，两市之间的友好往来也使两国间的友谊越来越深。今天对于两市的发展来说有着里程碑意义，因为就在今天，《×× 友好城市协议》顺利地签订了。这将推动两地的交流与合作，将对两地经济文化的繁荣发展和深厚友谊的巩固起到推动性作用。

我市资源丰富、人杰地灵、民风淳朴，是一座美丽并且充满活力的城市。我们将用最热情的服务、最诚挚的感情，为两市今后的交流合作提供便利。

我提议，为了两市合作愉快，为了两市人民友谊的天长地久，为了 ×× 先生及随行人员的身体健康，干杯！

范例二

【致辞人】××政府领导

【致辞背景】欢迎外宾的宴会

尊敬的××先生，各位来宾，朋友们：

大家晚上好！

秋风飒爽送清凉，苞菊馨香迎贵宾。今晚，我很荣幸能与××国××市长一行欢聚一堂。在此，我代表××市政府及全市人民对各位来宾表示热烈的欢迎，并致以诚挚的问候！

今晚，我们在这里欢聚一堂，为谱写我们两个城市发展的新篇章，为我市与××国××市成功签署《缔结友好城市关系意向书》这一重大事件而欢庆。今后，我市与××市定会在更为广阔的领域进行交流合作。这一份友好关系凝聚了几代人的心血和智慧，来之不易，希望两市能够好好珍惜，并进一步加强合作，把此次意向书的签订作为双方进一步交流的开始，为早日缔结友好城市这一更大的目标，携手奋进。

我市是一座美丽的沿海城市，风景宜人，民风淳朴……（市情介绍）

在以后的日子里，全市人民定会共同努力，以意向书内容为工作的指导思想，将各项措施落到实处，为两城市的发展作出我们的贡献。在这里，我代表全市人民真诚地希望各位来宾在我市多走走，多看看，感受我市的风土人情。

现在，我提议，让我们共同举杯，为两个城市之间的交流交往可以不断拓展，为两市人民的友谊长存，为在座各位的身体健康，干杯！

范例评析

这两篇范例的开头都使用了热情激昂的语言来表达对来宾的欢迎，主体则分别介绍了各自的情况以及两国的关系，结尾对来宾表达了祝愿，对两市人民之间的深厚友谊表达了美好祝愿。主体表达部分，明显可以看出范例二的内容较范例一更丰富一些。

第六节　公务送行祝酒辞

送行祝酒辞一般要体现依依不舍及欢迎对方再次莅临之情，公务送行祝酒辞也不例外。但公务送行一般是工作需要，不一定出于送行人感情上的原因，所以公务送行祝酒辞在感情上虽有不舍，但一般点到为止。内容上更着重表达欢迎对方以后再来及再次合作的愿望。

这类祝酒辞开头一般是欢送性的话语，包括欢送事由、欢送对象等；主体主要表达感激之情，此外简单介绍此次公务活动的成果；结尾则是表达“一路顺风”等祝福。

范例一

【致辞人】××政府领导

【致辞背景】欢送××会议参会人员宴会

尊敬的各位来宾、朋友们：

大家下午好！

为期两天的××会议已经圆满落下了帷幕。此刻，我们怀着依依不舍的心情，欢送各位参会人员。

××会议在我市召开，是对我市经济发展成果的肯定，也是我市的荣幸。此次会议的召开将促进我市经济发展、城市建设、社会保障、民生建设等多方面工作的开展，将成为我市全面提高城市影响力、提高人民群众生活质量、实现和谐社会建设目标的动力，将谱写我市经济发展的新篇章。在这里，我再次代表市委、市政府及全市人民对省委、省政府一直以来对我市的关心和支持致以诚挚的谢意！

我市的发展离不开社会各界的帮助，更离不开省委、省政府的正确领导。明天，各位领导就要离开我市了，在这离别的时刻，我们很是不舍。但是，请各位领导放心，我们定会牢记会议精神，领悟会议要领，努力奋斗，积极发展我市的各项事业，一定不辜负上级领导对我们的关心和支持！

美好的时刻总是短暂的，现在，我提议，让我们共同举杯，为这次会议的胜利召开，为××市的美好明天，为在座领导、来宾的身体健康，干杯！

祝各位一路顺风！

范例二

【致辞人】××市领导

【致辞背景】考察团送行宴会

尊敬的女士们、先生们：

大家晚上好！

今天仍然是高朋满座，然而有所不同的是，这次的聚会是为考察团送行。此刻，我深感不舍。在这里，我代表全市人民对考察团为我市所做的贡献致以诚挚的谢意！

考察团在我市开展了为期×天的考察，参观、考察了××、××，游览了××等地，并深入到一线了解员工的生产、生活状况。以上考察让考察团对我市有了一个初步的了解。在初步了解情况之后，考察团组织召开了座谈会，就我市的财政收入及预算安排、城市规划的制定与实施、学前教育、教育体制、交通管理、文化政策、住房体系、养老保障、医疗保障、大城市发展等人民关注的各个方面与我市各行业代表进行了交流。这次交流加深了考察团对我市的了解，加强了双方的交流与合作，加快了双方建立伙伴关系的步伐。

中国有句古语：“天下没有不散的筵席。”美好的时刻总是短暂的，明天，各位就要启程离开我市了。虽然我们相处的时间是短暂的，但是我们之间的友谊是深厚的。我在此代表全市人民真诚地欢迎各位来宾再次来我市做客，届时，每位市民将会热情欢迎你们的再次到来，××市的大门永远为你们敞开。

现在，让我们举起酒杯，共同祝愿××考察团一路顺风，万事如意！

范例评析

两篇范例的格式基本正确，内容表达也基本符合要求。开头都表明了欢送之意。主体则略有不同，范例一简单介绍了考察活动的内容及其意义，并致以谢意，紧接着表达了市政府领悟会议精神、落实会议精神的决心；范例二同样也是简单介绍了考察活动的内容及其意义，但接下来表达的是惜别、再会之意。两则范例的结尾都是表达祝愿之情。

第七节 为同事送行祝酒辞

为同事送行的祝酒辞，主要内容是对同事以往工作的总结及对新工作的简单介绍。开头点明欢送对象及事由，结尾表达对欢送对象的祝愿。

范例一

【致辞人】×× 企业领导

【致辞背景】同事送别宴会

亲爱的朋友们：

大家晚上好！

今天，我们在此欢送我们的 ×× 同志，祝贺他到更广阔的平台去发展，此刻，我们既有感伤，又为 ×× 同志感到高兴。

×× 同志在单位与我们朝夕相处了 × 年，想想曾经的日子，脑海中浮现的都是美好的回忆。曾经的激情、热血铸就了企业的快速发展，曾经的奋斗、拼搏令企业利润连年翻番。×× 同志的脸上常挂着自信的笑容，他常说的一句话是“敢担当，多奉献”。×× 同志通过努力从一名普通的员工升为公司的业务骨干，之后又进入公司的管理层。×× 同志多年的努力和奉献，大家都有目共睹。在此，我要代表企业对 ×× 同志的付出表示由衷的感谢！

今天，×× 同志将要与我们告别，奔赴新的工作岗位，这将是 ×× 同志事业上的新起点。×× 同志在新的工作岗位上，一定会发扬他一贯的工作作风，积极进取，干出一番事业。

我们衷心地希望 ×× 同志今后不论在哪里，都不要忘了这里的朋友们，都能一直关心和支持我单位的发展，我们的心也永远和 ×× 同志在一起。

让我们在不同的岗位上共同为祖国的建设和发展尽心尽力、不懈拼搏，一同书写我们人生的壮丽篇章。

最后，让我们大家共同举杯，衷心地祝愿 ×× 同志工作顺利，身体健康，阖家幸福，万事如意，干杯！

范例二

【致辞人】公司同事

【致辞背景】同事出国欢送宴会

亲爱的朋友们：

大家晚上好！

今天是一个令人既欣喜又感伤的日子。欣喜的是，我们的同事 ×× 将要出国发展；感伤的是，×× 即将离开我们。

大家对 ×× 一直有着很高的评价，身边的朋友和同事一直说他为人忠厚，作风正派，是我们的好同事、好朋友。×× 在单位的几年，一直兢兢业业，勤勤恳恳，忠于企业，拥有良好的职业操守。他始终保持一种积极进取、乐观向上的精神。无论在工作还是生活上，他一直乐于助人，经常帮助身边需要帮助的人，使得他和同事之间的关系十分融洽。正是 ×× 高尚的品德和过硬的专业技术，带给了他这个难得的出国深造的机会。我们在这里衷心地祝福他，并学习他爱岗敬业，将工作当作事业的精神。

在此，我代表公司的全体职工，对 ×× 今天所取得的成绩表示衷心的祝贺。如今，×× 要离开故土，远赴他国，我们送他一句话，“莫愁前路无知己，天下谁人不识君”。我们会想念他，并为他祝福！

最后，让我们共同举杯，祝 ×× 旅途顺利，身体健康，早日学成归来，干杯！

范例评析

两篇范例的写作结构都很规范：开头都表明了欢送事由和对象；主体对欢送对象以往的工作做出了高度评价，并且提出了希望；结尾对欢送对象表达了祝愿之情。另外，范例一中语言的使用非常贴切，把被欢送者在公司的所作所为形象生动地表现了出来。范例二作为同事发言，在语言使用上不是很恰当，致辞中的语言可能会给人造成致辞人是被欢送者领导的错觉。

第八节　为学子送行祝酒辞

为学子送行祝酒辞，一般多使用鼓舞和勉励的话，并对学子提出希望，表达祝愿，同时要营造热烈、喜庆的气氛。

范例一

【致辞人】家长

【致辞背景】升学饯行宴

尊敬的各位来宾、朋友们：

大家好！

感谢大家在百忙之中抽出时间来参加我女儿的升学饯行宴。我代表全家人感谢大家多年来对我女儿的关心和帮助，谢谢你们！

我的女儿能考上××大学，首先要感谢的是各位老师，是你们的悉心教导、言传身教，让我的女儿能够在学习的道路上持之以恒，不断战胜困难；其次，我还要感谢一直关心她的朋友和同学们，在她迷茫和无助时，你们不离不弃地陪伴在她的身旁，与她一同走过了艰苦的求学岁月。我要对你们真诚地说声“谢谢”。

女儿，当你踏入大学的校门，你的人生将翻开新的一页，在这里，我要对你提出三点期望：第一，爸爸妈妈为你骄傲，并且希望你坚定信心，勇敢乐观地面对生活赋予你的一切；第二，你要学会感恩，感谢你周围朋友对你的帮助，感谢你的对手给你的激励；第三，你要戒骄戒躁，继续勇往直前，在大学的殿堂里学好真本领，不辜负大家对你的期望。

最后，我请大家共同举杯，为今日的欢聚，为我的女儿考上理想的大学，为我们的友谊，为我和我们家人的健康、快乐，干杯！

范例二

【致辞人】宴会主持人

【致辞背景】升学饯行宴

尊敬的各位来宾，女士们、先生们：

大家晚上好！

今天，×× 夫妇的儿子 ×× 迎来了他人生中的一件大喜事——顺利考入了 ×× 大学。在此，让我们用热烈的掌声对他表示祝贺！请允许我代表 ×× 先生、×× 女士及 ×× 同学对各位的到来，表示最热烈的欢迎和最衷心的感谢！

十年寒窗苦，一朝提名时。×× 通过自己的努力考上了我们省的重点大学——×× 大学，成功地迈出了人生的重要一步。

朋友们，“人生得意须尽欢，莫使金樽空对月”。让我们高举酒杯，饮下手中的美酒。我提议：

第一杯酒，让我们敬给 ×× 同学，祝他在以后的学习、生活中万事如意！

第二杯酒，让我们敬给 ×× 全家，希望他们全家和和美美，快乐到永远！

最后一杯酒，送给在座的各位来宾，衷心地祝愿各位身体健康，万事如意！

朋友们，干杯！

范例评析

范例一是家长进行的致辞，开头首先对来宾的到来表示欢迎，对各位朋友的帮助表示感谢；主体部分一方面表达了对老师、同学们的感激之情，另一方面表达了对女儿的殷切希望；结尾部分表达了对来宾的美好祝福。

范例二是主持人进行的致辞，文字简短精练、热情洋溢，有效地调动起了现场的气氛。

第九节　为退休领导送行祝酒辞

为退休领导送行祝酒辞，主要是赞扬退休领导做出的成绩，号召其他人学习老领导在工作中体现出来的优秀品质。致辞的措辞要表现谦恭的态度及对老领导的敬重之意。

【致辞人】×× 区政府领导

【致辞背景】欢送退休领导宴会

各位领导、各位同人：

今天，全区干部职工欢聚一堂，欢送即将离开工作岗位的各位领导。首先，我代表 ×× 区全体人民群众向为我市经济发展、社会建设做出巨大贡献的各位领导表示衷心的感谢！

我区从一无所有到今天拥有多家市级、省级乃至国家级重点企业，在经济和社会建设方面取得了长足进步，一路上经历了无数的艰难险阻，一切的成果是全区干部职工十几年的辛勤拼搏，用汗水和血水换来的。记得我区成立伊始，百废待兴，农业和经济基础十分薄弱，是今天在座的各位退休老干部，在当时严峻的历史背景和艰苦的环境下肩负起了带领大家谋发展、建设我区的重任。在你们的正确领导下，我区干部群众艰苦奋斗，积极探求适合我区经济发展的新思路，下大工夫引进最先进的技术和最优秀的人才，创办了许多已经成为省级重点建设单位的优秀民营企业。各位老领导在发展经济的同时不忘生态建设，不断拓宽我区的发展路子，积极发展旅游业。你们所做的一切，不仅完善了我区的基础设施，扩大了我区的影响力，推进了我区各项事业的发展，还改善了人民的生活，使全区向“建设和谐社会，和谐 ××”的目标坚实迈进。

各位领导，你们所做的一切，×× 区的人民不会忘记！你们的恩情，×× 区的人民定会牢牢记住。我们要以科学发展观为指导，以全面建设小康社会为己任，努力开创我区跨时代发展的新局面！在此，我提议，让我们用最热烈的掌声，对各位领导取得的成绩表示最诚挚的祝贺！对你们为我区所做的卓越贡献表示衷心的感谢！

最后，让我们共同举杯，衷心地祝愿各位领导身体健康、晚年幸福！为我区美好的明天，干杯！谢谢大家！

范例二

【致辞人】×× 学校领导

【致辞背景】学校退休领导送行宴会

尊敬的 ×× 老教师，各位老师、各位同学：

今天，我们怀着依依惜别的心情在此欢送 ×× 老领导！

×× 老领导在我们学校工作了几十年，把一生最美好的岁月奉献给了我们学校。他几十年如一日地在平凡的岗位上认认真真、勤勤恳恳地工作着，培养出了一批又一批品德高尚、技术过硬的学生。×× 老领导与我们学校一起走过了 ×× 个春秋，与我们一同经历了学校发展中的起起伏伏，见证了我们学校的每一次发展，学校取得的每一点成绩都凝聚着他的汗水和心血。此刻，让我们 ×× 名师生以热烈的掌声向他表示衷心的感谢！我们一定会以 ×× 老领导为榜样，将他奉献、勤奋、积极进取、关爱学生的精神继承下去，为学校、为教育事业的发展做出新的贡献。同时，我也衷心地希望 ×× 老领导退休后能够继续支持、关心学校的发展，给我们多提宝贵意见。

下面，我提议，为了我们尊敬的 ×× 老领导的健康幸福，为了我们 ×× 学校的发展，干杯！

范例评析

两篇范例的文辞都比较庄重，表达了对老领导深深的敬意；内容上简明扼要，言简意赅；措辞上得体恰当。

第十节　为援藏干部送行祝酒辞

为援藏干部送行祝酒辞，开头要表达对援藏干部的亲切问候和崇高敬意，主体部分主要是简述援藏工作的意义及对援藏干部提出希望，结尾一般是对援藏干部的祝福。

范例一

【致辞人】×× 市政府领导

【致辞背景】援藏干部送行宴

同志们：

今天，我们在这里设宴，为即将奔赴西藏工作的 ×× 同志送行。首先，我代表 ×× 市全体市民对 ×× 同志及其家属表示亲切的问候，并致以崇高的敬意！

西藏在党和国家的战略发展上具有特别重要的地位。西藏的经济发展和民族团结牵动着全国各族人民的心。选派干部到西藏工作，能够对西藏的经济发展和社会的长治久安起到重要的推动作用，同时也是培养、锻炼我市年轻干部的有效途径。

×× 同志作为我市第一批奔赴西藏的援藏干部，代表了我市党委和政府与全市各族人民对西藏的关心。希望 ×× 同志能够在工作中严格要求自己，扎实工作，展现自己良好的工作能力和精神风貌，树立起良好的个人形象，努力将我市经济发展的先进理念带到西藏。我们一定当好援藏干部的坚实后盾，千方百计地帮助援藏干部解决各种困难和问题，为援藏干部解除后顾之忧。

最后，我提议，让我们一起举杯，为××同志的顺利出征，为西藏的美好明天，干杯！

范例二

【致辞人】××市领导

【致辞背景】援藏干部送行宴

同志们：

今天，我们相聚在××大酒店，是因为我市的××同志将要远赴西藏开展工作了。在这里，我们要为我们的战友、同志饯别、壮行。此刻，我代表市委、市政府，代表全市××万人民，向××同志及其亲属表示亲切的问候，并致以崇高的敬意！

西藏位于祖国西南边陲，具有极其重要的战略地位。选派干部到西藏工作，是促进西藏发展、提高西藏建设队伍素质、促进西藏社会长治久安的迫切需要和重要举措。我市选派干部到西藏进行3年的援藏工作这一政策已有10年，这10年来，我市共为西藏自治区对口支援市选派优秀干部30名，这些干部在西藏辛勤工作，为西藏的民族团结、经济文化建设做出了一定的贡献。今天，××同志作为我市优秀干部中的一员，通过自己在日常工作中的努力，得到了省委的肯定，成为我市今年选派的援藏干部之一。再过几天，××同志就要踏着前辈的足迹，奔赴西藏，开始新的工作和生活。我希望你一定要保重身体，越是在艰苦的工作和生活环境下，越要积极地锻炼身体，这样才能以良好的身体状况来开展工作。并且，在当地要注意与所在地少数民族群众搞好关系。希望你充分利用这次难得的机会，在当地虚心学习、踏实工作，树立良好的援藏干部形象，为藏区做贡献，也为我市增光添彩。

今天虽然是送行的宴会，但是，我们不要伤感，因为今天的离别，是××同志事业的新起点。我相信，××同志通过努力，一定能为西藏人民谋得更大的发展。我们在座的各位同志和家乡的父老乡亲，一定会为你加油，为你祝福！我们在此等待你的凯旋！

最后，我提议，为××同志的顺利出征，为××市更加美好的明天，干杯！

范例评析

要写好送行宴上的祝酒辞就要注意契合身份、契合事由、契合范围，感情真挚。上面两篇致辞在这几方面都做得很到位。有所不同的是，范例一内容精练，语言简约；范例二内容充实，条理清晰。在写作中，致辞人可以根据自己的身份和致辞时间需要，恰当地借鉴上面两篇范文。

第十四章

公务活动祝酒辞

公务活动一般多为国家机关、企事业单位的活动。《中华人民共和国刑法》上这样规定：国家公务活动，就是代表国家机关、国有公司、企业、事业单位、人民团体等，履行对国有资产的组织、领导、管理、监督等职责的活动。所以公务活动的祝酒辞要比其他活动的祝酒辞更严肃，语言不能过于随意，并且主体部分要对该次公务活动的内容以及活动意义进行介绍。

一、篇幅

公务活动祝酒辞的篇幅稍长，字数一般在500～600字。致辞人也可根据实际需要，适当增加篇幅，但仍应不超过1000字。

二、开头

公务活动祝酒辞的开头主要包括标题、称呼和问候语三个部分。

1. 标题

标题一般由事由和文种构成。比如《政府酒会》《×××职代会》《×××艺术节》《×××交流会》等。在致辞稿中，标题一般置于致辞开头第一行正中。

2. 称呼

称呼书写在标题下方，顶格书写。公务活动祝酒辞的称呼一般是集体性的，比如“同志们”“朋友们”；还要注意在称呼中体现出亲切性、尊重性，比如“亲爱的朋友们”“尊敬的各位领导、来宾”等。

3．问候语

问候语是公务活动祝酒辞开头的主要内容，在称呼后面以单独一段的形式出现。问候语的主要内容是介绍参加活动人员的身份，描述活动内容及意义，对参加活动的人员致以问候和祝福。例如“大家欢聚一堂，在此，我对 ×× 会议的顺利召开表示祝贺，对各位的到来表示感谢”“我代表市委、市政府对各位的支持表示感谢，对各位的到来表示热烈的欢迎”等。

三、主体

公务活动祝酒辞的主体主要涉及两方面内容：首先是对会议或活动的顺利召开或举办表示祝贺，点明此次会议或活动的重要意义；其次就此次会议或活动对未来发展起到的作用进行阐述，并对参与者提出希望或要求。

四、结尾

结尾一般用充满激情的语言对未来进行展望，并再一次对各位来宾的到来表示感谢，将活动推向高潮。致辞人可以恰当使用排比句，因为在结尾处使用排比句是烘托气氛的有效手段。

第一节 政府酒会祝酒辞

政府酒会的受邀人群可以是政府内部人士，也可以是社会人士；可以是为了 ×× 的发展而举办的，也可以是为一些文娱活动而举办的。因此，致辞内容一定要根据酒会举办的具体背景来写。致辞开头要点明举办目的、受邀人群，并对受邀人群表示欢迎。主体可视具体情况而定，通常情况下是介绍本地区的良好发展情况，此外还要表决心，发出号召。结尾一般使用“为了 ×× 的发展，为了各位领导的身体健康，干杯”这种模式化的语言。

【致辞人】×× 市市委书记

【致辞背景】投资项目推介会庆功酒会

各位领导、各位嘉宾，女士们、先生们：

晚上好！

今晚，华灯璀璨，大家欢聚一堂，为投资项目推介会的成功举办庆功晚宴。首先，我代表 ×× 市委、市政府，以及全市人民对企业界各位朋友的到来表示热烈的欢迎，也对你们为我市发展所付出的努力致以崇高的敬意！

这次的投资项目推介会成功展现了我市的风采，扩大了我市影响力，提升了我市形象。此次推介会吸引了大量客商前来洽谈，签约、合作项目繁多，可谓是成果丰硕。此次推介会的举办，为我市的跨越式发展注入了新的生机和活力，为我市进一步扩大招商引资规模带来了新的机遇，为我市的和谐稳定做出了重要贡献。

我们将以此次推介会为契机，坚定不移地发展经济，加大基础设施建设和民生建设的资金投入，充分利用我市的资源优势，努力把我市打造成一座宜商、宜居的现代化城市。

推介会成功地落下了帷幕，但这只是我市与在座各位企业界朋友深入交流与合作的开始。借今晚的酒会，我诚恳地邀请各位朋友到我市多走走，多看看，寻找商机，投资兴业，继续关注、支持我市的经济发展与社会建设，与我们共谋发展，携手共创美好明天！

下面，我提议，请大家共同举杯，为了发展，为了友谊，为了合作，干杯！

范例二

【致辞人】×× 市领导

【致辞背景】政府迎春酒会

尊敬的各位领导：

春节即将到来，×× 市委、市政府在这里召开迎春酒会，我们有幸邀请到了各位领导与众位来宾，大家欢聚一堂，喜迎新春，共贺佳节。在此，我代表全市各族人民，向各位领导、来宾致以节日的祝福！

近几年，我市在上级党委、政府的正确领导和亲切关怀下，在各位领导和朋友的支持下，在全市各族人民的共同努力下，我市无论乡镇还是城区，在经济和文化方面都有了很大的发展，综合实力稳步增强。×××× 年 GDP 增长 ××%，超过预期的 ××%；实现地区生产总值 ×× 亿元，同比增长 ××%；财政总收入 ×× 亿元，同比增长 ××%；地方级财政收入 ×× 亿元，同比增长 ××%。这些成绩为我市经济进一步的发展打下了坚实的基础。

新的一年就要到来了，新的机遇与挑战摆在我们面前，我们要把去年取得的成绩抛在脑后，要抓住年前这一段时间，为全年的工作打好基础、开好头。我们要把我市的区位优势和资源优势有机结合，加强城市基础设施建设，重视民生建设，扩大招商引资，把精力放到真正为人民服务上来。我们会坚定信心，排除万难，不辜负广大群众对我们的信任和期望，在各位领导的关心和帮助下，在社会各界朋友的大力支持下，把我市建设成一个富强、民主、和谐的城市。

在这辞旧迎新的时刻，我还要向曾经奋战在城市建设的第一线，如今已经淡出人们视线的退休老领导、老朋友们表示祝福，我市的今天，离不开你们辛勤的付出。也盼望各位老领导、老朋友能多回来看看，指导、帮助我们把我市建设得更加美好，并与我们一起分享城市改革开放所取得的成果！

现在，我提议，为我们××市的发展，为我们的友谊，为各位领导、各位来宾的身体健康，干杯！

范例评析

两篇致辞的目的都比较明确：范例一是在投资项目推介会的庆功酒会上发表的，因此，文章重点介绍了投资项目的有关情况，并表达了合作的愿望；范例二是在迎春酒会上发表的，因此，文章主要是对前一年成绩的回顾，并对新一年的工作提出目标。两篇文章结构严谨，用语恰当，值得我们学习。

第二节　工作会议祝酒辞

工作会议祝酒辞，开头要祝贺会议顺利召开，并欢迎到场的来宾；主体则是围绕会议展开，介绍会议召开的目的、意义以及会后的工作（这里的工作无须详细介绍内容，只要提出目标、表明决心即可）；结尾一般以“现在，我提议，为了本次会议的顺利召开，为了各位领导的身体健康、事业发达，干杯”的模式化语言结束致辞。工作会议酒会上的祝酒辞主要是为了营造和谐、融洽的气氛，用语方面应尽量文雅，切忌过度活泼。

【致辞人】×× 县县委领导

【致辞背景】工商联工作会议晚宴

尊敬的各位领导，同志们、朋友们：

在这碧波荡漾、晚风拂柳的迷人季节，全市工商联工作会议在 ×× 县胜利召开。在此，我谨代表中共 ×× 县委、县人大、县政府、县政协和百万老区人民向会议的胜利召开表示热烈的祝贺！向参会的各位领导和各位朋友表示热烈的欢迎！向一直关心、支持我县发展的各级领导和同志们表示衷心的感谢！

我县是革命老区，以前一直都是我省的贫困县。近年来，我县得到了市领导和社会各界朋友的关心和帮助，在经济上有了长足的发展，取得了不小的成绩。

今天，全市工商联会议在我县召开，市领导亲自对我县的发展进行了指导，兄弟县也带来了丰富的经验，这些都凝聚了市委、市政府对我们的关心，体现了兄弟县对我县的深厚情意，体现了 ×× 中心对我县工作的肯定和信任。这对我县进一步扩大对外开放、发展经济建设有着极大的促进作用。在今后的工作中，我县一定会以此次会议的精神为指导，不断扩大与各地在各领域的合作，做到资源共享，与八方朋友共谋发展大计。

各位领导，同志们、朋友们，我县必将以此次会议为发展契机，抓住新机遇，迎接新挑战，努力开创经济合作的新局面。真诚希望各位领导、各位朋友能够继续关心我县的发展建设。让我们携起手来，为在新时期实现我县的经济腾飞而努力！

现在，我提议，为本次会议的圆满成功，为我们的精诚合作和深厚友谊，为各位领导和朋友的健康幸福，干杯！

谢谢大家！

范例二

【致辞人】×× 市领导

【致辞背景】全省市州人大教科文卫工作联席会议晚宴

尊敬的 ×× 主任，各位领导、各位嘉宾，同志们：

大家晚上好！

激情八月，相约 ××。今天，全省市州人大教科文卫工作联席会议的各位领导、各位朋友再次欢聚一堂，作为联席会主办方，我感到十分荣幸！在此，我代表中共 ×× 市委、市人大、市政府、市政协，对各位领导、各位嘉宾的光临表示热烈的欢迎！对全省市州人大教科文卫工作联席会议的胜利召开表示热烈的祝贺！

我市充满着发展的活力与激情，是一个具有广阔发展前景的好地方。近年来，我市经济发展与社会建设取得了不小的成就。这一次的全省市州人大教科文卫工作联席会议在这里召开，是对我市的信任与厚爱。省有关部门和各兄弟市州人大的领导为我们传经解惑，给了我们发展的动力。在此，我代表全市人民向一直关心、支持我市发展的各位领导、各位嘉宾表示衷心的感谢！

现在，我提议，为这次会议的圆满成功，为在座各位领导、各位嘉宾的身体健康、事业发达，干杯！

范例评析

两篇范例的开头都点明了会议的召开，并且对参加会议的来宾表示了热烈的祝贺。主体中，范例一着重写了会议的主题及影响，表达了对各位领导的诚挚谢意；范例二则主要是表达谢意，如能加上会议的具体情况及其意义，内容会更加充实。结尾部分，两篇范例都对会议的召开、出席会议的各位领导表达了美好祝愿。

第三节　联谊会祝酒辞

联谊会的举办主题有很多，比如，新春联谊会、老乡联谊会、书法爱好者联谊会、同学联谊会等，因此，致辞人要针对不同的主题发表不同的祝酒辞。表达风格上也要注意，针对不同的对象，表达风格也不同。如果致辞对象是同龄、身份地位相同的人，那么风格可以轻松活泼；如果致辞对象是领导，则要体现出严肃性。

联谊会祝酒辞开头要表示对与会者的欢迎；主体是联谊会举办的目的，以及致辞人感情的抒发；结尾一般是“让我们举起酒杯，为我们友谊的天长地久，干杯”这类模式化的结束语。总体而言，联谊会的形式较为活泼，因此祝酒辞也要热情洋溢，以保持整个活动气氛的高涨、热烈。

范例一

【致辞人】联谊会组织者

【致辞背景】毕业10周年同学联谊会

亲爱的老师、同学们，各位嘉宾：

大家好！

春回大地，万象更新。

毕业已经10年，10年后的我们再次重逢，此刻，我的激动和喜悦之情无以言表，我只想对大家的到来表示热烈的欢迎！此次联谊会的成功举办有赖于××、××同学的精心组织，是他们的热心、细致让我们有了今天这个温馨的交流平台。在这里，让我们以热烈的掌声对他们的辛勤付出表示衷心的感谢！同时，我代表全体同学向各位老师的光临表示热烈欢迎！向热心赞助本次联谊会的××公司老板表示衷心的感谢！

“海内存知己，天涯若比邻。”

同学们今天已经活跃在祖国的大江南北，从事着不同的工作，在各自的领域中取得了很大的成就。这一刻，大家能够放下手头的工作，从五湖四海汇集于此，再叙同学情谊，实属不易。各位同学，无论我们身处何处，我们的友谊永远不会褪色。

敬爱的老师们、亲爱的同学们，此刻，让我们把酒杯斟满，让我们的酒杯充满绵绵的情意、长久的友谊。为了我们今日的欢聚，为了我们更加美好的明天，干杯！

范例二

【致辞人】县政府代表

【致辞背景】新春联谊会

各位老乡，同志们、朋友们：

春暖花开，万象更新，在此春和景明的时节，我们家乡人民欢聚一堂，隆重举行××××年××籍在外知名人士新春联谊会。首先，我谨代表××县委、县政府对各位老乡和朋友能够在百忙之中抽出时间来参加新春联谊会，表示热烈的欢迎，并致以诚挚的问候！

今天在座的各位，都是在外乡不同行业中做出了成绩的杰出代表。你们在事业上取得了优异的成绩，同时不忘家乡发展，心系故土，力所能及地为家乡的建设贡献力量。你们是家乡人民的骄傲，家乡人民为你们自豪。借此机会，我谨代表全县人民向各位表示衷心的感谢！

去年一年，我县完成了经济的跨越式发展，人均年收入增长了30%。这些成绩的取得，与社会各界对我县的关心和帮助是分不开的。尤其是在座的各位老乡，你们通过自己的影响力，运用自己的人脉资源，利用信息快捷的优势，为家乡招商引资、牵线搭桥，带来了许多有利于家乡发展的资源和信息。

“美不美，故乡水；亲不亲，故乡人。”在这里，我代表全县父老乡亲，再次表达对你们的感谢，并且希望你们能够一如既往地关心家乡的发展，继续为家乡建设建言献策，为家乡的发展做出更大的贡献。

现在，我提议，让我们举起酒杯，为了全县经济社会的繁荣昌盛，为了家乡人民的幸福安康，为了在座各位老乡的身体健康，干杯！

范例评析

两篇范例格式规范，感情真挚。范例一中，致辞人用真挚的情感抒发了对同学相见的渴盼，表现了同学之间深厚的友情。范例二中，用“美不美，故乡水；亲不亲，故乡人”来激励老乡为故乡的发展多做贡献。两篇范例在语言的表达技巧上都值得我们学习。

第四节　展会祝酒辞

展会祝酒辞要求篇幅简短，层次清晰。内容切忌重复、啰唆；语言表达既要富有感情，又要生动活泼；语气上要热情、友好。展会祝酒辞的内容除了简单介绍展会的基本情况外，也要阐明展会的意义。

范例一

【致辞人】××市政府领导

【致辞背景】“××”展览会开幕式活动

尊敬的各位领导、各位来宾，同志们、朋友们：

秋风送爽、瓜果飘香，在这个充满收获和希望的金秋九月，备受全市人民关注的“××”展览会，今天在此隆重开幕！在此，我代表市委、市人大、市政府、市政协及全市人民，对各位领导、各位嘉宾的光临表示热烈的欢迎！对长期以来精心指导、大力支持、真诚帮助我市改革开放和经济建设的各位领导和各界人士表示衷心的感谢！

我市是中国重要的农业基地之一。近年来，我市通过不断加大科技投入力度，提升科技水平，走科技发展农业的道路，发展了一大批具有地方特色的产业，打造出了享誉全国的“××”品牌。“××”展览会今年在我市举办，这对我市来说，是一个极其重要的机会。“××”展览会从创办之初，就一直坚持“沟通、开放、合作、发展”的办会宗旨。本届展览会将以“以特色产业为基础，带动经济发展”为主题，寻求更适合我市特色产业发展的道路。本次展览会将通过项目推介、展示展销、招商洽谈等丰富多彩的活动，全方位展示我市经济社会发展取得的成就。我市将通过举办此次展览会为广大投资者打造更温馨、更和谐的投资环境，探索我市经济发展新的增长点。本届展览会的举办将扩大全市新一轮对外合作交流活动，掀起招商引资的高潮，推动全市社会经济又好又快地发展。

我们竭诚欢迎各位领导和各界人士继续关注我市的经济建设，关注我市的特色产业，继续支持我市的农业发展。在此，我们热切期盼各位有识之士到我市投资兴业，共创辉煌！

最后，让我们共同举杯，衷心地祝愿“××”展览会圆满成功！祝愿我市风调雨顺，百业兴隆！祝愿各位领导、各位来宾工作顺利、身体健康、万事如意！

干杯！

范例二

【致辞人】画展组委会负责人

【致辞背景】庆祝画展开幕宴会

尊敬的各位领导、各位来宾：

阳春三月，春色满园。在这美好的季节，由××市文联、

××市画家协会、××博物院主办的“翰墨丹青××”画展在今天开幕了。为此，我们在××大酒店特备酒席庆祝“翰墨丹青××”画展的开幕。在此，我向远道而来的各位朋友表示热烈的欢迎！

这次的画展所展出的国画，是我省老中青三代艺术家最新创作的一系列反映自然、生态、山水等方面的作品。这些带有极强的环保理念，充满人文关怀特点的画作表现出了画家们号召社会各界善待生命、保护自然的情感。在近100幅画作中，既有写意的山水，也有工笔的花鸟；既有老一辈艺术家的传统之作，也有后起之秀的创新之作。这些精品表现了我市美丽的山水、灿烂的文化、厚重的历史和充满生机的未来。

此次画展的顺利开幕，得益于市领导的高度重视、社会各界的大力支持，以及各位艺术家的精心创作。在此，我代表画展组委会向为画展倾心奉献的各位朋友致以诚挚的谢意！相信通过这次画展，人们能够加深对××市的热爱，增强保护自然、珍爱生命的意识。

现在，就让我们举起酒杯，为这次画展的顺利开幕，为祖国的大好河山，为各位来宾的幸福生活，干杯！

范例评析

范例一是政府领导致辞，开头宣布了展会的开幕，表达了对相关人员的感谢。主体的语言表述上，存在一些瑕疵，比如“本次展会将……”中的“将”字的运用不恰当，让人感觉像是对方是主办方，如果改成“是”会更利于文意清晰；另外主体应该更多地阐明展会对本市的影响。最后提出号召，鼓舞人们发展本市经济，符合其身份和致辞场合。范例二在内容的安排上比范例一要恰当，首先简单介绍了展会的基本情况及展会的目的，然后表达了对相关人员的感激之情。

第五节 交流会祝酒辞

交流会祝酒辞要体现出热情、友好的态度，为交流会的举办营造和谐、友好的气氛。致辞语言要热情激昂，感情要真挚。致辞内容重点表述交流会的意义及影响，同时表达出对双方合作的期望及增进友谊的愿望。

【致辞人】×× 市领导

【致辞背景】农产品交流宴会

尊敬的各位来宾、各位朋友：

大家晚上好！

在美好的丰收季节，由我市农业局牵头的第 × 届农产品交流会正式开始。在此，我代表市委、市政府，对各位农产品领域专家、企业家的到来表示诚挚的欢迎！

我省是农业大省，我市又是我省农业发展的排头兵……（市农业种植情况介绍，略）

此次交流会在我市召开，是省委、省政府对我市农业发展的肯定，是我市农业经济发展迈上新台阶的重要契机。

此次交流会的主题是“以科技带动农业发展”，重点讨论科技在农业发展中的应用问题。这对于新时期下我市的农业发展具有积极的促进作用。交流会为我市农业发展开拓了思路，为我市农业发展带来了先进的理念和技术，我们一定要抓住这个难得的机会，多与专家交流，虚心请教，力争使我市农业发展迈上新的台阶。

各位朋友，各位来宾，我市的农业发展之路还很长，我代表市委、市政府衷心地恳请大家，能够毫无保留地传授经验与技术。我相信，在各位朋友、各位来宾及省委、省政府的大力支持下，在我市农业工作者的不断探索下，我市农业发展定会取得更加辉煌的成绩。各位朋友、各位来宾定会为我市的发展有你们的一份贡献而感到自豪和欣慰。

最后，我提议，让我们共同举杯，为本次交流会的顺利开幕，为我市经济发展的美好未来，为在座的各位朋友的幸福生活，干杯！

范例二

【致辞人】×× 市领导

【致辞背景】“海峡两岸乡镇对口交流会”庆祝酒会

尊敬的各位来宾、各位朋友：

大家晚上好！

在这美好的季节，我们和海峡两岸的朋友们又相聚在 ×× 市，共同迎接第 ×× 届“海峡两岸乡镇对口交流会”。在这里，我代表市委、市政府和全市 ×× 万人民，对莅临我市参加交流会的各位朋友表示热烈的欢迎！

我市位于 ×× 省中部，是海峡西岸经济区连接沿海、辐射内陆的重要区域……（市情介绍，略）

此次交流会的主题是“扩大民间交流，加强两岸合作，谋求共同发展”。民间交流是发展两岸交流的重要方式之一，是两岸基层之间合作的新模式。而此次交流会以乡镇对口交流为主体，为两岸民间百姓的沟通和交流提供了一个重要的平台。

这个平台的建立，为两岸基层民众打开了交流之门，这个平台能够为两岸民间交流的进一步深入发展打下坚实的基础，能够不断扩大两岸交流的领域。我相信，只要两岸人民不断努力，海峡两岸的未来一定会更加美好。

在“海峡两岸乡镇对口交流会”开幕之际，我代表××市民真诚地希望各位朋友在我市逗留期间到处走一走、看一看，感受一下我市的独特魅力，增强彼此的了解，增进彼此的友谊，共同推动两岸交流与合作。

最后，我提议，让我们共同举杯，为本次交流会的顺利开幕，为两岸人民的友谊，为在座各位朋友的幸福生活，干杯！

范例评析

两则祝酒辞在开头都用“美好”开头，不但很好地引出了下文，而且使文章看起来富有文采。范例一用自然、简练的语言引出了交流会的开幕式，接着表达祝贺、感激之类的情感，符合写作规范；主体言简意赅，内涵丰富；结尾的祝愿也恰到好处。范例二内容安排恰当，条理清晰，层次分明，感情的表达也很真挚；最大的亮点在于内容充实。

第六节 艺术节祝酒辞

艺术节祝酒辞要对艺术节的内容、成果、意义进行总结；然后发出号召，提出希望。

范例一

【致辞人】×× 大学校长

【致辞背景】×× 大学艺术节闭幕式宴会

老师们、同学们：

在全校师生的共同努力下，我校艺术节已悄然落下帷幕。在此，我首先代表学校向本次艺术节的成功举办表示热烈的祝贺！向为艺术节辛勤忙碌的工作人员表示真挚的谢意！向在艺术节中取得优异成绩的同学及班级表示热烈的祝贺！向为艺术节提供辅导的老师及支持艺术节活动的班主任们表示衷心的感谢！

本届艺术节的成功举办，对于丰富校园文化生活、促进校园文化建设、提高学生艺术修养有着重要的意义，有利于学校培养有理想、有纪律、有修养、有知识、有情趣的综合性人才。在本次艺术节上，我们看到了丰富多彩的文艺表演，欣赏了令人回味无穷的书法、绘画作品。艺术节涌现出众多艺术人才，使我们看到了同学们在课堂之外的独特才华。学校以后将举办更多类似的活动，充分发掘同学们的艺术潜力，让同学们在积极参与的过程中获得成长。

老师们、同学们，艺术节的大幕虽然落下了，但艺术这扇大门却向你们敞开了。希望同学们能够以此次艺术节为契机，向着德、智、体、美、劳全面发展的目标进发，不辜负老师、家长对你们的希望。

老师们、同学们，举起你们手中的酒杯，为本次艺术节的成功举办，为各位老师的工作顺利、各位同学的前程似锦，为我校美好的明天，干杯！

范例二

【致辞人】×× 市政府领导

【致辞背景】×× 国际民间艺术节闭幕晚宴

尊敬的各位来宾，各位朋友：

大家晚上好！

华灯璀璨，大家欢聚一堂，共同庆祝 ×× 国际民间艺术节的胜利闭幕。首先，我代表 ×× 市委、市政府对本届 ×× 国际民间艺术节的成功举办表示热烈的祝贺，并对为本次 ×× 国际民间艺术节做出努力的各界朋友表示衷心的感谢！

×× 国际民间艺术节，是一次汇聚五大洲 ×× 个国家的 ×× 名民间艺术家，致力于民族、民间、民俗文化的传承、弘扬和创新的盛大聚会。今年，我市十分荣幸地得到了举办本届艺术节的机会，这使我们欣赏到了不同国家独特而丰富的民俗文化，让我市人民加深了对各国艺术文化的了解，增进了我市与各国的友谊，拓宽了我市人民的眼界，同时也为我市的文化建设增添了浓墨重彩的一笔，提升了我市的城市文化品位，在世界范围内树立起我市的良好形象。

新时期新形势下，经济指标不再是衡量一个国家是否具备核心竞争力的唯一标准，知识与文化的创造力成为一个国家核心竞争力的重要组成部分。文化不仅是消费的引擎，而且是生产的动力，强大的文化底蕴会带动经济的发展。此次 ×× 国际民间艺术节的举办必定会促进我市经济社会的发展。

最后，我提议，让我们共同举杯，为 ×× 国际民间艺术节的圆满成功，为各国之间友谊的天长地久，为在座各位来宾的身体健康，干杯！

范例评析

两篇范例分别从不同的角度对艺术节的意义进行了阐述，并始终坚持尊重文化、发展文化的宗旨，抓住了艺术节的核心内容。此外，两篇范例的语言都带有很强的号召性、鼓舞性。

第七节　党代会祝酒辞

党代会祝酒辞的写作格式如下：开头对党代会的胜利召开表示祝贺，对与会代表表达感激之情；主体陈述党代会召开的成果及其影响，进而根据党代会召开情况对以后的工作提出希望；结尾一般以“让我们共同举杯，共同庆祝第 ×× 次党代会成功召开”结束。

【致辞人】×× 市政府领导

【致辞背景】党代会闭幕晚宴

尊敬的各位领导、各位同志：

在这生机勃勃的五月，历时 ×× 天的中国共产党 ×× 市第 ×× 次党代会圆满落下了帷幕！在此，我代表市委、市政府对这次党代会的圆满成功表示热烈的祝贺，对与会代表的辛勤付出表示感谢，对社会各界人士的大力支持致以崇高的敬意！

大会期间，与会代表们以社会主义核心价值观为指导，怀着高度的责任感和强烈的使命感，坚持一切从实际出发，认真讨论研究，科学规划发展蓝图，终于不负全市人民的期望，提出了以后工作的重点和议程，为我市的更好更快发展提供了理论指导。

近年来，在中央领导的亲切关怀下，在省委、省政府的高度关注和大力支持下，在市委、市政府的坚强领导下，在全市广大党员干部群众的共同努力下，我市发生了翻天覆地的变化，社会经济建设迈上了新的台阶。在成绩面前，我们不能骄傲，未来的工作依然任重道远。今日我们要借省委重点建设我市的东风，在市委、市政府的正确领导下，励精图治，攻坚克难，与时俱进，锐意进取，为我市创造更加美好灿烂的明天。

现在，我提议，为第 ×× 次党代会成功召开，为我市的美好未来，为在座各位的身体健康，干杯！

【致辞人】×× 区政府领导

【致辞背景】党代会闭幕晚宴

尊敬的各位领导、各位同志：

大家晚上好！

全区 ×× 万群众和 ×× 名共产党员共同瞩目的中国共产党 ×× 市 ×× 区第 ×× 次代表大会，历时 ×× 天，今天胜利闭幕了！此时此刻，我们怀着无比喜悦和激动的心情，欢聚一堂，共同庆祝本次盛会的圆满结束。

此次党代会能够顺利进行，离不开市委领导和市委有关部门的指导、支持和帮助；离不开全区各界人士的大力支持；离不开全体工作人员夜以继日的辛勤工作。在此，我代表第 × 届区委、区纪委，向全体与会代表、列席代表和全体工作人员，向所有支持、帮助我们的同志、朋友表示衷心的感谢！

大会期间，全体与会代表本着解放思想、实事求是的精神，积极为我区的发展建言献策，提出了不少具有建设性的意见。会上，全体与会代表以科学发展观为指导，以高度的政治责任感和历史使命感，选举出了第××届××区委员会和纪律检查委员会，圆满完成了大会的各项既定议程。

虽然我们在社会经济文化建设中取得了不少成绩，但我区的发展仍然任重道远。因此，我们必须更加坚定步伐，在市委的直接领导下，以邓小平理论、"三个代表"重要思想和社会主义核心价值观为指导，坚持以科学发展观统领经济社会发展全局，同心同德，抓住机遇，再创辉煌！相信在大家的共同努力下，我区定会实现跨越式发展！

同志们，现在我提议，为庆祝××区第××次党代会胜利闭幕，为××区的美好明天，为在座各位的身体健康，干杯！

范例评析

两篇致辞都是政府领导代表做出的，可以说各有千秋。范例一多用四字成语，使文章显得生动活泼，引人入胜，同时突出了致辞的主题思想。范例二的亮点在于结构安排紧密，过渡自然，层次清晰，段落分明。但是两篇致辞在行文中都有一些不足，比如，范例一中句与句之间的衔接不够流畅，范例二在感情的表达上有点呆板。

第八节　职代会祝酒辞

职代会是公司为实现更好的发展而召开的会议。职代会祝酒辞，主要是对过去工作的总结，对公司前景的展望和对未来工作的安排。此类祝酒辞一般用号召性的语言来调动职工的积极性。

【致辞人】×× 公司领导

【致辞背景】公司职代会晚宴

各位代表，同志们、朋友们：

在这硕果飘香的季节，我们 ×× 公司第 ×× 届职代会顺利召开了。在此，我首先代表公司对本次会议的顺利开展表示热烈的祝贺！对与会者的辛勤工作致以诚挚的感谢！

即将过去的一年，我们取得了巨大的成绩。这一刻的回眸让人激情澎湃，无比欣喜。公司成立 ×× 年来，在上级集团公司的正确领导下，全体员工团结一心，奋发拼搏，奋勇争先，使我公司在管理水平和业绩发展上都得到了很大的提高。如今，我们的团队更加团结稳定，昂扬向上，处处呈现生机勃勃的景象。

展望未来，我们信心百倍！明年是我公司实现跨越发展至关重要的一年，是机遇与挑战并存的一年。在未来的日子里，我们要始终不渝地坚持公司的发展理念，全面贯彻、执行好本次职工代表大会的精神，带着无比的热情投身到公司的建设中去，为公司的发展谱写新的篇章。

我提议，为公司第 ×× 届职代会的顺利召开，为“十三五”规划进程的顺利推进，为我公司的美好未来，干杯！

范例二

【致辞人】与会代表

【致辞背景】职代会闭幕晚宴

各位领导，同志们、朋友们：

大家晚上好！

第××届职代会刚刚落下帷幕，作为与会代表，我十分荣幸地站在这里进行祝酒发言。在此，我首先对本届职代会的顺利召开表示热烈的祝贺，对各位领导、各位来宾的到来表示衷心的感谢！

职代会召开期间，每位与会代表都以维护职工权益为出发点，带着高度的责任感和强烈的使命感，通过会议讨论共谋民利，此次职代会上通过提案29条，最大限度地反映了民意，真正做到了想职工之所想，急职工之所急。

希望公司干部职工，能够以本次大会为契机，全身心投入到公司建设中去，创造一流的工作业绩，共同绘制公司宏伟的发展蓝图。

最后，为公司的发展，为在座各位领导、各位同志的身体健康，我敬大家一杯，干杯！

范例评析

范例一是领导致辞，内容完整，结构安排恰当，措辞合情合理，能起到激发职工参与公司建设的作用。范例二是与会代表致辞，在态度上谦虚、诚恳，但在段落安排、语句过渡方面略显不足。

第十五章

商务活动祝酒辞

商务活动，是企业之间为增加业务往来而举办的诸如酒会、宴会等交流活动，目的是加强联系，巩固企业与客户之间的感情，达到共赢的局面。商务活动祝酒辞较公务活动祝酒辞稍显活泼，但比起一些私人聚会的祝酒辞，还是略显严肃。

一、篇幅

商务活动祝酒辞的篇幅稍长，字数一般在 500 ~ 600 字。特殊情况下，致辞人也可适当调整篇幅，但仍应不超过 1000 字。

二、开头

商务活动祝酒辞的开头主要包括标题、称呼和问候语三个部分。

1. 标题

标题一般由事由和文种构成。比如《客户联谊会》《×××公司年会》《签订合同宴会》等。在致辞稿中，标题一般置于第一行正中。

2. 称呼

称呼放在标题下方，顶格书写。商务活动祝酒辞的称呼一般是集体性的，比如“来宾们”“朋友们”“女士们、先生们”；还要注意在称呼中体现出亲切性、尊重性，比如“亲爱的朋友们”“尊敬的各位领导、来宾”等。

3. 问候语

问候语是商务活动祝酒辞开头的主要内容，在称呼后面以单独一段的形式出现。问候语的主要内容是介绍参加活动者的身份，对活动内容、意义的描述和对参加活动人员致以问候。例如“对一直支持我公司发展的各位客户表示衷心的感谢”“对××行业同行的到来表示欢迎”等。

三、主体

商务活动祝酒辞的主体主要涉及三方面内容：首先对酒会的内容做一定说明，比如酒会是为答谢客户、为祝贺双方签订合同或是对某项产品进行推广等；其次，对酒会的意义进行阐释；最后，憧憬未来，表达祝愿，并表示希望得到更多的支持和关心。

四、结尾

商务活动祝酒辞的结尾一般是用充满激情的语言表达对未来的期望和对本公司经济发展的良好祝愿。

第一节　商务宴会祝酒辞

商务宴会上的祝酒辞，开头要对来宾的到来表示热烈的欢迎；接下来就直接进入主题，可以谈双方合作的问题，也可以专门表示对客户的答谢等，领导可以根据情况具体安排；结尾表达对未来的美好祝愿，如“最后，让我们共同举杯，祝××公司不断发展壮大，祝我们的合作愉快”。另外，商务宴会祝酒辞的表达既不像政府祝酒辞那般庄重、严肃，也不像普通宴会祝酒辞那样活泼、诙谐；商务宴会一般关系到双方的合作，因此致辞既要做到语言得体，也要做到内容轻松，这样才更容易使双方在合作项目上达成共识。

范例一

【致辞人】××县委领导

【致辞背景】××种植研讨推进会宴会

尊敬的各位领导、各位来宾，女士们、先生们，朋友们：

上午好！

今天，历时××天的××县××种植研讨推进会顺利落下帷幕。此次研讨会在社会各界的大力支持和热情帮助下，取得了良好成效。首先，我代表县委、县政府对各位来宾的到来表示热烈的欢迎，对社会各界朋友的真诚帮助和热情谏言表示衷心的感谢！今天，举办此次宴会有两个目的：一是为了答谢大家对我县的厚爱，对我县经济发展提供的帮助；二是进行深入交流，增进彼此感情，为进一步合作提供便利。

我县农业资源丰富，土地肥沃，人民淳朴好客。此次举办的××种植研讨推进会就是以我县农业资源为依托，力图寻求更为广阔的投资点。

我县将为投资者提供良好的投资环境，希望广大投资者能够来这里投资兴业，在此发掘无限的商机，并能够一直关心和支持我县经济的发展，从而实现双赢。

最后，让我们共同举杯，祝愿我县和谐稳定发展，祝愿我们的合作圆满成功，也祝愿大家身体健康，万事顺意，事业腾达，财源滚滚，干杯！

范例二

【致辞人】×× 公司经理

【致辞背景】客户联谊会

各位来宾，女士们、先生们：

大家晚上好！

今晚，高朋满座，美酒飘香。为加深与客户之间的联系，我公司特在 ××× 酒店举办客户联谊会。在这里，我代表公司向出席今晚联谊会的各位来宾、各位朋友致以衷心的感谢和诚挚的问候！祝各位身体健康，家庭幸福，事业蒸蒸日上！

我公司从成立之初，就秉承“效率优先，服务至上”的宗旨，在经历了 × 年的风雨历程之后，发展势头越来越好。公司在发展过程中，一直以客户的要求为导向，以为客户服务为原则，与社会各界朋友，尤其是与在座的各位嘉宾建立了深厚的情谊。

近年来，我公司取得了巨大的成绩，先后获得“国家 ××× 先进企业”“××× 模范企业”等荣誉称号。这些成绩的取得，离不开社会各界朋友对我公司的关心和支持。我们希望借客户联谊会来感谢各位对我公司的认可和多年来对我们的帮助。我们愿与所有关心和支持公司发展的各界朋友及所有参加本次盛会的嘉宾通力合作，共同努力，共创更加美好的明天！

最后，让我们举起酒杯，为我们美好的明天，为我们的友谊天长地久，干杯！

范例评析

两篇范例中宴会的主题和举办人身份各不相同，因此，祝酒辞使用的语言、营造的气氛也有所不同。举办推进会主要是对合作双方进行简单介绍，增进双方了解，加深合作双方的合作愿望。客户答谢会，则是企业为了树立形象，稳定客户，加深与客户之间的感情，为以后进一步的合作做铺垫。但是二者的最终目的是相同的，都是促进合作双方的合作，以达到互利共赢。

第二节　商务会议祝酒辞

商务会议祝酒辞与前面提到的商务宴会祝酒辞的格式基本一致，这里不再赘述。需要注意的是，商务会议的举办形式多样，致辞人要根据不同的形式安排致辞内容。如果是公司内部召开的会议，致辞内容可以随意自然，语言轻松、幽默，针对公司内部事项叙述清楚即可；如果是与其他公司共同举办的会议，就要表达合作愉快的意愿，对对方在合作中提供的帮助表示感激等，内容须涉及共同举办会议的各方。

范例一

【致辞人】××集团董事长

【致辞背景】秋冬新品发布会

各位领导，各位新闻界的朋友，女士们、先生们：

大家晚上好！

今天，我们××品牌一年一度的秋冬新品发布会在此盛大举行。在这里，我首先代表集团全体员工，向长期以来关心和支持我品牌发展的各界朋友表示热烈的欢迎和诚挚的感谢！

我们集团一直密切关注国内外宏观经济形势，并紧跟国际服装的流行趋势，以“简约、自然、随性、品位”为产品设计准则，力求使产品在高雅中不失随性，在自然中彰显品位，以满足当今高品质生活人群追求健康、绿色生活的需要。

同人们，朋友们，相信未来的几年，我集团通过不断创新，一定能够打造出更多具有雄厚实力的品牌。我们要把这些品牌推向国际，让更多人了解、认可中国品牌，并把中国的时装品牌作为首选。

同人们，朋友们，在此，我提议，让我们共同举杯，为把××做成最时尚、最具活力、最具魅力的国际品牌干杯！为我们友谊的天长地久干杯！为今天晚会的圆满成功干杯！

谢谢大家！

范例二

【致辞人】××公司领导

【致辞背景】公司企业年会

同志们、朋友们：

辞旧岁，迎新春，新的一年马上就要到来了。回首过去，展望未来，在这个洋溢着新春喜悦的日子里，我们公司在此召开本年度年会。我首先代表公司向大家致以节日的问候！

今年年会的主题是“忆峥嵘岁月，望未来发展”。即将过去的一年是我公司收获的一年。在这一年里，我们开拓进取，以饱满的工作热情和奋发向上的精神面貌，克服重重挑战，在公司变革转型的过程中打了一个漂亮仗。最终公司转型成功，拓宽了发展思路，找到了新的利润增长点。

在这一年里，我们经历了曲折和坎坷，我们拥有过欢笑、泪水、悲伤、激情，在这一段段情感中，我们与公司共同成长。在这一年里，经常在入夜之后，公司里还进行着火热的讨论，还有用方便面抵挡饥饿的辛勤工作的员工。在此，我代表公司向为公司建设和发展做出贡献的全体干部、职工以及你们的家属表示亲切的问候和衷心的感谢，对你们无私奉献、开拓创新的职业精神表示崇高的敬意！

××××年即将过去，新的一年就要到来。面对这一年取得的成绩，我们一定不能骄傲，要看到公司未来的发展道路并不平坦，需要我们继续发扬优良的作风。同志们、朋友们，让我们携手走进新的一年，抓住新机遇，迎接新挑战，为我公司更好更快地发展努力奋斗。让我们一起祝福公司的明天更加辉煌！

最后，让我们共饮庆功美酒，祝愿各位新年快乐，身体健康，家庭幸福，事业成功，干杯！

范例评析

总体而言，两篇范例都不错：结构上条理清楚；内容上简明扼要；语言表达上文采斐然；感情也很真挚。范例一的祝酒背景是在秋冬新品发布会上，开头即宣布发布会开始，并对各位朋友表示了感谢；主体简单介绍了秋冬新品的风格特色，然后表明决心，提出希望；结尾则是对来宾表达祝愿。范例二是在企业年会上发表的，因此更多的是对过去一年工作的总结以及对新的一年提出希望，在内容安排上详略得当。

第三节　发行会祝酒辞

发行会祝酒辞，开头要对 ×× 的发行表示热烈的祝贺，接着对为这次发行做出努力的各界人士表示衷心的感谢。主体要对发行对象进行简单介绍，可以从以下几个方面来介绍：第一，对 ×× 的发行者或主编做简要说明；第二，×× 的风格特点、发行范围、针对人群及深远影响；第三，表示祝贺，提出希望，表达谢意。结尾一般是以“让我们举起酒杯，为 ×× 的发行成功表示热烈的祝贺”结束。

【致辞人】×× 出版单位领导

【致辞背景】《××》新书发行酒会

尊敬的各位来宾，朋友们：

大家好！

今天，我们在 ×× 隆重举行《××》新书发行酒会。首先请允许我代表 ×× 出版社对各位来宾表示热烈的欢迎和诚挚的感谢。

《××》是一本科幻小说，同时又充满了浓厚的人文关怀。它是一本能与国外优秀科幻文学作品相媲美的本土科幻小说，把我国科幻文学推向了一个新的高度。

这本书的作者 ×× 是我的老朋友，是一名水利工程师。作为国内科幻文学创作的领军人物，十几年来，他一直坚持为广大读者创作高质量的科幻小说。经过十几年的探索、感悟，他终于创作出这部可以写进中国文学史的科幻作品。此刻，我的心情万分激动。我也是一个铁杆科幻迷，我认为，科幻文学对于科学的发展有着独特的促进作用，今天的科学幻想，明天也许就会变成现实。×× 用自己笔下一段段富有感染力的故事，告诉人们，科学并不枯燥，科学也可以富有浪漫的想象力。希望通过他的作品让越来越多的人走进科幻的世界，走上科学的道路。

在此，我对《××》的顺利出版表示衷心的祝贺，对作者 ×× 为我们奉献如此精彩的作品表示感谢，也希望读者朋友们关心和支持《××》，关心和支持我国的科幻文学事业。

现在，我提议，大家举起酒杯，祝愿《××》能够受到广大读者的欢迎，同时祝愿各位来宾身体健康，事业有成，干杯！

范例二

【致辞人】×××× 银行行长

【致辞背景】中国熊猫金币 ×× 周年金银纪念币发行酒会

各位来宾：

晚上好！

首先，请允许我对各位来宾光临中国熊猫金币 ×× 周年金银纪念币发行酒会表示热烈的欢迎和衷心的感谢！

中国现代金银纪念币首次发行是在 1979 年，自发行以来，一直坚持以民族文化为载体，以宣传爱国主义、改革开放为目的的原则，弘扬了中华民族传统文化，提升了国民的爱国主义情操。其中，以国宝大熊猫为设计主题的中国熊猫金币，自 1982 年诞生始，就得到了全世界集藏爱好者的广泛认可。×× 年来，中国熊猫金币以其独特的立意主题、精美的图案设计、精湛的铸造工艺、标准的成色、齐全的规格等在世界币林中独树一帜，成为世界公认的五大投资币之一，屡获国际大奖，赢得了国内外一致赞誉，拥有了大批“熊猫迷”。

今年是中国熊猫金币发行××周年，现在，我提议，让我们举起酒杯，为中国熊猫金币××周年金银纪念币的成功发行，为几代熊猫金币人的呕心沥血，为中国的繁荣富强，干杯！

范例评析

范例一主要是针对《××》新书的成功出版、发行致辞，内容安排恰当，结构合理，感情真挚，语言轻松自然。范例二主要是针对中国熊猫金币××周年金银纪念币的发行致辞，因此语言比范例一庄重、严肃，内容更有深度，全面分析了发行纪念币的作用和意义，值得我们学习。

第四节　客户联谊会祝酒辞

客户联谊会是为了增进与客户的感情、扩大合作领域而举办的活动。这类活动一般气氛活跃、热闹，不像商务会议那样庄重、严肃。客户联谊会的祝酒辞分两类：第一类是举办方致辞。这一类祝酒辞，开头要对参加联谊会的客户表示热烈欢迎。主体介绍公司的发展情况，以谈成绩为主，兼表达对客户的谢意；然后，要表达再接再厉，加强合作的决心。结尾一般是以“现在我提议，为我们诚挚的友谊和合作，为各位朋友的……干杯”结束致辞。第二类是受邀方致辞。开头要对受邀参加联谊会表示荣幸之意，并代表全体客户对举办方举办的活动表示祝贺；主体主要是对主办方做出成绩的肯定；结尾表达继续合作的愿望和对举办公司的美好祝愿。

范例一

【致辞人】××公司领导

【致辞背景】客户联谊会

尊敬的各位领导、各位嘉宾：

你们好！

今天，我们怀着最真诚的谢意和最真挚的祝愿在这里举办客户联谊会。首先，我代表公司向一直给予我们支持和厚爱的新老客户表示衷心的感谢，对各位的光临表示热烈的欢迎！

过去的一年是我公司快速发展的一年。在公司领导的正确带领下，在各位员工的努力拼搏下，在广大客户的大力支持下，我公司不断调整经营规模和经营方向以适应不断变化的市场需求，并充分利用现有资源进行整合，最终得到了快速的发展，利润率大幅度提高。

在新的一年到来之际，让我们向昨天取得的成绩挥手告别。今天过后，我们将努力争取更大的突破，以更加周到的服务和优质的产品回报广大客户。在座的各位客户朋友，你们是我公司发展的动力，你们的意见和建议是我们最宝贵的财富。我相信通过相互支持、友好合作，我们一定能实现双赢的目标。让我们携手奔向美好的明天！

在此，我再一次代表公司所有员工，对各位表示衷心的感谢，也真诚地希望社会各界一如既往地对我公司的工作给予支持和帮助。

各位来宾、各位朋友，现在我提议，为我们诚挚的友谊，为各位朋友的身体健康、工作顺利、生意兴隆、万事如意，干杯！

范例二

【致辞人】客户代表

【致辞背景】客户联谊会

尊敬的各位来宾，女士们、先生们：

在这春暖花开、万物复苏的三月，我非常荣幸地受邀参加 ×× 公司举办的客户联谊会。在此，我代表在座所有客户对此次联谊会的举办表示热烈的祝贺，同时祝愿 ×× 公司事业兴隆。

×× 公司与我们合作的 ×× 年中，一直秉承“用户至上，用心服务”的理念，扎实创新，勇于开拓，为我们客户提供了最优质的产品；同时以真诚的待客之道，向我们提供了良好的服务。×× 公司上下一直保持着激情昂扬、奋发向上的工作状态，这是值得我们每一个人学习的。相信未来我们之间的合作会更加扎实，一定能为我们带来更丰厚的经济回报。在这里，我再一次代表在座所有客户向 ×× 公司表示由衷的感谢！

最后，让我们一起举杯，为我们今日的相聚，为 ×× 公司的美好未来干杯！祝愿各位朋友新年快乐、身体健康、万事如意！

范例评析

两篇范例分别从两个角度致辞。范例一是公司一方代表致辞，主要表达了对客户的谢意，表达了加强合作的愿望。致辞态度诚恳，感情真挚，用语恰当，值得我们学习。范例二是客户一方代表致辞，主要对举办活动公司一方的成绩进行了肯定，表达了赞美之情。美中不足的是结尾由客户一方表达“为我们今日的相聚……”有点不妥，这一般是由举办方表达的。

第五节　签订合同祝酒辞

签订合同祝酒辞，一般在开头对签约仪式的举办表示祝贺以及对来宾的到来表示欢迎；主体谈公司的发展战略以及签约的意义；结尾一般是“让我们举起酒杯，为 ×× 的签约成功，为 ×× 的精诚合作，干杯”。需要注意的是，结尾处，如果表达的祝愿较多，那么每一个祝愿都要独自一行来行文 .

范例一

【致辞人】×× 市市委领导

【致辞背景】项目签约仪式招待酒会

尊敬的各位领导、各位来宾，女士们、先生们：

晚上好！

今夜华灯璀璨，美酒飘香。我们满怀喜悦，在这里隆重举行招待酒会，以酒助兴，共叙友谊，畅言商机，共同庆贺“×× 投资项目”签约仪式获得圆满成功。在此，我谨代表 ×× 市委、市政府，对在百忙之中抽时间莅临今晚招待酒会的各位嘉宾、各位朋友表示热烈的欢迎和衷心的感谢！

我市在党的十九大精神的指引下，不断优化产业结构，改善投资环境，提升服务水平，使招商引资工作得到了很大改善。这次“×× 投资项目”的签约就是我市招商引资工作取得重大进展的最好证明。当然，这与在座各位朋友的辛苦拼搏和努力奋斗是紧密相连的。在这里，我要感谢大家为我市经济发展所做的贡献。

这次招待酒会是一次增进我们之间情谊的友谊酒会。通过这次聚会，各位客商朋友能够更加深刻、全面地了解我市的整体实力，从而对在我市投资拥有更大的信心。我们真诚地期盼与各位朋友一起为我市的发展而奋斗，为更加美好的明天而努力。

现在，我提议，为本次投资项目签约成功，为在座各位领导和嘉宾的身体健康、事业兴旺，干杯！

范例二

【致辞人】×× 公司领导

【致辞背景】合同签约仪式招待晚宴

尊敬的各位领导、各位来宾，朋友们：

大家晚上好！

今晚，高朋满座，美酒飘香。值此 ×× 公司与本公司签订合同之际，我谨代表公司向出席今天晚宴的各位领导、各位来宾和各位朋友表示衷心的感谢，并致以诚挚的问候！

公司在近 10 年的发展过程中，一直秉承“高效、优质”的服务理念，不断加强与客户的沟通、合作，努力提高产品质量，并通过市场调研和积极开拓外部市场，改变了单一的报刊印刷业务，在文化用品行业打出了自己的品牌。

去年一年，我们公司承印外部报刊 ×× 余种，图书、教辅材料数十种。我公司自主文化用品品牌已经建立起了包含全国所有大中型城市的销售网络。年底，我们与 4 家大型公司的客户代表签订了下一年度的业务合同，合同金额达 ×× 万元。今晚，大家为我们的顺利签约欢聚一堂。我们愿与所有关心和支持公司建设发展的各界人士及所有参加本次盛会的嘉宾继续深化合作，共同努力，携手共创更加灿烂的明天。

现在我提议，让我们举起酒杯，为今天的签约成功，为我们的精诚合作，为各位嘉宾的幸福健康，干杯！

范例评析

两篇致辞虽由两个不同身份的人发表，但是他们在开头都对合同的签约表示了祝贺，对出席会议的各位朋友表示了感谢，结尾都对签约成功以及在座的各位朋友表达了祝愿。唯一的不同在主体内容上，范例一中，市委领导着重强调投资方面，范例二中，公司领导更加注重服务理念，二者从不同方面表达了加强合作的愿望。

第十六章

私人聚会祝酒辞

私人聚会多为朋友、战友、同事、亲人等关系非常亲密的人的聚会。私人聚会的场合比较随意，既可以在路边的小吃店，也可以在豪华的大酒店。聚会氛围非常活跃。

一、篇幅

私人聚会祝酒辞的篇幅随意，可长可短。长，可以达到几百字；短，可以只是一两句话。

二、开头

私人聚会祝酒辞的开头主要包括标题、称呼和问候语三个部分。

1．标题

标题一般由事由和文种构成。比如《战友联谊会》《朋友聚会》《同事聚会》等。在致辞稿中，标题一般置于开头第一行正中。

2．称呼

称呼在标题下方，顶格书写。私人聚会祝酒辞的称呼一般是集体性的，比如“朋友们”“战友们”；要注意在称呼中体现出亲切性、尊重性，比如“亲爱的朋友们”“尊敬的各位领导、来宾”等。

3．问候语

问候语是私人聚会祝酒辞开头的主要内容，在称呼后面以单独一段的形式出现。问候语的主要内容包括介绍参加活动者的身份，对活动内容、意义的描述。例如“多年之后，我们能够在此相聚，是多么激动人心……对大家从四面八方来此相聚表示感谢”等。

三、主体

私人聚会祝酒辞的主体主要涉及两方面内容：首先是情谊的回顾，可以回顾过去大家在一起难忘的日子；其次是对未来的展望，希望大家永远不忘这份情谊，加强联系。

四、结尾

私人聚会祝酒辞的结尾一般是用充满激情的语言表达对同学、战友或同事的美好祝愿。

第一节　同学聚会祝酒辞

同学聚会祝酒辞一般都是抒发感情，营造一种欢快的聚会气氛，语言或慷慨激昂，或幽默风趣，或隽永文雅，只要做到情真意切，内容又不流于低俗即可。

【致辞人】学生代表

【致辞背景】20 年同学聚会

亲爱的同学们：

今天，与大家在此相聚，我感到无比激动。回想起 20 年前的我们，怀着青春的梦想和对未来的憧憬，带着满腔的热血来

到 ×× 学校 ×× 班。我们在那里度过了纯洁的年少时光，留下了最纯真的回忆，获得了最诚挚的感情。

时光匆匆如流水。20年过去了，岁月让同学们变换了模样。今天，为了重拾那段难以忘怀的回忆，拼起记忆的碎片，我们怀揣着年少时的真诚，带着还没实现的梦想又欢聚在此。

同学们，现在，就让我们把宦海浮沉中的恩恩怨怨，工作中的抱怨、委屈，生活上的苦涩、辛酸全部抛在脑后，与我们的老师、同学们共同重温那段美好的岁月！

心相约，情相约！我们相约在金色的月光下，互诉衷肠。

同学们，让我们举起酒杯，为了我们20年的相约干杯！为了我们永生难忘的师生深情干杯！为了我们同学间淳朴、真挚的友谊干杯！为了我们记忆中永远光彩夺目的青春岁月干杯！

范例二

【致辞人】学生代表

【致辞背景】10年同学聚会

各位老师，各位同学：

大家晚上好！

秋风送爽，百花飘香，阔别10年，梦回 ××。

我们毕业已经10年了。这10年来，同学们身处祖国各地，不常相见，然而，距离并没有把我们的心拉远，反而让我们越来越牵挂彼此。10年的思念终于化作今日的相逢。首先，请允许我代表 ×× 班全体同学，向百忙中抽出时间参加聚会的老师表示衷心的感谢！向本次聚会的主要组织者表示亲切的慰问！向全班成员一个不落地从各地聚集于此的这一“壮举”表示赞叹！

岁月如梭，弹指一挥间！10年的时光匆匆流逝，但是记忆并没有褪色。一声声欢笑，一滴滴泪水，曾经的一幕幕总是在我的梦中浮现。当我们在社会上辛苦打拼，尝尽了人生的酸甜苦辣，经历了世事的沉沉浮浮之后，我们才真正懂得学生时代真的是最纯真、最美好的时代，才体会到师生之间、同学之间的情谊是一生最宝贵的财富。不论当时是怎样的苦涩或无奈，现在回首，只剩下温馨与怀念。

我相信，10年的社会磨砺并不能改变我们的本色；我相信，纯真、豪情、善良、理想主义这些学生时代的美好品质会一直陪伴我们左右。

同学们，古语云："无酒，何以逢知己？无酒，何以诉离情？无酒，何以壮行色？"

让我们举杯，为了我们今日的相聚，为了我们深深的师生情、同学情，干杯！为大家的健康干杯！为大家的家庭幸福，干杯！

范例评析

两篇范例都用优美的语言来表达感情，热情洋溢，真挚动人，将同学之间、师生之间的情意表现得淋漓尽致，同时也表现了对远去的学生时代的怀念之情。这两篇祝酒辞都达到了为聚会营造和谐、友好、欢乐气氛的目的。

第二节　战友聚会祝酒辞

战友聚会的祝酒辞一般都是豪情万丈，内容上一般是表达对战友的思念，回忆军旅生活，赞扬军人的优秀品质。致辞语言往往刚劲有力，具有军人的特质。

范例一

【致辞人】××

【致辞背景】××炮兵连××年聚会

亲爱的战友们：

大家好！

“春风细雨日，万物复苏时。”今天，我们××炮兵连战士在分别××年后再次相逢。我怀着激动的心情，向从祖国四面八方聚集到此的战友们表示最热烈的欢迎！

××年前，我们怀着对军人职业的崇敬和对军队生活的憧憬，共同来到了这绿色的军营。一天进军营，一生为战友。从那时开始，我们就结下了一辈子都不能分开的友谊。军旅生活，见证了我们的青春岁月，锻炼了我们的体魄与意志，是军营给了我们勇气，是军营教会了我们如何承担责任。

如今，我们已脱下军装，但军人优良的传统和美好的品质会时刻伴随着我们，警醒着我们，鞭策着我们。

奋斗在军营的岁月早已深深烙在我们的记忆中，我们一生都会为别样的青春骄傲和自豪。战友们，不论我们分别的时间是10年、20年还是30年、40年，战友之间的情谊就像手中这越久越香醇的美酒一样，经得住时间的考验。弟兄们，为了我们的友谊，干杯！

范例二

【致辞人】××战友

【致辞背景】××年战友聚会

老战友们：

晚上好！

今天，我感慨万千，心潮澎湃。分别了××年的老战友们，终于在今天聚首。

我们曾同甘共苦，曾风雨同舟，这是一份只有在军营才能体会到的情谊。我们把这种情谊称为“战友之情”。××年悠悠岁月，就这样在不经意间流走。如今，我们早已成为孩子的父亲，妻子的丈夫，有些人甚至已经做了爷爷。因为工作的繁忙和生活的琐碎，我们不能经常相聚，但是，我们的心一直牢牢拴在一起。部队留给我们的是一份永远无法忘怀的回忆。战友之情已经深深地融入了我们的血液，进入了我们的骨髓。明天，我们又要回到各自的生活中，但是今天，让我们在这里畅谈战友情谊，回味那段激情燃烧的岁月。

最后，我提议，让我们举杯，为我们的快乐相聚，为我们的家庭幸福，为我们的友谊长存，干杯！

范例评析

两篇范例表达的侧重点不同。范例一主要是追溯回忆，侧重回忆军旅生活对自己的人生启示，范例二主要是抒发情感，侧重表达思念、激动之情以及在以后倍加珍惜战友情谊之意。但是，可以看出，范例一明显比范例二语言流畅，结构完整。

第三节　知青聚会祝酒辞

知青这一特殊的群体，有着不平凡的经历。知青聚会主要是畅叙彼此情谊，品味现在的美好生活，表达喜悦之情。知青聚会祝酒辞一般是怀念知青生活，发表感慨，最好不要表现对往昔生活的抱怨，不要指责当时的领导，以免影响酒会气氛。祝酒辞在措辞表达上可以幽默一些。

范例一

【致辞人】知青 ××

【致辞背景】知青下乡 ×× 年聚会

亲爱的兵团战友们：

大家晚上好！

阔别 ×× 年后的重逢，令人感慨万千。×× 年前我们的知青岁月，是一段伴随着激情与彷徨的岁月。今天，你们能否记得我们为搭建公社，在严冬中穿着棉袄扛圆木？能否记得我们面朝黄土背朝天，在炎夏的麦田里耕耘？能否记得我们为能够看到电影而欢呼雀跃的场景？能否记得我们为准备运动会付出的努力？能否记得我们在破旧帐篷里昏暗的灯光下听过的一段段故事？

知青生活是艰苦的，但因为有各位的陪伴，有大家在贫瘠岁月中精神上的勉励和慰藉，生活变得苦中有乐，我们也因此建立起了深厚的感情。

回首往事，一例例，一幕幕。那段岁月总是在我脑海中浮现。

再用“知识青年”来称呼一次大家，让我们高高地举杯，为昨天的知青生涯，为今天的再次团聚，为所有知青的健康、幸福，干杯！

范例二

【致辞人】××县县委领导

【致辞背景】知青联欢会

亲爱的知青朋友们：

大家晚上好！

距离你们离开我县已经有××年的光景了。今日，当年在我县奉献青春的老知青们欢聚一堂。在这里，我代表××县委、县政府对知青朋友们的到来表示热烈的欢迎，对你们为我县做出的贡献表示衷心的感谢！

××年过去了，你们散发着理想光芒的激情似乎在这群山中扎了根，你们的号子声似乎还在这片土地上回响。当年的你们正值青春大好时光，你们甘愿离开舒适的城市，来到这片曾经贫瘠的土地上挥洒你们的汗水和青春。

今天你们回到我县，可以看到我县翻天覆地的变化。这与你们曾经在这里的付出是分不开的。在这里，请允许我代表全县父老，对在这片土地上奋斗过的知青们表示最诚挚的感谢！久别重逢，相信你们有好多话要讲，相信你们有好多情要诉！

那么，就让我们共同举杯，为今日的相聚，为××年的情谊，为我县的美好未来，干杯！

范例评析

范例一是知青代表发言，没有什么华丽的语言和优美的诗句，有的只是真挚的感情。致辞采用排比的方式，连用 4 个“能否记得”，唤起了大家对知青生活的回忆。致辞人通过这种具体场景的描述，将感情一步步升华，非常好地引起了人们的共鸣。此外，这篇致辞在用语上也很亲切，将致辞者与听众的距离拉近了许多，知青间的深厚友谊流露无余。

范例二是县委领导向 ×× 年前来到 ×× 县的知青祝酒，表达更多的是感激之情，符合发言者身份。此外，致辞体现出的诚恳的态度，也值得我们学习。

第四节　朋友、同事聚会祝酒辞

朋友聚会只要做到举杯能言，言之得体就行。同事聚会致辞应主题鲜明，要能够赢得大家的好感，同时尽量避免谈论工作中的事情。朋友聚会与同事聚会上，语言的随意程度不同，朋友聚会上更随意些，致辞人要注意区别对待。

范例一

【致辞人】××

【致辞背景】朋友聚会

各位朋友：

大家晚上好！

我们当中的很多人不常相见，今天能聚到一起真的很难得。今天每一个人都要让自己彻底放松下来，叙叙旧，聊聊天，让疲惫的心在友谊的浸染下重获激情。

朋友使我们的生活更加精彩，朋友让我们的生活更加美好。朋友们，好好珍惜我们之间的友谊吧！

让我们举起手中的酒杯，为了我们友谊的天长地久，干杯！

范例二

【致辞人】××公司主管

【致辞背景】同事聚会

尊敬的各位领导，亲爱的同事们：

大家晚上好！

在新春佳节即将来临之际，我们欢聚在此，回顾昨天，展望明天。首先，我向各位领导、各位同事致以节日的问候！

过去的一年是丰收的一年。这一年里，在总经理的带领下，在同事互相帮助、互相鼓励和顽强拼搏下，在各部门出谋划策、通力配合下，我们取得了瞩目的成绩。在这里，我代表公司向大家表示诚挚的感谢。

公司如同一个大家庭，我们每个人都是这个大家庭中的一员，我们之间早已产生了亲人般的感情。今天的聚会，希望大家彻底放松，以更加昂扬的姿态迎接明天的工作。

现在，我提议，为了我们共同的目标，为了在座各位的身体健康、家庭美满，干杯！

希望大家吃好、喝好、玩好！

范例评析

范例一篇幅短小，感情真挚；既有雅致的语言，又有口语化的表达，而且两者衔接得很好。范例二既有对同事工作的赞扬，又表达了同事之间的深厚情谊，也不失为一篇好的范文。